Android 15

Der schnelle Smartphone-Einstieg

Verlag:
BILDNER Verlag GmbH
Bahnhofstraße 8
94032 Passau

http://www.bildnerverlag.com
info@bildner-verlag.de

ISBN: 978-3-8328-0687-3
Bestellnummer: 0703

Autoren: Andreas Lehner, Anja Schmid
Herausgeber: Christian Bildner

Druck: Digital Print Group, Neuwieder Stra0e 17, 90411 Nürnberg

Bildquellen:
Cover: © Look! - stock.adobe.com
Seite 10: ©realstockvector - stock.adobe.com

Inhaltsverzeichnis

Einleitung 10

Was ist Android? 10
SIM-Karte kaufen 10
Nutzung von WLAN und mobilen Netzen 15
Nützliches Zubehör 16
Über dieses Buch 17

Spickzettel 18

Bedienelemente am Gehäuse 30

1 Handy einrichten und loslegen 31

1.1 SIM-Karte einlegen und Einrichtung starten 31

1.2 Das Google-Konto 36

Google-Konto im Einrichtungsprozess erstellen 36
Google-Konto nachträglich hinzufügen 39

1.3 Die Smartphoneoberfläche 40

Sperrbildschirm 40
Startbildschirm 41
Navigationsleiste 42
App-Bildschirm 43
Nachrichten und Unterhaltung in Google Discover 43

1.4 App anzeigen und wechseln 44

Erstes Starten einer App 44
Weitere Apps öffnen und wechseln 46
Kleine App-Auswahl für den täglichen Gebrauch 47

1.5 KI-Unterstützung verwenden 49

1.6 Bildschirmtastatur verwenden ... 51

Buchstaben, Sonderzeichen & Co. ... 52

Texterkennung & Autokorrektur ... 53

Emojis bebildern Gefühle ... 55

Text mittels Spracheingabe ... 56

Tastatureinstellungen ... 57

1.7 Die Statusleiste - Informationen und Einstellungen ... 58

Symbole der Statusleiste und ihre Bedeutung ... 59

Benachrichtigungen lesen und entfernen ... 60

Schnelleinstellungen verstehen ... 60

Benachrichtigungen verwalten ... 62

1.8 Smartphone aus- und einschalten ... 63

1.9 Tastenbelegung & Touch-Gesten ... 64

1.10 Android 15: Das ist neu ... 65

2 Das Smartphone schützen ... 66

2.1 Displaysperre mit PIN ... 66

2.2 Fingerabdruck hinzufügen ... 68

2.3 Das verlorene Smartphone orten ... 70

2.4 Tipps für mehr Sicherheit ... 73

2.5 Berechtigungen kontrollieren ... 75

Berechtigung nachträglich erteilen oder entziehen ... 75

Alle Apps mit Zugriffsberechtigung anzeigen ... 77

3 Das Smartphone personalisieren ... 78

3.1 Bildschirm automatisch ausschalten ... 78

3.2 Schriftgröße bestimmen und Helligkeit anpassen ... 79

3.3 **Klingelton und Lautstärke** 81
Alles zum Thema Lautstärke 82
3.4 **Modi auswählen und erstellen** 83
3.5 **Eigenes Hintergrundbild auswählen** 85
3.6 **Startbildschirm anpassen** 86
3.7 **Nachrichtenbereich** 88
3.8 **Widgets verwenden** 89
3.9 **Benachrichtigungen verwalten** 90
Weitere Benachrichtigungseinstellungen 91

4 Alles rund um Apps 92

4.1 **App im Play Store finden und installieren** 92
4.2 **App löschen** 97
4.3 **App auf dem Smartphone suchen** 98
4.4 **Standard-Apps festlegen** 99
4.5 **Updates** 100
Android-Systemupdates und Sicherheitsupdates 100
Apps aktualisieren im Play Store 101

5 Tatsächlich telefonieren 104

5.1 **Das Adressbuch verwalten** 104
Kontakte abspeichern 104
Kontakte bearbeiten und löschen 106
Kontakt favorisieren 107
Hilfe im Notfall 108
5.2 **Freunde und Familie anrufen** 110
5.3 **Anruf annehmen oder nicht?** 113

6 Nachrichten und Fotos versenden 114

6.1 SMS versenden und empfangen 114

6.2 Über E-Mails kommunizieren 117

Neue E-Mail lesen und beantworten 118
Neue E-Mail schreiben 119
Foto oder Video versenden 119
E-Mail löschen 119

6.3 Nachrichten über WhatsApp 120

WhatsApp einrichten 120
Eine Nachricht versenden 123
Fotos/Videos versenden 124
Sprach- und Videoanrufe 124

7 Fotos und Videos 126

7.1 Fotos und Videos aufnehmen 126

Bedienoberfläche 126
Fotos knipsen 127
Selfie aufnehmen 130
Kameraeinstellungen 130
Blitz einschalten 131
Fotos schnell teilen 132
Video aufnehmen 132
Weitere Aufnahmemodi 133
Wozu QR-Codes? 134

7.2 Bildverwaltung 135

Bedienoberfläche Gallery 135
Einfaches Bearbeiten von Bilder in der Gallery 136
Videos abspielen 138
Bilder und Videos löschen 138

8 Merken und erinnern.................................140

8.1 Termine im Griff mit der Kalender-App 140

Termin eintragen 141

Termine bearbeiten oder löschen 143

8.2 Die App Uhr 144

Vom Smartphone geweckt werden 144

Mehrere Uhrzeiten anzeigen und vergleichen 147

Das Smartphone als Eieruhr 148

8.3 Einkaufslisten und andere Notizen 148

Notiz erstellen 149

Notiz betrachten, bearbeiten und löschen 149

Screenshot erstellen 150

9 Gesucht & Gefunden.................................152

9.1 Im Netz surfen 152

Google-App verwenden 152

Google-Widget Suche...154

Google Lens: Nach allem was Sie sehen, können Sie suchen...........154

Circle to Search 156

9.2 YouTube - das Videoportal 157

10 Verbindungen herstellen 161

10.1 Smartphone mit einem WLAN verbinden..................... 161

10.2 Smartphone mit dem PC verbinden............................ 163

Bilder auf den PC übertragen...163

10.3 Zubehör über Bluetooth koppeln 164

11 Unterwegs und im Urlaub 167

11.1 Navigation mit Google Maps 167
Eine Route festlegen 168
Offlinewegbeschreibungen 169

11.2 Mit der Bahn verreisen 171

11.3 Sprachbarrieren überwinden 172

11.4 Das sollten Sie im Ausland beachten 174
Was ist mit Roaming oder Daten-Roaming gemeint? 174
Daten-Roaming aktivieren bzw. deaktivieren 175
Offlinemodus 176

12 Back-up und Daten übertragen 177

Vorbereitung 177
Back-up 177
Smartphone zurücksetzen 178

Glossar 180

Index 187

Einleitung

Machen Sie sich mit den wichtigsten Einstellungen, Apps und Anwendungsmöglichkeiten Ihres Smartphones mit Android 15 vertraut. Wir starten mit der Einrichtung Ihres Android-Smartphones, erklären grundlegende Einstellungen und zeigen Ihnen im Laufe des Buchs, wie das Smartphone zum täglichen, hilfreichen Begleiter werden kann.

Was ist Android?

Jährlich wird eine neue Android-Version veröffentlicht, die sich mal mehr und mal weniger stark vom Vorgänger unterscheiden kann, neue Zusatzfunktionen mitbringt und die Sicherheit der Geräte erhöht. Wie viele dieser großen Android-Updates ein Gerät erhält, hängt jeweils vom Hersteller ab. Eine Zusammenfassung der Android-Neuerungen finden Sie auf Seite 65.

In diesem Buch stellen wir Ihnen Android 15 anhand eines Google Pixel Smartphones vor. Dieses Buch eignet sich jedoch für alle Geräte mit sogenanntem Stock-Android, also einer sozusagen fast "reinen" Form des Betriebssystems, welches etwa auch auf Geräten von Nokia, Sony, Motorola, Fairphone, Doogee und vielen kleineren Herstellern läuft. Samsung oder Xiaomi hingegen nutzen jeweils eine eigene, modifizierte Android-Version mit anderem Funktionsumfang und eigenem Design der Nutzeroberfläche.

SIM-Karte kaufen

Neben dem Handy benötigen Sie noch eine SIM-Karte. Diese dient der Authentifizierung im Netz. Nur mit einer SIM-Karte können Sie telefonieren, unterwegs im Internet surfen, also kurz Ihr Smartphone sinnvoll nutzen. Dieses Kapitel umreißt grob Ihre Möglichkeiten beim Kauf einer SIM-Karte, erhebt aber keinen Anspruch auf Vollständigkeit.

Grundsätzlich sind zwei Arten von Verträgen zu unterscheiden: Laufzeitvertrag und Prepaid-Karte. Sie können sich in einem der vielen Telekommunikationsgeschäften oder Elektrofachmärkten beraten lassen und dort einen Vertrag abschließen. Natürlich ist auch eine Bestellung im Internet möglich, dann erhalten Sie die SIM-Karte und die weiteren Informationen per E-Mail und Post. Letztendlich können Sie auch eine Prepaid-Karte in einem Supermarkt oder Elektrofachmarkt mitnehmen. Unternehmen wie Telekom, Vodafone, O2 oder 1&1 bieten meist beide Optionen an, also Verträge mit einer Mindestlaufzeit und Prepaid-Tarife.

Laufzeitvertrag: Hier entscheiden Sie sich für ein Angebot aus Datenvolumen (für Internet, WhatsApp etc.) und Kosten für Telefonate/SMS. Zusätzlich wird meist ein einmaliger Bereitstellungsbetrag fällig. Oftmals werden Telefonate und das Versenden von SMS als „Flat" ausgewiesen, d. h. egal wie viele Anrufe Sie tätigen oder SMS schreiben, diese sind mit dem Zahlungsbetrag abgegolten. Zusätzliche Kosten können dennoch anfallen, z. B. bei Telefonaten ins Ausland. Der Vertrag kann eine Mindestlaufzeit von maximal 24 Monaten haben. Erst nach Ablauf dieser Zeit wird eine Kündigung wirksam oder können Konditionen geändert werden. Der Vertrag kann auch die Bereitstellung eines neuen Smartphones alle paar Jahre beinhalten.

Prepaid-Karte: Hier fallen in der einfachsten Form keine fixen monatlichen Kosten an, es gibt also keine Grundgebühr, keinen Mindestumsatz und keine Vertragslaufzeit. Sie kaufen eine Art Starterpaket, das bereits ein Guthaben enthält. Dieses verbrauchen Sie dann für Telefonate (Abrechnung pro Minute), SMS und wenn Sie unterwegs im Internet surfen, WhatsApp benutzen etc. (Abrechnung des verbrauchten Datenvolumens). Auch hier zahlen Sie meist einen einmaligen Betrag für die SIM-Karte. Wenn das Guthaben verbraucht ist, besser kurz davor, laden Sie neues Guthaben auf. Dieser Vorgang kann auch automatisiert werden.

Darüber hinaus gibt es auch Prepaid-Verträge mit Telefonie- bzw. SMS-Flat, die um Datenvolumenangebote erweitert werden können. Die Tarifoptionen gelten dann für die nächsten 4 Wochen und sind meist täglich kündbar. Damit ähneln sie dann schon mehr den Laufzeitvertragsangeboten.

Identifikationsverfahren

Beim Erwerb einer Prepaid-SIM-Karte müssen Sie sich mit einem Ausweisdokument identifizieren. Das ist gesetzlich vorgeschrieben und dient der Verbrechensbekämpfung. Wenn Sie die Karte in einem Mobilfunkgeschäft kaufen, können Sie das gleich vor Ort erledigen.

Wenn Sie eine Karte im Internet bestellen oder im Supermarkt kaufen, müssen Sie ein Identifikationsverfahren durchlaufen, bevor Sie die Karte nutzen können. Hierzu haben Sie entweder beim Kauf der Karte Informationen erhalten oder, wenn Sie die Karte online gekauft haben, wurden Ihnen diese via E-Mail zugesandt. Erst nach erfolgreicher Identifikation wird die Karte aktiviert. Es ist auch möglich, dass die SIM-Karte erst nach einem positiven Identifikationsverfahren versendet wird.

- **Video-Ident:** Sie benötigen Computer, Laptop oder Tablet mit Webcam, Lautsprecher und Mikrofon, sowie eine gute Verbindung ins Internet. Sie haben einen Link erhalten, über den Sie im Browser einen Videochat öffnen. Im Video müssen Sie dem Mitarbeiter des Unternehmens Ihr Ausweisdokument zeigen.
- **Post-Ident in der Postfiliale:** Sie suchen eine Postfiliale auf, hier zeigen Sie das mitgelieferte Formular vor, das die Informationen zum Mobilfunkvertrag enthält und Ihr Ausweisdokument.
- **Partnershop:** Das Unternehmen hat einen Partnershop oder eigene Shops in denen Sie das Identifikationsverfahren durchführen können, auch wenn Sie die Karte nicht dort gekauft haben.
- **Post-Ident mit Online-Ausweis:** Alle nach 2017 ausgestellte Personalausweise verfügen über eine Online-Ausweisfunktion, die im Bürgeramt aktiviert werden kann. Mit der vom Vertragspartner bereitgestellten Vorgangsnummer und der Postident-App bestätigen Sie anschließend Ihre Identität über die NFC-Schnittstelle Ihres Smartphones.

SIM-Karte

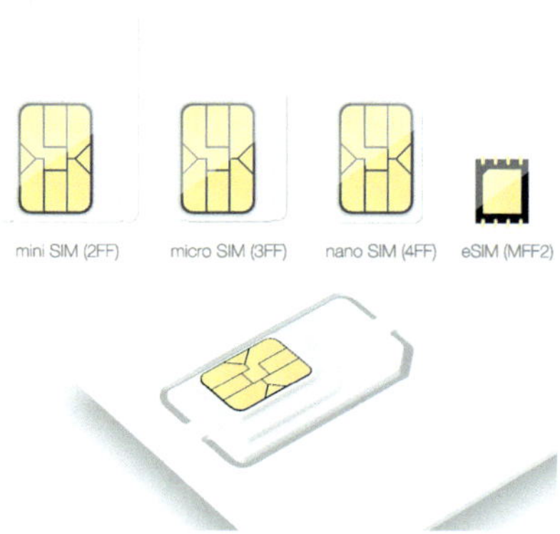

SIM-Karten gibt es in verschiedenen Größen: mini, micro und nano. Die derzeit gängigen Smartphones verwenden nano-SIM-Karten. Es ist möglich, dass Sie eine große Karte mit vorgestanzten Sollbruchstellen erhalten und Sie sich die passende Größe herausbrechen. Die neueste Errungenschaft - die eSIM - ist keine physische, auswechselbare Karte mehr sondern ein fest verbautes Modul im Smartphone, in der Smartwatch etc. Die notwendigen Teilnehmerinformationen werden dann via Internet auf die eSIM übertragen. Danach kann das Handy ganz normal genutzt werden. Noch nicht jedes Smartphone verfügt über die eSIM-Option, der Trend geht jedoch in diese Richtung.

PIN und PUK

Zusammen mit Ihrer SIM-Karte erhalten Sie eine PIN und einen PUK. Die SIM-Karten-PIN geben Sie ein, wenn das Smartphone neu gestartet wurde. Diese dürfen Sie nur dreimal falsch eintippen, dann ist die Karte gesperrt. In diesem Fall benötigen Sie den PUK, den Sie ebenfalls zusammen mit Ihrer SIM-Karte bekommen haben. Diesen meist achtstelligen Code müssen Sie dann eingeben, um Ihr Smartphone wieder zu entsperren.

Netzabdeckung

Ein guter Handyempfang am Wohnort ist wünschenswert. Leben Sie in einer Stadt, müssen Sie sich um die Netzabdeckung nicht so viele Gedanken machen; auf dem Land sieht das oft anders aus. Hier sollten Sie überprüfen, ob und in welcher Qualität das Mobilfunknetz des gewünschten Anbieters verfügbar ist.

Mobilfunkstandard 2G, 4G oder 5G – was ist das?

2G, 4G oder 5G sind Bezeichnungen für die verwendete Technologie zum Austausch von Daten über das Mobilfunknetz. Dabei bezeichnet die jeweils höhere Zahl einen schnelleren und zuverlässigeren Standard.

Vielleicht haben Sie auch schon von LTE gehört? 4G und LTE werden heute synonym verwendet, obwohl es sich genau genommen nicht um die gleiche Technologie handelt. Die Bundesnetzagentur gibt an, dass rund 97% der Fläche in Deutschland durch mindestens einen Netzbetreiber mit einem 4G-Netz versorgt sind; für das 5G-Netz sind es 91% (Stand Januar 2024). Es fällt auf, das 3G fehlt. Dieses Netz wurde sukzessive abgeschaltet (Die Telekom bietet es seit Mitte 2021 nicht mehr an). 2G wird nur noch zur Sicherheit zur Verfügung gestellt. Damit kann man zwar telefonieren, das Surfen im Internet ist aber kaum möglich.

Welchen Mobilfunkstandard Sie nutzen, hängt von folgenden Faktoren ab: Smartphone, Vertrag und Verfügbarkeit am aktuellen Standort. Jedes neue Smartphone nutzt momentan 4G, viele sind schon 5G-fähig. Der abgeschlossene Vertrag muss Ihnen den Zugang zum jeweiligen Netz ermöglichen. Zusätzlich muss das entsprechende Netz am Aufenthaltsort verfügbar sein. Das ist bei 5G noch nicht überall der Fall und selbst die 4G-Abdeckung ist bei einer Fahrt über Land nicht immer gegeben.

In Deutschland gibt es vier netzbetreibende Mobilfunkanbieter:

Betreiber & Netz	Welcher Anbieter nutzt es auch:
Deutsche Telekom (D1-Netz)	Congstar, freenet, fraenk, HIGH, klarmobil
Vodafone (D2-Netz)	Lidl, SIMon, klarmobil, freenet, 1&1 (seit 2024)
Telefónica Deutschland (O2-Netz)	Aldi Talk, Blau, 1&1 (bis 2024)
1&1-Netz	sim.de, sim24, GMX, smartmobile.de

Einige Anbieter, wie freenet oder klarmobil, bieten sogar ähnliche Verträge in unterschiedlichen Netze an, hier muss dann im jeweiligen Vertrag geprüft werden, welches Netz verwendet wird. Der Ausbau des 1&1-Netzes befindet sich momentan im Ausbau. Daher greift das Unternehmen an Orten, wo kein 1&1-Antenne funkt, noch auf das O2-Netz zurück. Ende 2024 läuft der Vertrag jedoch aus, danach wird 1&1 auf das Vodafone-Netz zugreifen.

Zur Überprüfung geben Sie beispielsweise die Suchbegriffe „Netzabdeckung Telekom" in Ihren Browser am Computer ein und rufen die passende Telekomseite auf (verfahren Sie analog mit den anderen Anbietern). Hier können Sie dann Ihre Adresse ❶ eintippen, um die verfügbaren Mobilfunkstandards ❷ an Ihrem Standort anzuzeigen.

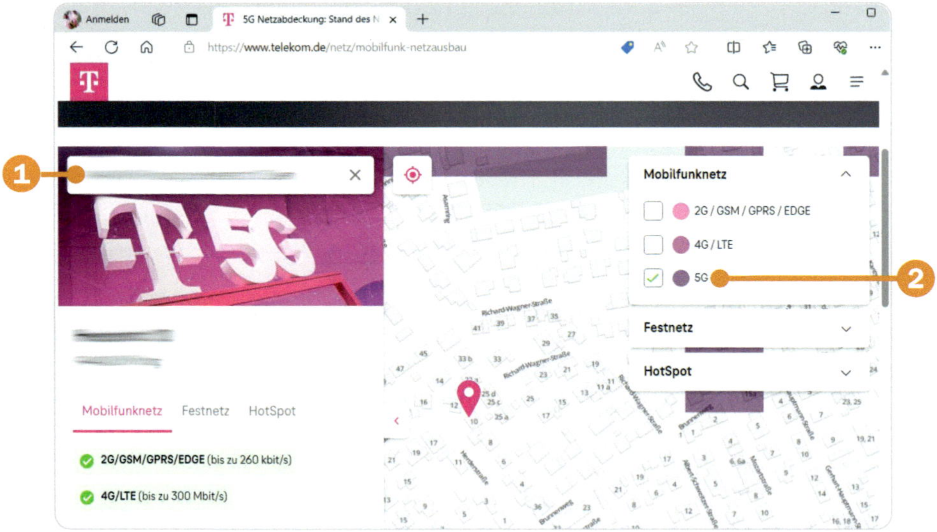

In diesem Beispiel sehen Sie, dass am eingegebenen Ort momentan noch kein 5G-Netz verfügbar ist. Das muss Sie nicht davon abhalten einen 5G-Vertrag abzuschließen, da Sie ja an anderen Orten davon profitieren und auch meist keine gesonderten Verträge für 5G und 4G angeboten werden.

Die Bundesnetzagentur stellt ebenfalls eine Übersicht zur deutschlandweiten Netzabdeckung zur Verfügung. Geben Sie dazu in Ihren Browser *Mobilfunk-Monitoring Karte* ein.

Auf der Webseite ist es möglich durch Auswahl der verschiedenen Netzbetreiber schnell anzuzeigen, welche Anbieter, was an Ihrem Standort zur Verfügung stellen. Im Beispiel ist zu sehen, dass der ausgewählte Mobilfunkanbieter am gewählten Ort noch kein 4G-Netz ❸ zur Verfügung stellt. In diesem Fall sollten Sie überprüfen, ob ein anderer Anbieter hier vielleicht mehr kann.

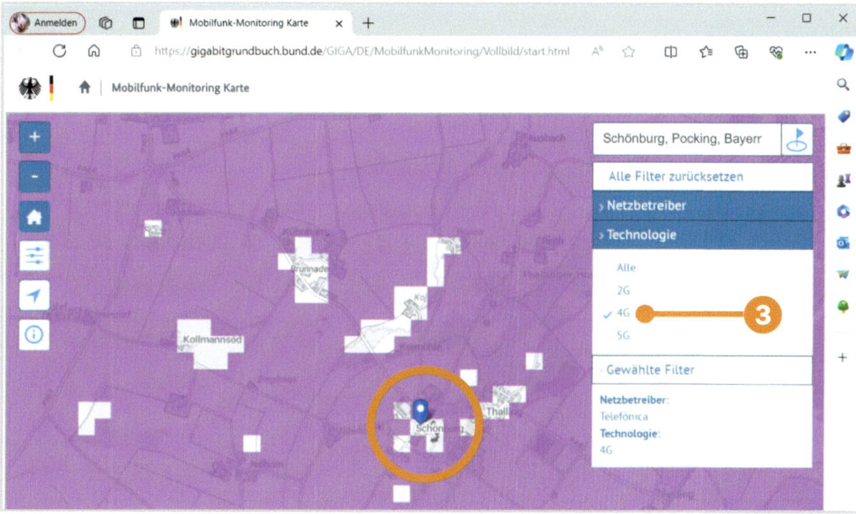

Nutzung von WLAN und mobilen Netzen

WLAN steht für Wireless Local Area Network, also ein kabelloses lokales Netzwerk. Für Zuhause haben Sie im Zuge eines Vertragsabschlusses mit einem Provider (z. B. Vodafone, Telekom, 1&1 etc.) wahrscheinlich einen Router (Internetzugang über die Telefonleitung) oder ein Kabelmodem (Internetzugang über eine TV-Kabelverbindung) erhalten und eingerichtet. Mit diesem Gerät verbinden Sie Ihr Smartphone, aber auch den Computer, Laptop oder das Tablet, und erhalten dadurch eine Verbindung zum Internet. Außerhalb eines WLANs verbindet sich das Smartphone über das Mobilfunknetz mit dem Internet (mobile Datenverbindung).

Mobiles Netz: Beim Erwerb der SIM-Karte wird Ihnen als Teil Ihres Vertrags ein bestimmtes Datenvolumen für den laufenden Monat zur Verfügung gestellt, z. B. 1 GB (ein Gigabyte), oder die Daten werden nach Nutzung abgerechnet. Sie verbrauchen Datenvolumen beispielsweise, wenn Sie **nicht** mit einem WLAN-Netzwerk verbunden sind und im Internet surfen oder WhatsApp verwenden. Sie nutzen dann eine mobile Datenverbindung. Wenn das festgelegte Datenvolumen aufgebraucht ist, ist die Nutzung der genannten Dienste zwar theoretisch noch möglich, aber praktisch zu langsam, da die Geschwindigkeit von den Anbietern „gedrosselt" wird. Manche Verträge sehen aber auch vor, dass das Datenvolumen für diesen Fall automatisch kostenpflichtig erweitert wird.

Da Ihr Datenvolumen entweder begrenzt ist oder Sie für dessen Nutzung entsprechend der verbrauchten Menge bezahlen, ist es besser, datenintensive Tätigkeiten im heimischen WLAN zu erledigen, z. B. YouTube-Videos anschauen, viele Fotos verschicken oder Updates durchführen. Natürlich gibt es auch Verträge, die Ihnen mit 25 GB oder sogar 50 GB ein sehr komfortables Datenvolumen zur Verfügung stellen. Dann müssen Sie nicht so sehr darauf achten. Allerdings würden wir Updates trotzdem im WLAN durchführen.

Nützliches Zubehör

Ladegerät: Je nach Hersteller wird Ihr Smartphone mit einem Netzteil und einem Kabel oder aber nur mit einem Kabel ausgeliefert. Sollten Sie bisher noch kein passendes Ladegerät besitzen, das Sie weiterhin verwenden möchten, so achten Sie beim Kauf eines neuen Netzteils oder Kabels darauf, dass diese die Schnellladefunktion Ihres Gerätes unterstützt.

Hülle und Displayschutz: Schützen Sie Ihr Smartphone durch eine Hülle vor Schäden. Taschen und Schutzhüllen gibt es in allen Farben und Formen. Daneben gibt es auch Displayschutzfolien, die den Bildschirm gegen Kratzer und Bruch schützen und zusätzlichen Reflexionsschutz bieten können. Das blasenfreie Aufbringen der Schutzfolie kann unter Umständen Schwierigkeiten bereiten. Der Fingerabdrucksensor Ihres Smartphones befindet sich auf dem Display. In der Regel kann trotz Schutzfolie das Smartphone per Fingerabdruck entsperrt werden. Beim Einlesen des Fingerabdrucks kann eine Folie allerdings hinderlich sein.

Eingabestift: Wenn Ihnen die Fingereingabe über den Bildschirm Probleme bereitet, empfehlen wir einen Eingabestift. Er erleichtert die Auswahl kleiner Symbole enorm. Vorsicht! Auf dem Markt gibt es günstige Eingabestifte mit Metallspitze, die das Display zerkratzen können.

Haltegriff/Handyhalter: An der Rückseite des Handys kann zusätzlich ein Griff angebracht werden, der das einhändige Halten des Smartphones erleichtert.

Externer Akku/Powerbank: Auf Reisen hilft ein externer Akku. Wenn gerade keine Steckdose in der Nähe ist, können Sie das Handy so wieder aufladen.

Je nachdem, wie Sie Ihr Handy nutzen, gibt es eine Reihe weiterer Hilfsmittel, z. B. Objektive und Stative für Smartphonefotografen, KFZ- und Fahrradhalterung für diejenigen, die mit dem Handy navigieren oder Bluetoothlautsprecher bzw. -kopfhörer für Musikliebhaber.

Über dieses Buch

- Befehle und Bezeichnungen von Schaltflächen sind zur besseren Unterscheidung farbig und kursiv hervorgehoben, zum Beispiel: Öffnen Sie die Smartphone-*Einstellungen*.
- Die Nummerierungen ❶ im Text beziehen sich in der Regel auf die darunter aufgeführten Bilder. Auf Ausnahmen wird hingewiesen.
- Die meisten Möglichkeiten, um das Smartphone an Ihre Wünsche anzupassen, finden Sie in der App *Einstellungen* ⚙. Daneben verfügen auch einzelne Apps über einen Bereich für Anpassungen. Dieser wird in der Regel ebenfalls als Einstellungen bezeichnet und oft auch durch ein Zahnradsymbol visualisiert. Deshalb fügen wir zur besseren Unterscheidung für die App *Einstellungen* das App-Symbol ⚙ ein.
- Der Glossar bietet Hilfe, wann immer Sie im Text einen Begriff nicht verstehen.
- Die installierten Apps als auch Android und die damit verbundenen Google Services werden laufend aktualisiert. Das kann zu Abweichungen von den hier gezeigten Inhalten führen.

Spickzettel

Schnelle Bedienungshilfen für das Smartphone.

Wichtige Bedienungsschritte haben wir für Sie auf Spickzetteln zusammengefasst. Ausführliche Erläuterungen finden Sie selbstverständlich auch im Buch. Die Spickzettel helfen, wenn Sie schnell etwas nachschauen möchten. Damit sie leicht zu finden sind, haben wir sie an den Anfang des Buchs gesetzt.

Auf den nächsten Seiten finden Sie Kurzanleitungen für folgende Themen:

1 **Fingersteuerung** 19

2 **Kleine Taschenlampe brenn!** 20

3 **Die Sprache der Apps verstehen** 21

4 **Freunde anrufen** 23

5 **In WhatsApp chatten** 24

6 **Videotelefonat in WhatsApp** 25

7 **Foto knipsen** 26

8 **Foto verschönern und versenden** 27

9 **Termin eintragen** 28

10 **Alarm für den nächsten Morgen** 29

1 Tippen = Öffnen

Einmaliges, kurzes Tippen auf eine App, auf ein Symbol oder einen Menüeintrag ▶ öffnet die App, öffnet ein Auswahlmenü oder zeigt ein Untermenü an.

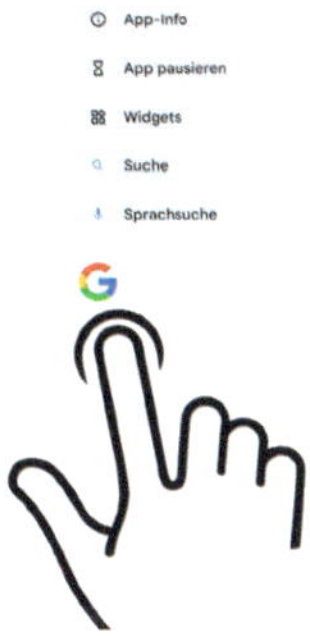

Tippen und halten = Kontextmenü anzeigen

Tippen und den Finger auf dem Bildschirm bzw. einer App halten ▶ öffnet ein Menü (Kontextmenü), welches Befehle anzeigt, die für das angetippte Element zur Verfügung stehen.

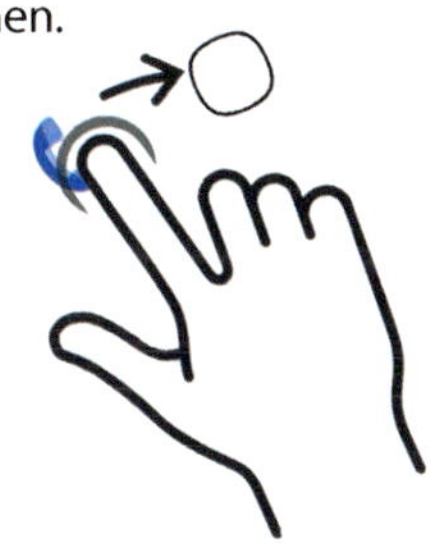

Tippen, halten und ziehen = Verschieben

Das App-Symbol antippen, gedrückt halten und neue Position ziehen ▶ App verschieben.

Wischen = Blättern, auch scrollen genannt

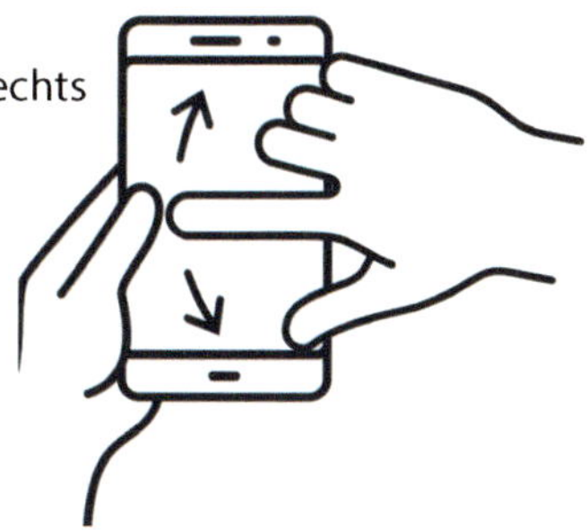

Mit dem Finger von unten nach oben bzw. von rechts nach links und natürlich auch jeweils umgekehrt über das Display streichen ▶ blättern zwischen verschiedenen Seiten oder Bildschirmen.

Zwei Finger auseinander ziehen = vergrößern, auch zoomen genannt

Ziehen Sie auf dem Bildschirm zwei Finger auseinander ▶ der angezeigte Inhalt wird vergrößert. Beim Zusammenziehen der Finger wird der Inhalt wieder verkleinert.

2 Kleine Taschenlampe brenn!

Wahnsinnig praktisch, wenn man im Dunkeln mal schnell ein Licht benötigt, ist die Funktion Taschenlampe. Sie gehört zu den *Schnelleinstellungen*.

1 Wischen Sie vom oberen Rand über den Bildschirm und zeigen Sie die Schnelleinstellungen an. Tippen Sie auf die Kachel *Taschenlampe* ❶, um diese einzuschalten. Falls sich die Taschenlampe nicht in den Top Vier Ihrer Schnelleinstellungen befindet, ziehen Sie diese weiter nach unten.

2 Sie sehen nun die gesamte Seite der Schnelleinstellungen. Die Taschenlampe befindet sich meist auf der ersten Seite. Mit ❷ ändern Sie die Position der Kacheln bzw. deren Reihenfolge in den Schnelleinstellung.

3 Tippen Sie auf das Taschenlampe-Symbol, um diese zu aktivieren. Die Kachel wird farbig hinterlegt ❸. Über denselben Weg schalten Sie die Taschenlampe wieder aus.

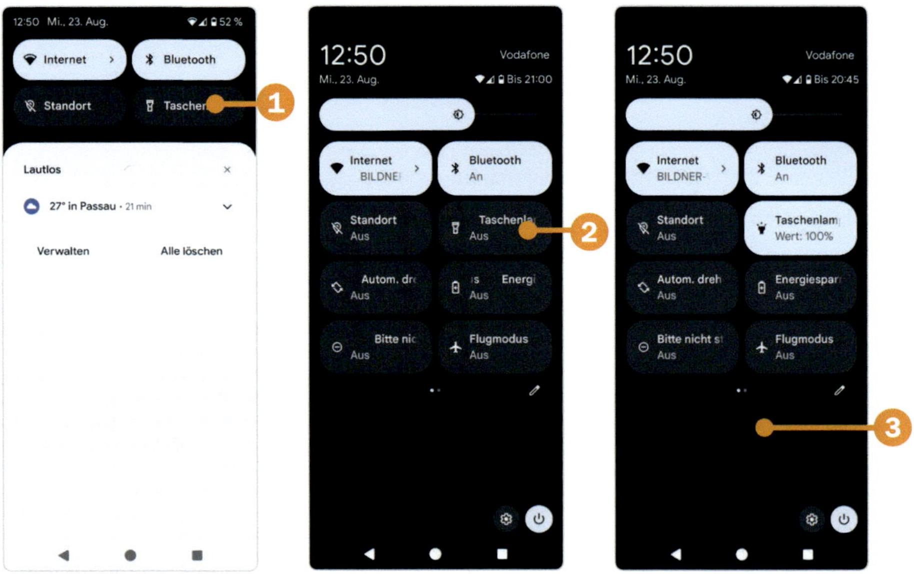

> Bei vielen Smartphones können Sie die Helligkeit der Taschenlampen ändern, wenn Sie länger auf das -Symbol tippen. Lässt sich die Helligkeitsstufe Ihrer Taschenlampe nicht ändern, können Sie im *Play Store* auch eine andere Taschenlampen-App herunterladen.

Weitere Informationen finden Sie ab Seite 60.

3 Die Sprache der Apps verstehen

Apps haben ihre eigene Sprache. Wenn Sie diese verstehen, können Sie sich schnell auch in neuen Anwendungen zurechtfinden. Folgende Befehle werden immer durch ähnliche grafische Darstellungen gekennzeichnet.

Befehl	Symbol
Suchfunktion	
Menü: Anzeige von weiteren Bearbeitungsbereichen, z. B. Einstellungen oder Konto	 oder 
Teilen, Inhalte der App versenden via E-Mail, WhatsApp etc., auf einem Cloud-Speicher ablegen oder in eine andere Anwendung laden	
Löschen des markierten Elements	
Einstellungen der App aufrufen	
Schließen, z. B. eingeblendete Werbung	
Chat: Nachricht schreiben	
Kontaktinformationen hinterlegen oder einfügen	
Wecker oder Erinnerung	
Warenkorb/Einkaufswagen	
Favoriten: Das markierte Element kann als Favorit festgelegt werden und wird dadurch gesondert angezeigt.	
Video starten	
Video pausieren	
Kalender anzeigen	
Tastatur wechseln	

Befehl	Symbol
Brief/E-Mail	
Dreieck mit Ausrufezeichen: Warnung	
Datei anhängen	
Sprachaufnahme oder Speech-to-Text (Diktat)	
Anzeigen, z. B. eines Kennworts, und wieder verstecken	
Cloud (Wolke): zusätzlicher externer Speicherplatz	
Standortermittlung (GPS-Ortung) benötigen viele Apps, um passende Informationen bereitzustellen, z. B. Wetter.	
Offlinemodus, Schlafmodus oder Flugmodus: Alle Netzverbindungen, WLAN und Bluetooth werden deaktiviert.	
Startseite der App	
Über die Glühbirne erhalten Sie Tipps oder weitere Infos.	
Durch Antippen des Häkchens bestätigen Sie eine Eingabe.	
Bearbeiten eines Eintrags	
Neue Benachrichtigung	
Hinweis auf Funktionen, die mit einem Update erweitert oder neu hinzugefügt wurden.	
Weitere Informationen	
Hier besteht Handlungsbedarf oder eine Einstellung benötigt Ihre Aufmerksamkeit.	
Spracheinstellungen	
KI-Funktion	

4 Freunde anrufen

1 Öffnen Sie die App *Telefon* und wählen Sie unten *Kontakte* ❶ aus.

2 Tippen Sie auf die Kontaktdaten der Person, die Sie anrufen möchten. Dadurch wird die Kontaktinformationen ❷ der Person angezeigt. Um eine Nummer manuell einzugeben, tippen Sie auf das -Symbol .

3 Tippen Sie auf das Telefonsymbol ❸. Die Person wird angerufen.

4 Durch Antippen des roten Hörers ❹ beenden Sie das Gespräch.

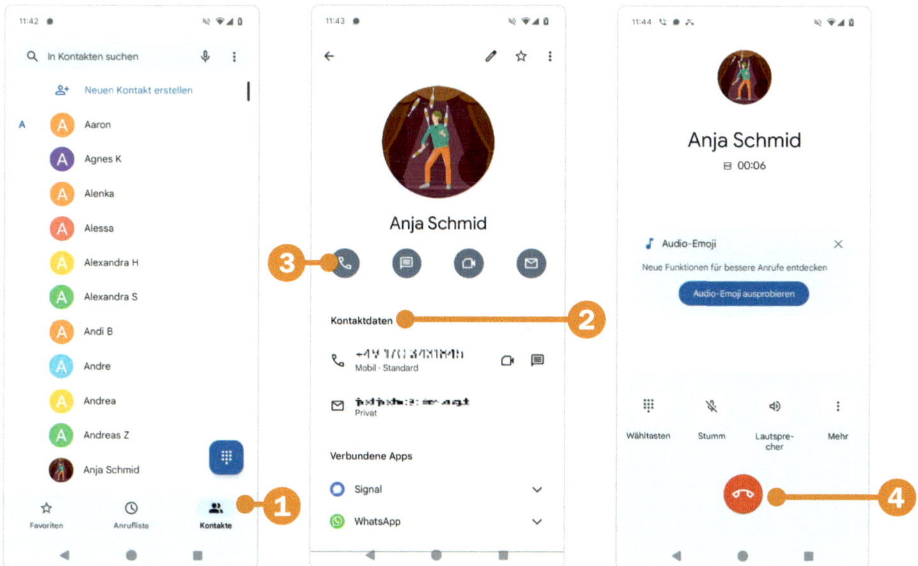

Während eines Anrufs können Sie die Zahlentastatur mit *Wähltasten* einblenden, Ihr Mikrofon auf *Stumm* schalten, den *Lautsprecher* aktivieren oder sogenannte *Audio-Emojis*, also kurze Ton-Schnipsel wie beispielsweise Applaus oder Trommelwirbel, senden.
Unter *Mehr* lässt sich der Gesprächspartner mit *Halten* vorübergehend in einer Warteschleife parken oder ein weiterer Kontakt zu einer Telefonkonferenz *Hinzufügen*.

Weitere Informationen finden Sie ab Seite 104.

5 In WhatsApp chatten

1 Öffnen Sie WhatsApp . Tippen Sie den Chat mit der Person an ❶, der Sie eine Nachricht schreiben möchten. Falls Sie sich mit einem Freund noch nicht ausgetauscht haben, tippen Sie auf *Neue Nachricht* ❷ und wählen dann den gewünschten Kontakt ❸ aus.

2 Tippen Sie in das Nachrichtenfeld und geben Sie Ihre Antwort ein. Über das Büroklammer-Symbol und Auswahl von *Galerie* können Sie auch ein Bild verschicken und mit ein Emoji einfügen.

3 Tippen Sie auf *Senden* ❹.

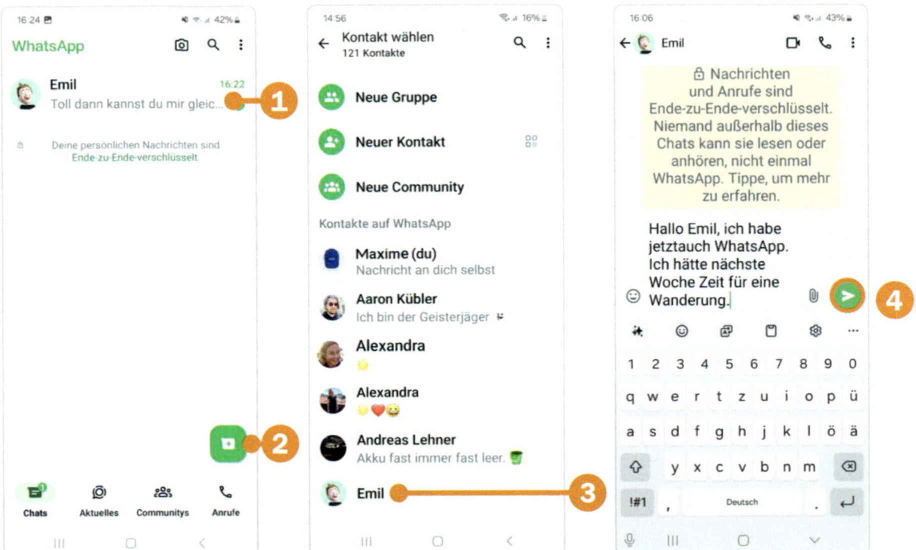

Weitere Informationen finden Sie ab Seite 120.

6 Videotelefonat in WhatsApp

1 Zeigen Sie den Chat mit der Person an, die Sie anrufen möchten. Tippen Sie oben rechts auf das Videosymbol ❶ und bestätigen Sie mit Antippen von *Anruf*.

2 Am bequemsten ist es, wenn Sie das Handy auf dem Tisch an etwas anlehnen; vielleicht können Sie auch etwas zweckentfremden, z. B. einen Notenständer. Achten Sie darauf, dass die Frontkamera nicht verdeckt wird.

3 Zunächst sehen Sie sich selbst auf dem Bildschirm des Smartphones. Nachdem der Angerufene das Gespräch angenommen hat, erscheint dieser groß auf dem Bildschirm.

4 Durch Antippen des roten Hörers ❷ beenden Sie das Gespräch.

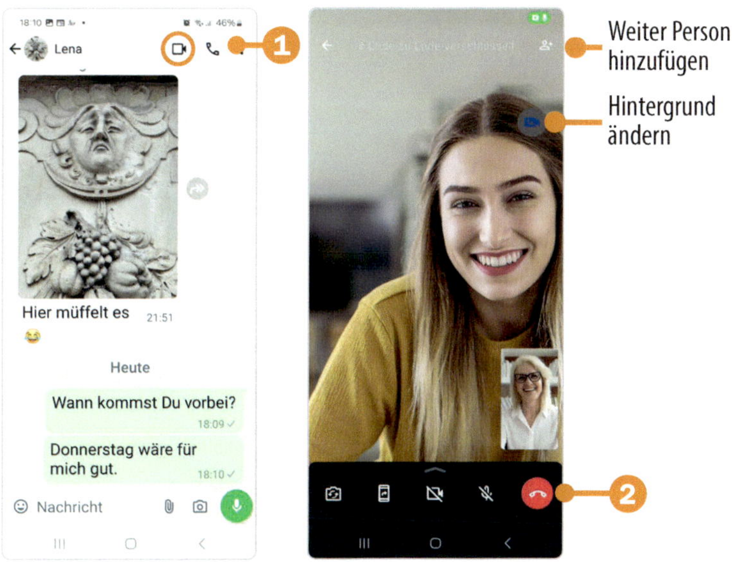

Weitere Informationen finden Sie ab Seite 120.

7 Foto knipsen

1 Öffnen Sie die App *Kamera* . Achten Sie darauf, dass Aufnahmemodus *Kamera* ❶ ▸ *Foto* ausgewählt ist.

2 Richten Sie das Smartphone auf das Motiv und wählen Sie das passende Objektiv ❷.

3 Tippen Sie mit dem Finger auf den Teil des Motivs, auf den scharf gestellt werden soll ❸.

4 Tippen Sie auf den Auslöser ❹.

5 Sie sehen, dass die Aufnahme funktioniert hat, wenn das geknipste Foto als Vorschaubild ❺ erscheint.

Weitere Informationen finden Sie ab Seite 138.

8 Foto verschönern und versenden

1 Zeigen Sie das Bild in der App *Fotos* an. Tippen Sie auf *Bearbeiten* ❶.

2 Nutzen Sie einen Verschönerungsvorschlag, z. B. *Optimieren* ❷, und tippen Sie rechts unten auf *Kopie speichern* ❸.

3 Tippen Sie dann auf *Teilen* ❹. Hier stehen je nach installierten Apps verschiedene Optionen zur Verfügung, wie Sie das Foto verschicken können, z. B. QuickShare, Gmail, WhatsApp oder Messages. Beachten Sie, dass beim Versand als MMS via Messages zusätzliche Kosten entstehen können. Wir wählen hier *Gmail* ❺, also den Versand als E-Mail-Anhang.

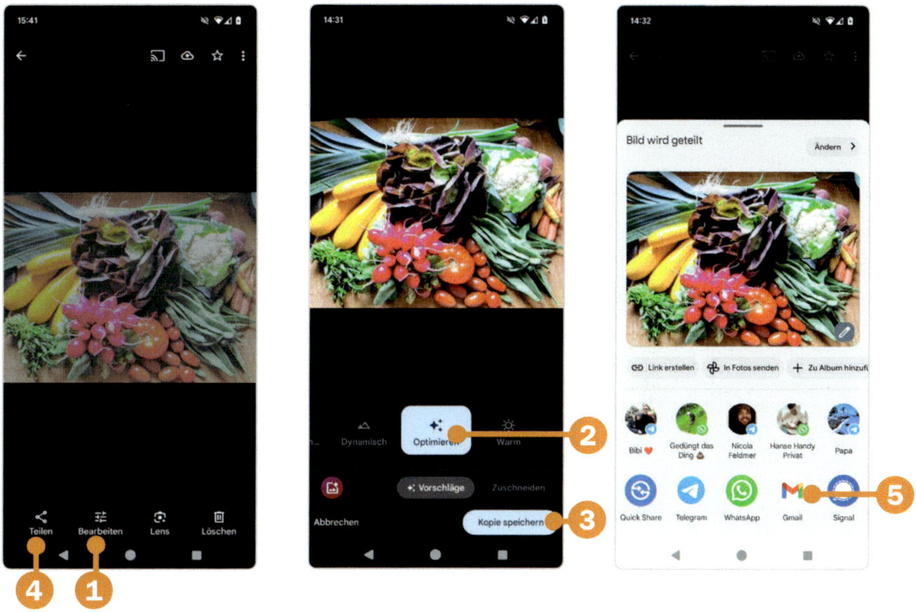

4 Geben Sie in Gmail die Empfängeradresse, einen Betreff, eine kurze Nachricht ein und tippen sie anschließend auf *Senden* ❻.

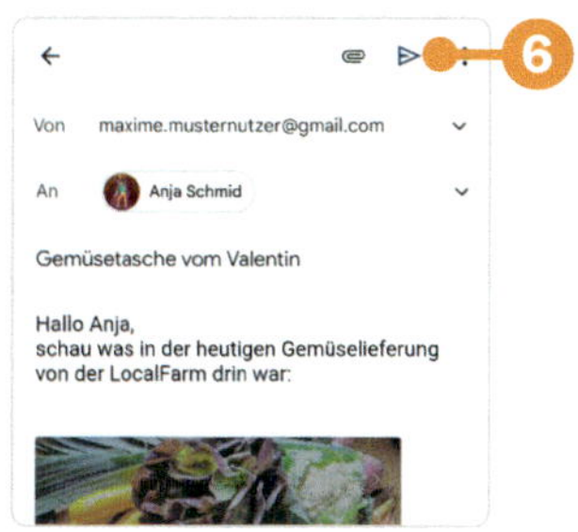

Weitere Informationen finden Sie ab Seite 138.

9 Termin eintragen

1 Öffnen Sie die App Kalender. Tippen Sie auf den Tag, für den Sie einen Termin eintragen möchten, und dann auf das Plus-Symbol ❶.

2 Wählen Sie *Termin* und geben Sie eine Bezeichnung für diesen ein ❷.

3 Tippen Sie auf die Uhrzeit ❸ und wählen Sie einen Beginn und ggf. ein Ende des Termins. Tippen Sie auf, um die Tastatur einzublenden.

4 Tippen Sie anschließend auf *Speichern* ❹.

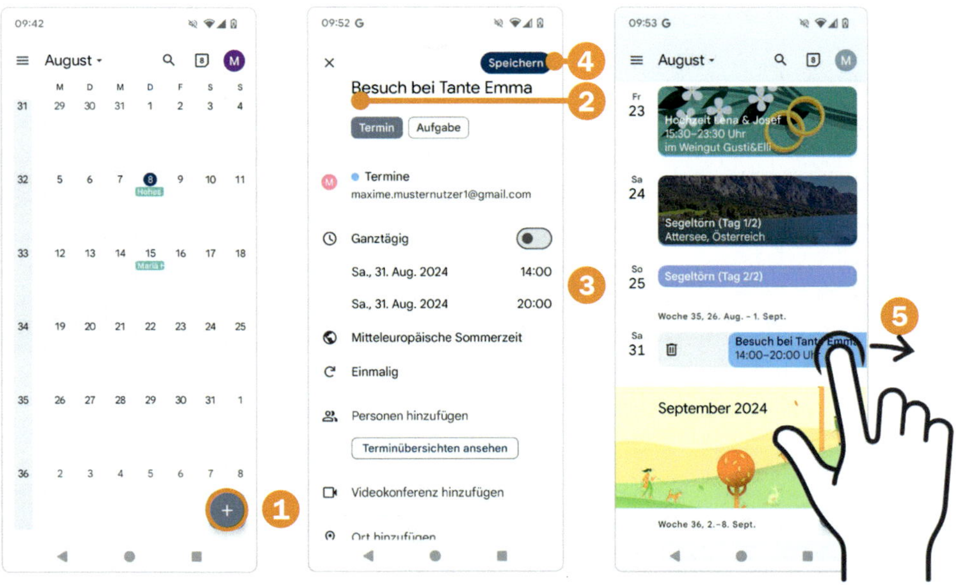

Tipp: Mit Wischen nach rechts ❺ in der Terminübersicht löschen Sie einen auch schnell wieder aus Ihrem Kalender.

Weitere Informationen finden Sie ab Seite 140.

10 Alarm für den nächsten Morgen

1 Öffnen Sie die App Uhr und zeigen Sie den Bereich *Wecker* ❶ an.

2 Falls schon ein Alarm vorhanden ist, dessen Weckzeit passt, ziehen Sie den Regler ❷ auf die Position *Ein*.

3 Sonst tippen Sie auf das Plus-Symbol ❸ und stellen oben die neue Weckzeit ein. Tippen Sie dann auf *OK* ❹. Dieser Alarm ist nun aktiv.

4 Die verbleibenden Stunden und Minuten ❺ werden angezeigt, nach deren Ablauf der Alarm ertönt. So können Sie schnell verifizieren, ob der Alarm korrekt eingestellt ist.

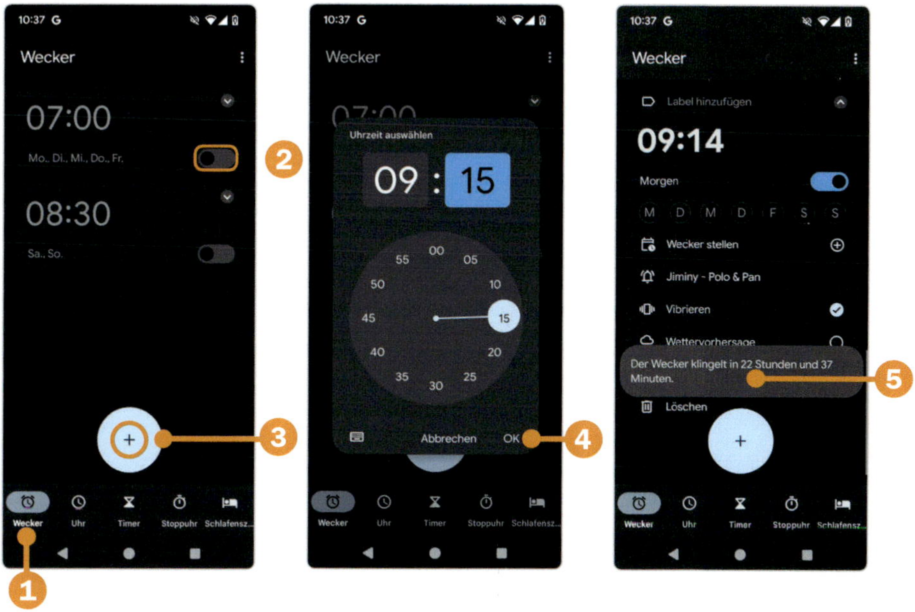

Weitere Informationen finden Sie ab Seite 144.

Bedienelemente am Gehäuse

Mikrofone

Kameramodul, enthält:

- Ultraweitwinkelkamera
- Weitwinkelkamera
- Je nach Modell noch ein Makro- oder Teleobjektiv

LED-Blitz

Frontkamera für Selfies

Funktionstaste: Ist der Bildschirm schwarz drücken Sie kurz diese Taste.

Lautstärkenwippe:
oben lauter
unten leiser

Fingerabdrucksensor: Meist unter dem Bildschirm verbaut, gelegentlich auch auf der Rückseite oder in der Funktionstaste integriert.

Zusätzliche Lautsprecher & Mikrofon

Multifunktionsbuchse USB Typ C

SIM-Karten-Slot:

- Befindet sich ggf. auch an einer anderen Gehäuseseite.
- Kartenhalter mit mitgelieferten Werkzeug entnehmen.
- Bei einigen Geräten lässt sich hier auch der Speicher mit einer SD-Karte erweitern.

1 Handy einrichten und loslegen

Wenn Sie Ihr neues Smartphone gerade aus seiner Schachtel befreit haben, dann gibt es jetzt einiges zu tun: SIM-Karte einlegen, Verbindung mit einem WLAN herstellen und Konto einrichten. Vielleicht wurde das alles schon für Sie erledigt, dann können Sie die nächsten beiden Kapitel überspringen und gleich auf Seite 40 fortfahren.

Diese Dinge sollten Sie zur Hand haben, bevor Sie mit der Einrichtung Ihres Smartphones beginnen:

- SIM-Karte mit PIN
- Name Ihres WLANs und Kennwort
- Benutzername und Passwort für das Google-Konto. Falls Sie eine E-Mail-Adresse wie etwa *beispielname@gmail.com* oder *beispielname@googlemail.com* verwenden, dann haben Sie ein Google-Konto und können diese Adresse nutzen.

1.1 SIM-Karte einlegen und Einrichtung starten

- **SIM-Karte:** Laden Sie den Akku Ihres Handys und legen Sie die SIM-Karte ein. Verwenden Sie dazu den mitgelieferten Schlüssel und stecken Sie diesen in das kleine Loch des Kartenhalters. Dadurch wird dieser entriegelt und kann entnommen werden. Achten Sie darauf, nicht aus Versehen den Schlüssel in eine Mikrofonöffnung zu stecken. Diese sehen fast genauso aus wie die Entriegelungsöffnung des SIM-Kartenschlittens, befinden sich allerdings außerhalb des Kartenhalters. Je nach Gerät lassen sich entweder eine SIM-Karte, zwei SIM oder jeweils eine SIM- und bzw. oder eine microSD-Karte einlegen.
- Drücken Sie zum Einschalten länger die Funktionstaste und geben Sie, wenn erforderlich, Ihre vierstellige PIN, die Sie zusammen mit Ihrer SIM-Karte erhalten haben, ein. Wählen Sie zu Beginn Ihre Sprache und Nationalität aus und tippen Sie auf *Jetzt starten*. Falls Sie möchten, können Sie unter *Bedienungshilfen* ❶ das Gerät noch vor der Einrichtung an Ihre Sehbedürfnisse anpassen, um bspw. Textgröße und Kontrast erhöhen.
- **WLAN:** Nachdem Sie die Einrichtung gestartet haben, werden Sie zunächst aufgefordert, das Smartphone mit einem WLAN zu verbinden.

Hierzu wählen Sie aus der Liste der vorhandenen Netze das gewünschte aus ❷ und geben das WLAN-Passwort ein. Tippen Sie dann auf *Verbinden*. Bei Fragen zur Tastatur, blättern Sie auf Seite 13. Sollten Sie sich außerhalb der Reichweite Ihres WLAN-Netzwerks befinden, können Sie Ihr Gerät auch über das *Mobilfunknetz* oder *Offline* einrichten.

- Als Nächstes folgt *Apps & Daten kopieren*. Wir gehen davon aus, dass Sie als Einsteiger noch kein Vorgänger-Smartphone besitzen. Tippen Sie daher links unten auf *Nicht kopieren* ❸. Wie man Inhalte von einem alten auf ein neues Smartphone überträgt, erfahren Sie ab Seite 177.

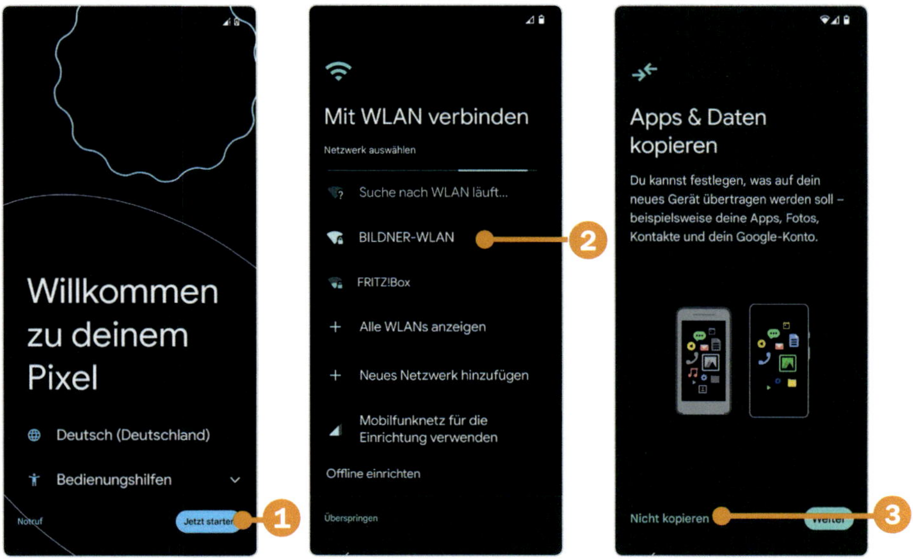

- **Konto hinzufügen:** Über das Google-Konto laden Sie Apps im Play Store herunter, sichern Daten online oder orten Ihr Handy. Falls Sie bereits ein Google-Konto besitzen, geben Sie zunächst Ihre Mail-Adresse ein ❹, tippen auf *Weiter*, tragen dann Ihr Passwort ein und tippen erneut auf *Weiter*. Falls Sie noch kein Google-Konto besitzen, tippen Sie auf *Konto erstellen*. Wie man ein Google-Konto erstellt, erfahren Sie gleich im Anschluss auf Seite 13.

- **Nutzungsbedingungen:** Nun müssen durch Anklicken von *Ich stimme zu* die Nutzungsbedingungen von Google akzeptiert werden, damit Sie mit dem Hinzufügen Ihres Accounts fortfahren können.

- Im nächsten Schritt werden Ihre Kontoinformationen abgerufen und die Netzwerkinformationen geprüft. Gegebenenfalls werden Sie gefragt, ob Sie eine Handynummer für Ihr Google-Konto hinterlegen möchten. Wenn Sie beispielsweise Ihr Passwort vergessen, kann Google Ihnen einen Bestätigungscode auf das Smartphone schicken. So erhalten Sie wieder Zugriff auf Ihr Konto. Wählen Sie entweder *Ja, ich stimme zu* oder *Überspringen* aus. Hatten Sie bisher noch keine SIM-Karte eingelegt, werden Sie nun dazu aufgefordert. Falls Sie eine eSIM nutzen, erhalten Sie jetzt die Möglichkeit diese herunterzuladen.

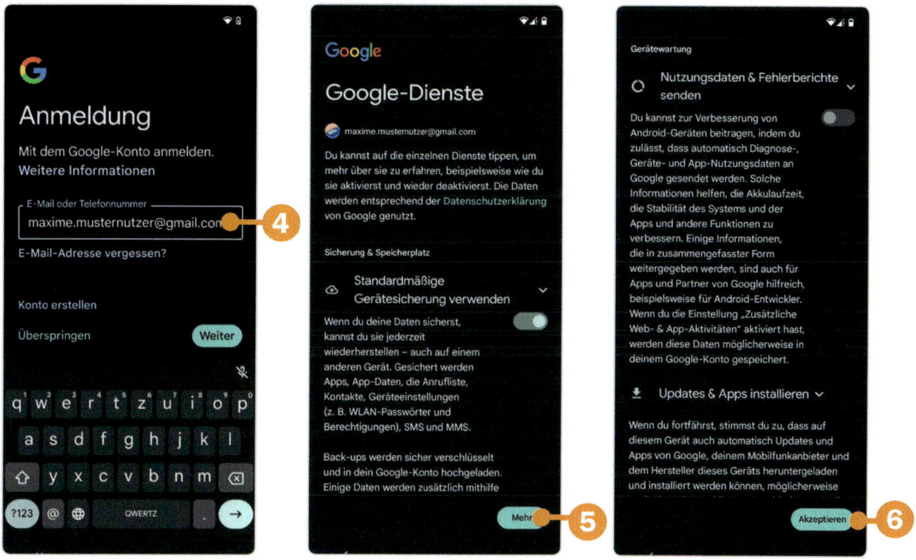

Im Bild links wird die Gerätesicherung verwendet - der Schalter ist auf Ein.
Im Bild in der Mitte werden keine Nutzerdaten gesendet - der Schalter ist auf Aus.

- **Google-Dienste:** In den weiteren Schritten werden Sie aufgefordert, einzelne *Dienste* zu aktivieren bzw. zu deaktivieren. Wir empfehlen Ihnen die Sicherung Ihrer Daten auf *Google Drive* und die *Standortermittlung* (Position des Smartphones wird ermittelt) zu aktivieren.

  Viele Apps (Wetter, Google Suche, Google Maps, Fahrpläne etc.) nutzen diese Standortinformationen, um Ihnen passgenaue Informationen anzubieten. Mit *WLAN-Suche zulassen* verbessern Sie das Ergebnis der Standortermittlung.

Alle Einstellungen, die Sie hier treffen, können nachträglich verändert werden. Wischen Sie von unten nach oben über das Display oder tippen Sie auf *Mehr* ❺, um die einzelnen Einträge anzuzeigen. Berühren Sie die einzelnen Schalter, um diese auszuschalten bzw. einzuschalten. Tippen Sie unten abschließend auf *Akzeptieren* ❻.

- Als Nächstes werden Sie aufgefordert eine *PIN* festzulegen. Unter *Optionen für Displaysperre* könnte auch eine andere Entsperrmethode für Ihr Smartphone ausgewählt werden, z. B. ein Muster oder Passwort, welches eingeben werden muss, bevor Sie das Smartphone verwenden können. Wir wählen hier vorerst *Überspringen* ❼ aus, damit Sie es nach der Einrichtung leichter haben, das Gerät zu entsperren und etwas Geläufigkeit zu gewinnen. Sie sollten dennoch **unbedingt** nachträglich den sogenannten Geräteschutz aktivieren. Wie das geht, lesen Sie ab Seite 66.
- Als nächstes werden Sie gefragt, ob Sie die Einrichtung weiter fortsetzen oder lieber zu einem späteren Zeitpunkt mit dieser fortfahren möchten. Tippen Sie auf *Weiter*, so erhalten Sie nun Informationen zum Sprachassistent von Google, dem Google Assistant. Mit ihm können Sie via Sprachbefehl verschiedene Funktionen am Smartphone aufrufen und ausführen. Wischen Sie von unten nach oben und tippen Sie auf *Überspringen*. Falls Sie den Sprachassistent doch noch nutzen möchten, können Sie diesen auch später jederzeit noch aktivieren und genauere Einstellungen treffen.
- **Sonst noch etwas?** Hier können Sie Funktionen, wie z.B. die Musikerkennung oder den Übersetzer, kennenlernen oder weitere Einrichtungsmöglichkeiten vornehmen. Alle hier genannten Einstellungen werden in den folgenden Kapiteln noch genauer erläutert. Unter *Weitere Apps auswählen* ❽ (siehe Abbildung nächste Seite) haben Sie die Gelegenheit gleich noch weitere Anwendungen herunterzuladen. Tippen Sie auf die Kachel und setzen Sie bei *Google Notizen* ein Häkchen, da wir diese App später auch im Buch verwenden.
- Der letzte Punkt der Einrichtung betrifft die Touch-Gesten mit denen Sie Ihr Handy nur durch Wischen steuern. Wählen Sie hier zuerst *Überspringen* und tippen Sie anschließend auf *Einstellungen der Systemsteuerung* ❾.

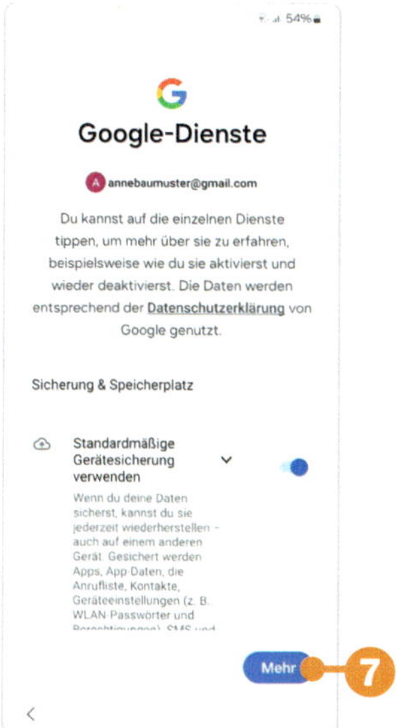

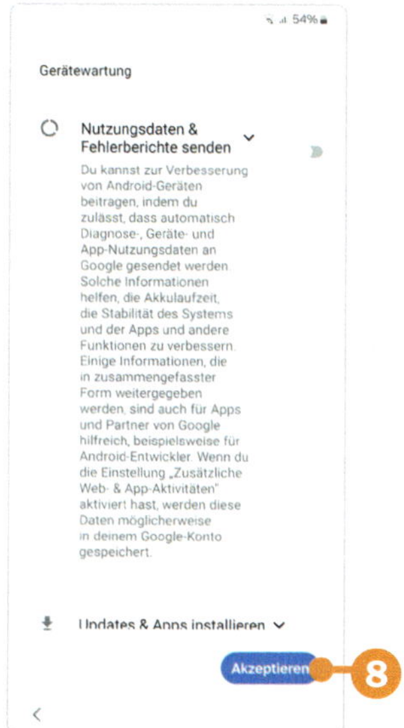

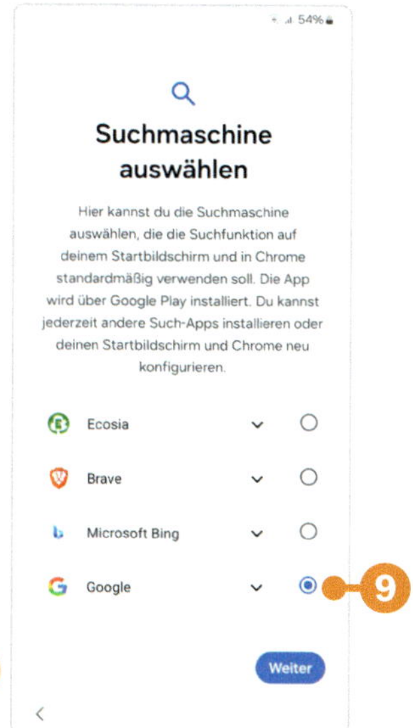

- Entscheiden Sie sich hier für die *Bedienung über 3 Schaltflächen* ⑩, da diese Art der Navigation im Allgemeinen übersichtlicher und für Einsteiger besser geeignet ist. Mehr dazu auf Seite 42.

1.2 Das Google-Konto

Ein Android-Smartphone ohne Google-Konto zu verwenden, ist möglich. Allein durch den fehlenden Zugriff auf Google-Dienste wie den Play Store (Herunterladen von Apps) raten wir aber davon ab.

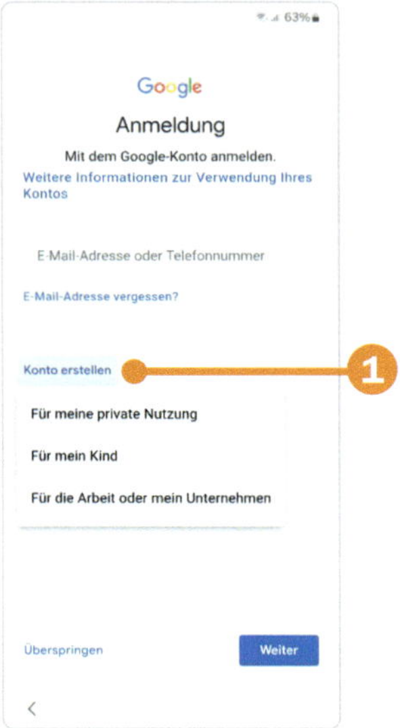

Google-Konto im Einrichtungsprozess erstellen

Sie richten gerade Ihr Smartphone ein und haben noch kein Google-Konto? So geht's:

> Wenn Sie eine E-Mail-Adresse verwenden, die auf eine der folgenden Bezeichnungen endet: *@googlemail.com* oder *@gmail.com*, dann haben Sie bereits ein Google-Konto.

1 Klicken Sie im Einrichtungsprozess auf *Konto erstellen* ❶ und wählen Sie *Für meine private Nutzung*.

2 Geben Sie Ihren Vor- und, wenn Sie möchten, Ihren Nachnamen ein ❷ und tippen Sie auf *Weiter*.

3 Anschließend geben Sie Ihr Geburtsdatum ein und wählen eine Option bei *Geschlecht* aus.

4 Sie erhalten Vorschläge für verfügbare Google-Mail-Adresse. Falls Ihnen eine der angegebenen Adressen gefällt, wählen Sie diese durch Antippen aus. Wenn Sie genaue Vorstellungen von Ihrer Adresse haben, tippen Sie auf *Gmail-Adresse erstellen* ❸. Geben Sie dann eine neue E-Mail-Adresse ein. Ihre Wunsch-E-Mail-Adresse muss noch verfügbar sein, d. h. es darf keine andere Person dieselbe Adresse nutzen. Wenn der Nutzername schon vergeben ist, versuchen Sie es mit einer anderen Namensvariation.

5 **Kennwort ausdenken:** Erstellen Sie ein Passwort ❹, also eine Kombination aus Groß- und Kleinbuchstaben, Sonderzeichen und Zahlen. Es kommt aber vor allem auch auf die Länge an. Gefordert werden oft 8 Zeichen, 12 Zeichen sind sicherer. Mit jedem Zeichen mehr erhöhen Sie die Sicherheit. Die meisten Kennwörter müssen gar nicht so oft eingegeben werden, da tun ein paar Zeichen mehr nicht weh. Notieren Sie sich schon während des Prozesses Ihre neue E-Mail-Adresse und das Kennwort.

6 Bestätigen Sie das Kennwort durch nochmalige Eingabe. Mit *Passwort anzeigen* können Sie kontrollieren, was Sie eingetippt haben.

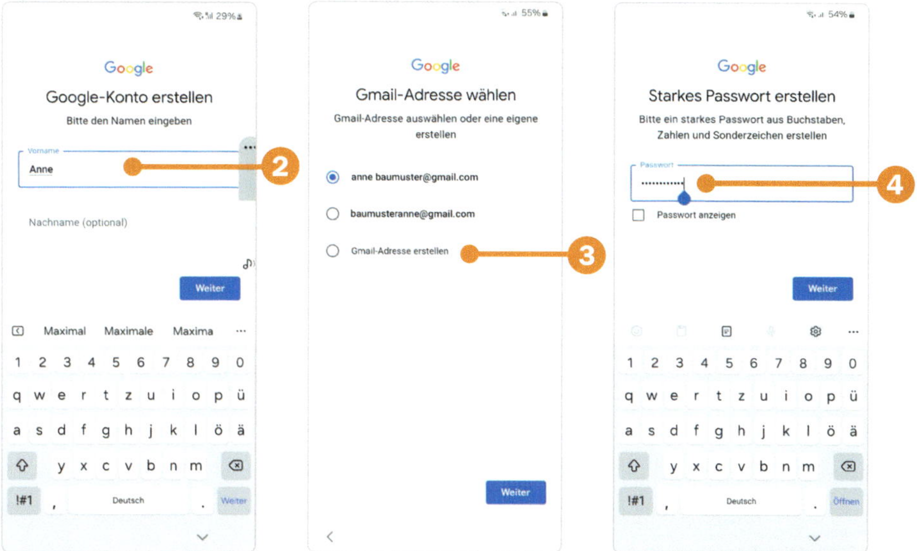

7 Wenn Sie möchten, können Sie Ihre Telefonnummer Ihrem Konto hinzufügen. So können Sie beispielsweise Ihr Passwort zurücksetzen, falls Sie es vergessen haben. Tippen Sie auf *Ja, ich stimme zu* ❺.

8 Im nächsten Schritt müssen Sie die Personalisierungseinstellungen festlegen: Mit der *Express-Personalisierung (1 Schritt)* ❻ sind Sie schnell fertig, stellen Google aber etwas mehr Informationen zur Verfügung, als unbedingt notwendig. Mit der manuellen Personalisierung gehen Sie die einzelnen Optionen durch und entscheiden, was Sie im einzelnen für Einstellungen ❼ treffen. Tippen Sie auf *Weiter* und im nächsten Schritt auf *Bestätigen*.

9 Danach bestätigen Sie Datenschutz und weitere Bedingungen mit *Ich stimme zu*.

10 In den weiteren Schritten werden Sie aufgefordert, einzelne *Dienste* zu aktivieren bzw. deaktivieren. Alle Einstellungen, die Sie hier treffen, können nachträglich verändert werden.

- Google Drive ist ein Cloud-Speicher für Ihre Daten, d. h. ein Teil Ihrer Daten wird in einem Rechenzentrum von Google gesichert. Bei einem Defekt Ihres Smartphones oder beim Umzug auf ein neues Handy haben Sie so Zugriff auf Ihre Daten. Ist der Schalter auf der Position *Ein*, werden Daten an Google übertragen. Wenn Sie das nicht möchten, ziehen Sie den Schalter mit dem Finger auf *Aus*. Wenn Sie mit dem Finger vertikal über das Display von unten nach oben streichen, zeigen Sie die weiteren Einstellungen an.
- Google Assistant: Mit diesem Dienst können Sie Ihr Smartphone per Sprachbefehl steuern. Mit *Aktivieren* stellen Sie dem Dienst mehr Informationen für eine bessere Bedienung zur Verfügung.

11 Tippen Sie abschließend auf *Konto erstellen*.

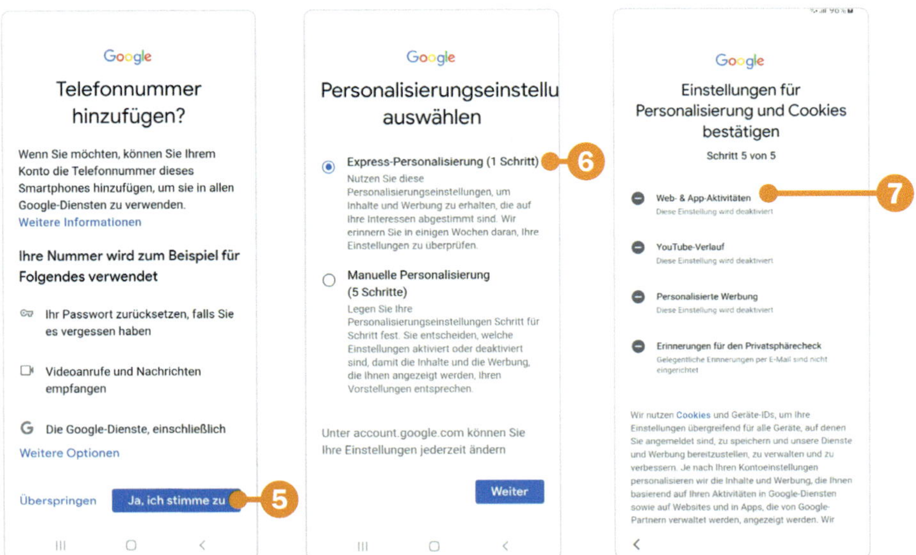

Google-Konto nachträglich hinzufügen

Normalerweise wird gleich bei der Einrichtung des Smartphones ein Google-Konto hinterlegt, das ist aber auch noch nachträglich möglich.

- Gehen Sie in die *Einstellungen* Ihres Smartphones und suchen Sie hier den Menüpunkt *Passwörter, Payykeys und Konten* ❶.
- Tippen Sie auf *Konto hinzufügen* ❷ und wählen Sie den Punkt *Google* ❸ aus.
- Im nächsten Fenster geben Sie die E-Mail-Adresse Ihres Google-Kontos ein und dann das Kennwort. Oder Sie tippen auf *Konto erstellen* und folgen den Schritten, wie auf Seite 36 beschrieben.

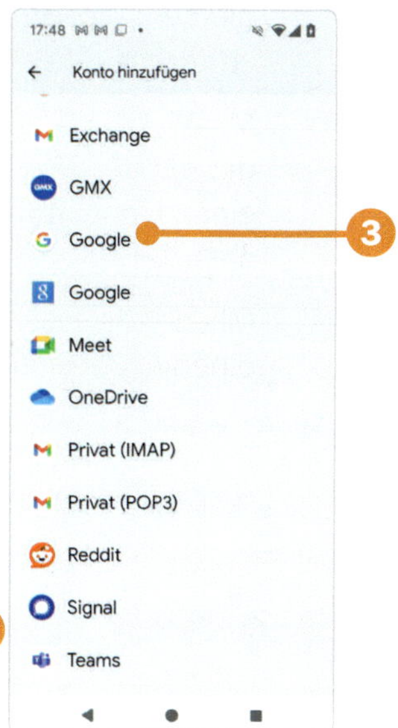

1.3 Die Smartphoneoberfläche

Nach der Einrichtung des Smartphones geht es jetzt darum, sich zurecht zu finden. Wichtig ist, dass Sie folgende drei Inhalte unterscheiden: Sperr-, Start- und App-Bildschirm.

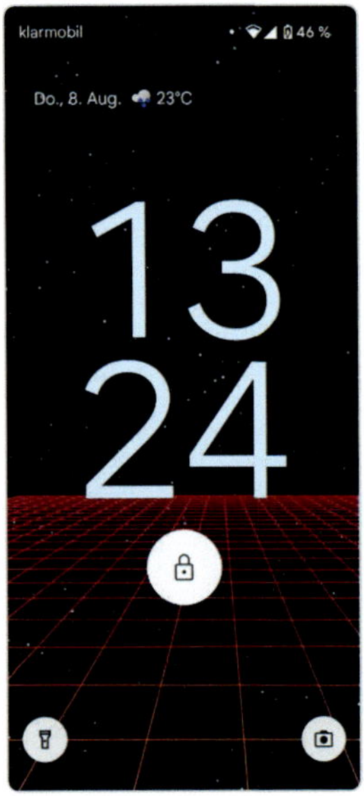

Sperrbildschirm

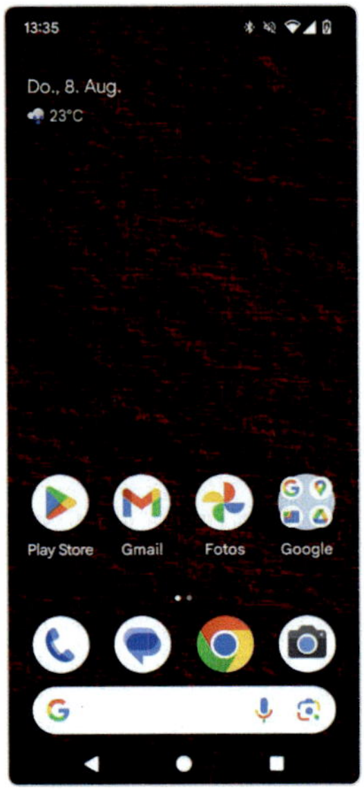

Startbildschirm

App-Bildschirm

Sperrbildschirm

Der Sperrbildschirm sichert Ihre Daten vor unerwünschtem Zugriff Dritter. Er wird mit Passwort, PIN, Muster oder Fingerabdruck- bzw. Gesichtserkennung ausgestattet (siehe ab Seite 66). Zudem hält er Informationen bereit, wie etwa die Anzeige von Datum, Uhrzeit, Akkustand, Benachrichtigungen etc. und verhindert eine ungewollte Bedienung, z. B. in der Tasche.

- **Smartphone entsperren:** Ein kurzes Drücken der Funktionstaste zeigt den Sperrbildschirm an, wischen Sie nach oben und geben Sie dann Ihre PIN ein. Wenn ein Fingerabdruck vereinbart wurde, kann auch mit diesem das Handy entsperrt werden. Der Startbildschirm wird dann angezeigt.
- **Smartphone sperren:** Sie haben einen Freund angerufen, jetzt wollen Sie das Smartphone wieder in die Tasche stecken. Dann aktivieren Sie den Sperrbildschirm durch Drücken der Funktionstaste.

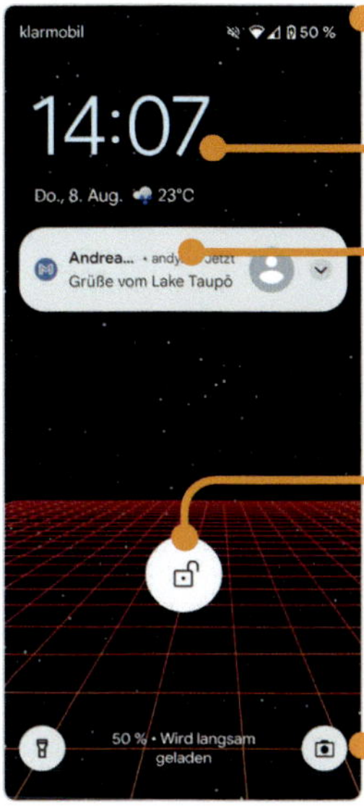

Verbindungsstatus, Akkustand

Uhrzeit, Datum und Wetter

Benachrichtigungen: Wenn Sie darauf tippen, erscheint eine Liste mit allen Benachrichtigungen.

Da während des Einrichtungsprozesses kein Geräteschutz aktiviert wurde, reicht es aus, mit dem Finger über den Bildschirm zu streichen, um das Gerät zu entsperren. Diesen Umstand müssen Sie aber ändern, siehe Seite 66.

Unter *Einstellungen* ▸ *Display & Touchbedienung* ▸ *Sperrbildschirm* ▸ *Verknüpfungen* können Sie Anwendungen, wie die Taschenlampe und Kamera, direkt am Sperrbildschirm platzieren, um diese von dort aus schnell zu öffnen.

Startbildschirm

Wenn Sie den Sperrbildschirm entsperren, gelangen Sie zum Startbildschirm. Hier finden Sie eine Auswahl wichtiger Apps (Anwendungen), z. B. Telefon, SMS, den Internetbrowser oder die Kamera.

Auf der ersten Seite des Startbildschirms sollten die Apps angeordnet werden, die Sie am häufigsten benötigen. Da der Startbildschirm aus mehreren Seiten bestehen kann, können weitere Apps zu den folgenden Seiten hinzugefügt werden.

▸ Sie wechseln zwischen den Bildschirmen durch horizontales Wischen.

Was vorhanden ist und wo Sie sich gerade befinden, sehen Sie beim **Bildschirmwechsel**. Dort werden die einzelnen Seiten des Startbildschirms als kleine Kreise dargestellt.

Der Bereich **Bevorzugte Apps** und die darin enthaltenen Apps werden auf jeder Startbildschirmseite angezeigt.

Durch Wischen vom Startbildschirm nach rechts wird Google Discover, eine Informations- und Nachrichtenseite angezeigt. Wischen Sie nach oben gelangen Sie zum App-Bildschirm. Dazu gleich mehr auf Seite 43.

Navigationsleiste

Am unteren Bildschirmrand wird die Navigationsleiste angezeigt. Die Reihenfolge kann je nach Hersteller variieren. Meistens ist die Zurück-Taste links außen.

Navigationstasten

- Mit der *Zurück-Taste* ❶ kehren Sie wieder zum vorigen Bildschirm zurück. Diese Taste hilft immer, wenn Sie einen Bereich wieder verlassen möchten.
- Mit einem kurzen Tippen auf die *Home-Taste* ❷ zeigen Sie den Startbildschirm an. Halten Sie die Taste gedrückt, um *Circle to Search* zu starten.
- Die *Alle-Apps-Taste* ❸ zeigt eine Übersicht aller geöffneten Anwendungen an.

Achtung! Wird die Navigationsleiste einmal nicht angezeigt, wischen Sie vom unteren Bildschirmrand nach oben. Falls dennoch keine Bildschirmtasten angezeigt werden, wird anstelle der Navigationsleiste die Gestensteuerung verwendet. In den *Einstellungen* ⚙ ▸ *System* ▸ *Navigationsmodus* wechseln Sie zwischen der Gesternsteuerung und der Bedienung mit den drei Schaltflächen. Hier schalten Sie auch *Circle to Search* ein oder aus.

App-Bildschirm

Auf dem Startbildschirm finden Sie nur einen Teil der installierten Apps. Wenn Sie alle Apps anzeigen möchten, wischen Sie mit dem Finger vertikal über den Startbildschirm nach oben ❶. So gelangen Sie zum App-Bildschirm. Zum Öffnen einer App tippen Sie diese einmal an.

- Im oberen Bereich ❷ sehen Sie Apps, die Sie sehr häufig benutzen.
- Wischen Sie in der Liste von unten nach oben, um durch die installierten Apps zu scollen. Um eine bestimmte App schnell zu finden, können Sie auch die Suchfunktion (mehr dazu auf Seite 98) nutzen.

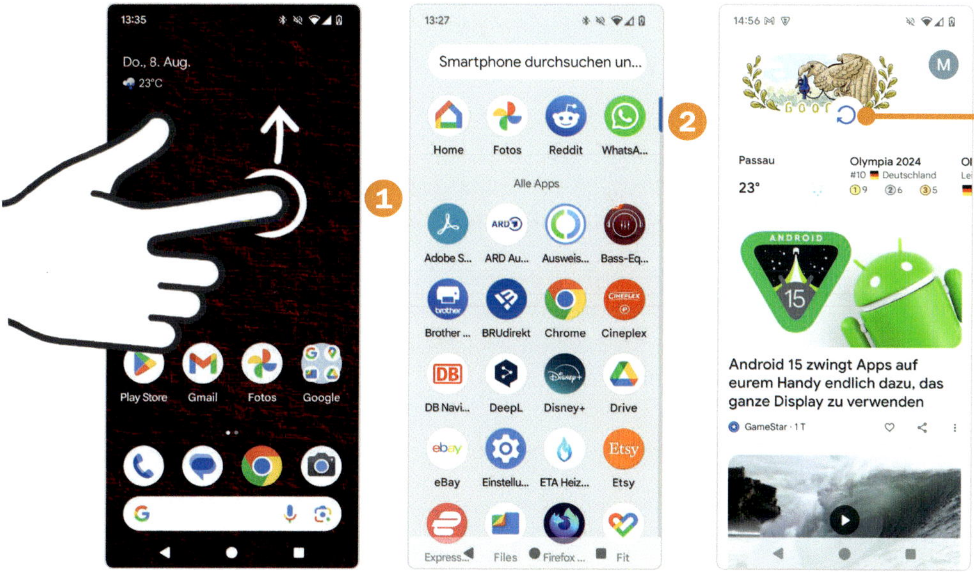

> **App aus Ordner öffnen**
> Neben einzelnen Apps werden auf dem Startbildschirm auch Ordner angezeigt, z. B. Google. Tippen Sie den Ordner an, um diesen zu öffnen und die darin enthaltenen Apps anzuzeigen. Ordner sind praktische Helfer, um die Übersicht zu behalten.

Nachrichten und Unterhaltung in Google Discover

Vom Startbildschirm mit einem Wisch nach rechts wird Google Discover angezeigt. Hier sind aktuelle Nachrichten und für Sie möglicherweise interessante Themen zusammengefasst. Um die Anzeige zu aktualisieren, wischen Sie von oben nach unten ❸ (Grafik oben rechts).

1.4 App anzeigen und wechseln

☛ Zum Öffnen einer App tippen Sie diese auf dem Start- oder App-Bildschirm an.

Erstes Starten einer App

Beim allerersten Start einer App müssen Sie in der Regel Zugriffsberechtigungen erteilen, Nutzungsbestimmungen bestätigen oder unter Umständen gleich mal die App aktualisieren. Unten sehen Sie drei Beispiele für Meldungen gleich nach dem ersten Start der App:

- Im ersten Bild verlangt die Messenger-App *Signal* die Zustimmung zu den Nutzungsbedingungen. Wenn Sie die Anwendung verwenden möchten, tippen Sie auf *Zustimmen*.
- Für *Google Fotos* ist ein Update verfügbar. Tippen Sie auf *Aktualisieren*, um die neue Version zu installieren. Sollte das Smartphone gerade nicht mit dem WLAN verbunden sein, verzichten Sie mit *Später* auf die Aktualisierung und führen diese zu einem anderen Zeitpunkt durch.
- *Gmail* (kostenlose App zur E-Mail-Verwaltung) fragt nach der Erlaubnis Benachrichtigungen zu senden. Falls Sie die App nutzen und bei Eingang von neuen Mails benachrichtigt werden möchten, ist dies sinnvoll. Tippen Sie dann auf *Zulassen*. Mehr zu Benachrichtigungen auf Seite 90.

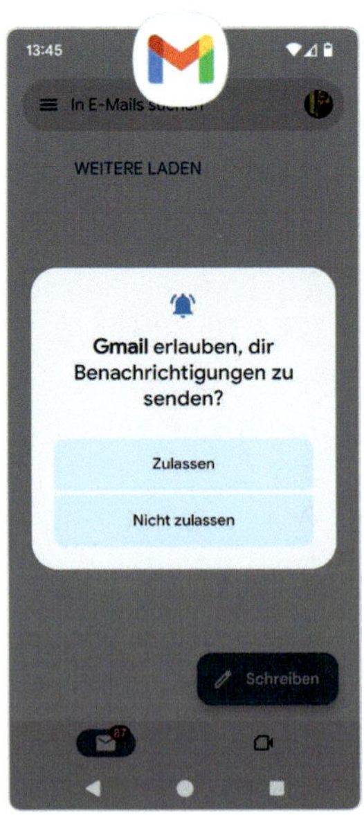

Einstellungen aufrufen

Wenn man ein neues Smartphone hat, verwendet man in den ersten Wochen häufig die App *Einstellungen*, um das Handy an die eigenen Vorstellungen anzupassen. Deshalb kommen wir auch in diesem Buch immer wieder auf die *Einstellungen* zurück. Damit Sie diese auf jeden Fall finden, hier eine ausführliche Darstellung:

- Rufen Sie den App-Bildschirm durch vertikales Streichen über den Startbildschirm auf.
- Auf dem App-Bildschirm tippen Sie auf *Einstellungen* ❶.
- Die App *Einstellungen* enthält eine Vielzahl von Kategorien von *Netzwerk & Internet* ❷ bis *Über das Telefon* und *Tipps & Support* ganz unten. Durch vertikales Wischen verschieben Sie den angezeigten Inhalt.
- Mit Antippen einer Kategorie zeigen Sie deren Inhalt an. Über den Pfeil links oben ❸ oder die Zurück-Taste kehren Sie wieder zur vorigen Seite zurück.

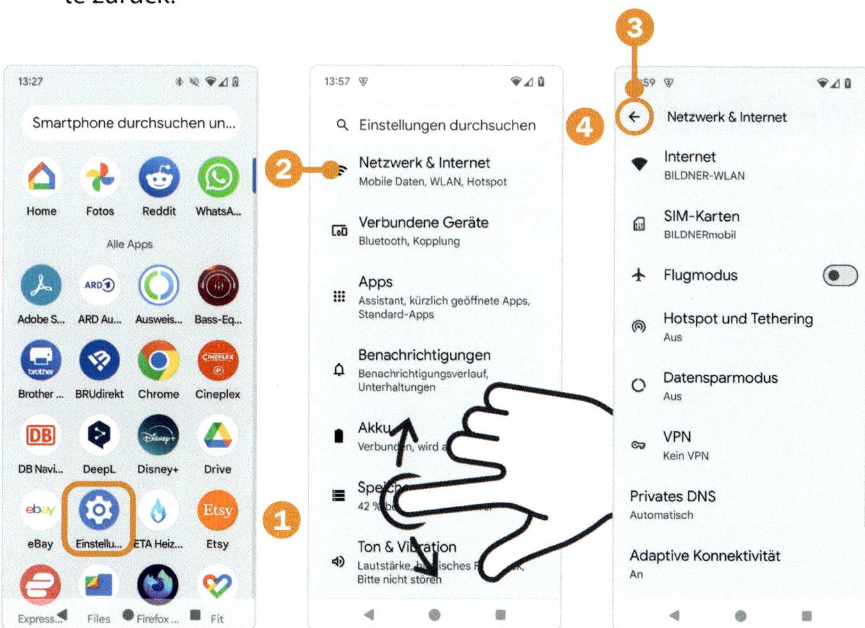

> **Tipp:** Über das Textfeld *Einstellungen durchsuchen* ❹ können Sie direkt nach Stichpunkten in den Einstellungsoptionen suchen.

Weitere Apps öffnen und wechseln

Die App *Einstellungen* haben Sie gerade angezeigt. Drücken Sie jetzt auf die Home-Taste zur Anzeige des Startbildschirms und wählen Sie die App *Telefon* durch Antippen aus. Drücken Sie erneut die Home-Taste und öffnen Sie die App *Play Store* .

Sie haben jetzt drei Apps geöffnet, allerdings wird nur die App *Play Store* am Bildschirm angezeigt. Sie wechseln zu einer anderen geöffneten App, welche im Hintergrund aktiv ist, durch Drücken der Alle-Apps-Taste ❶.

Streichen Sie horizontal ❷ über den Bildschirm, um den angezeigten Ausschnitt zu verändern. Durch Antippen einer anderen App, z. B. *Telefon* oder *Einstellungen*, wird diese wieder am Bildschirm angezeigt. Mit *Screenshot* erstellen Sie ein Bildschirmfoto und mit *Auswählen* ❸ starten Sie eine Text- und Bilderkennung und falls gewünscht mit anschließender Google-Suche.

Apps schließen

Schieben Sie die App mit dem Finger nach oben, sozusagen aus dem Smartphone hinaus. Dadurch wird sie geschlossen.

Streichen Sie horizontal nach rechts bis Sie in der ganz links angekommen sind. Dort finden Sie den Button *Alle Apps schließen* ❹, wodurch alle im Hintergrund aktiven Anwendungen auf einmal geschlossen werden.

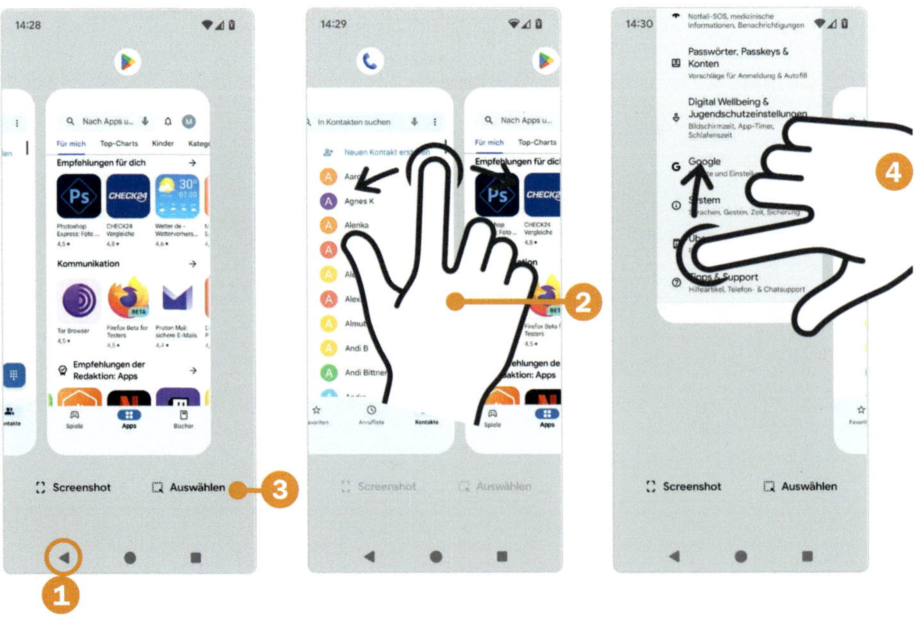

Kleine App-Auswahl für den täglichen Gebrauch

Telefon: App zum Telefonieren. Sie wählen entweder einen gespeicherten Kontakt aus oder tippen eine Nummer ein.

Kontakte: Hier speichern Sie alle Daten, Telefonnummern, postalische Adressen, Geburtstage etc. Ihrer Freunde.

Messages: App zum Schreiben von SMS und Chatnachrichten. Die Kurznachrichten (SMS) sind etwas aus der Mode gekommen. Heute verwenden viele WhatsApp oder Signal.

Play Store: Hier können kostenlose aber auch kostenpflichtige Apps, Spiele, Filme und Bücher heruntergeladen werden. Dieser Store wird von Google zur Verfügung gestellt.

Gmail: Anwendung zum Empfangen und Versenden von E-Mails. Die Gmail-Adresse, die Sie bei der Einrichtung des Smartphones verwendet haben, ist hier bereits hinterlegt.

Fotos: Das Google-Pendant zur Galerie heißt Fotos und befindet sich auch auf dem Handy. Sie finden die App im Google-Ordner.

Google: Die Google-App ist kein Browser im engeren Sinne, obwohl Sie auch mit dieser via Suchanfragen das Internet durchsuchen können. Darüber hinaus bietet sie noch weitere Funktionen, z. B. Zusammenstellung aktueller Nachrichten.

Chrome: Browser von Google, mit dem Sie ebenfalls Seiten im Internet anzeigen.

Files: Dient der Anzeige, Verwaltung und Bearbeitung Ihrer Dateien. Dort finden Sie alle Ihre am Smartphone gespeicherten Daten nach Typ kategorisiert.

Kamera: Mit dieser App knipsen Sie Fotos oder nehmen Videos auf.

Kalender: Hier tragen Sie Termine ein und werden daran erinnert.

Maps: Karten-App von Google, hier können Sie nach Adressen suchen und eine Navigation von Ort zu Ort durchführen.

YouTube: Portal mit Videos zu fast allen Themen, kann kostenlos verwendet werden.

Google Notizen: App zum Speichern von Notizen, wie z. B. einer Einkaufsliste. Es gibt Notizen-Apps wie Sand am Meer. Wenn Ihnen diese nicht zusagt, installieren Sie einfach eine andere.

Uhr: Die App bietet einen Wecker, einen Timer, eine Stoppuhr und zeigt natürlich auch die Zeit an (auch mehrere Zeitzonen).

WhatsApp: Schreiben Sie Nachrichten, versenden Sie Fotos oder telefonieren Sie mit der Familie mit Übertragung eines Videos. Diese App muss heruntergeladen werden.

Signal: Von Sicherheitsexperten und Datenschützern empfohlener, freier Messenger für verschlüsselte Kommunikation mit dem gleichen Funktionsumfang wie WhatsApp, jedoch ohne Sammlung oder kommerzielle Verwertung von Nutzerdaten.

Google Drive: Datenablage in der Cloud, d. h. dort hochgeladene Daten, Dateien und Dokumente werden in einem Rechenzentrum von Google gesichert. Auf die dort hinterlegten Daten können Sie von jedem Gerät, auf dem Sie sich einloggen, zugreifen. Bei einem Defekt Ihres Smartphones oder beim Umzug auf ein neues Handy haben Sie so direkt wieder Zugang zu diesen. Jedem Google-Konto stehen insgesamt 15GB Cloud-Speicher kostenlos zu Verfügung. Diese umfassen neben *Google Drive* auch *Google Fotos* sowie *Gmail*.

Einstellungen: Hier finden Sie alle Optionen, die die einzelnen Funktionen Ihres Smartphones betreffen.

1.5 KI-Unterstützung verwenden

Sogenannte Künstliche Intelligenz (KI) kann bei vielen Anliegen weiterhelfen. Sie können die Gemini-App ❶, also Googles KI, aus dem PlayStore herunterladen. Wie Sie Apps installieren, erfahren Sie ab Seite 92.

Immer wenn Sie in einer App oder auf der Tastatur eine Schaltfläche mit Sternen finden, erhalten Sie darüber neue Funktionen unterstützt durch Künstliche Intelligenz:

- **Hilfe beim Formulieren, Brainstormen, Lernen und mehr:** Sie können Text, Sprachbefehle, Fotos und Kamera ❷ nutzen, um Unterstützung zu erhalten.
- **Schnell Informationen aus Gmail und Google Drive finden und zusammenfassen:** Fragen Sie Gemini, ob Sie wichtige Mails ❸ erhalten haben und lassen Sie sich den Inhalt zusammenfassen oder lassen Sie die KI Ihren Cloudspeicher nach bestimmten Daten durchsuchen.
- **Reisen mithilfe von Google Maps planen:** Fragen Sie Gemini nach den besten Routen ❹, um Ihr Ziel zu erreichen.

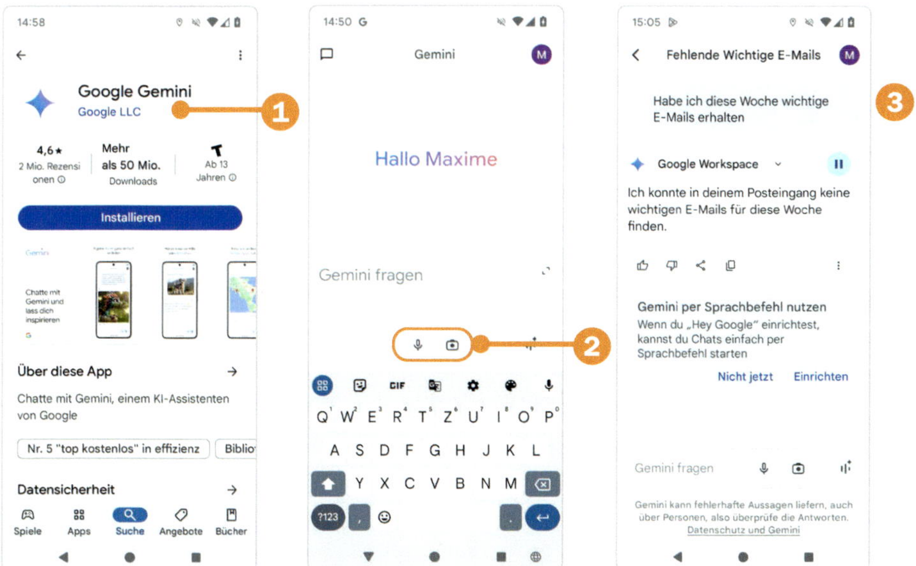

Für die Nutzung der Gemini-Funktionen benötigen Sie ein Google-Konto. Google muss Ihre Daten verarbeiten, um die beschriebenen Funktionen zur Verfügung stellen zu können. Die Verarbeitung geschieht je nach Handy-Modell mehr oder weniger auf den Servern von Google.

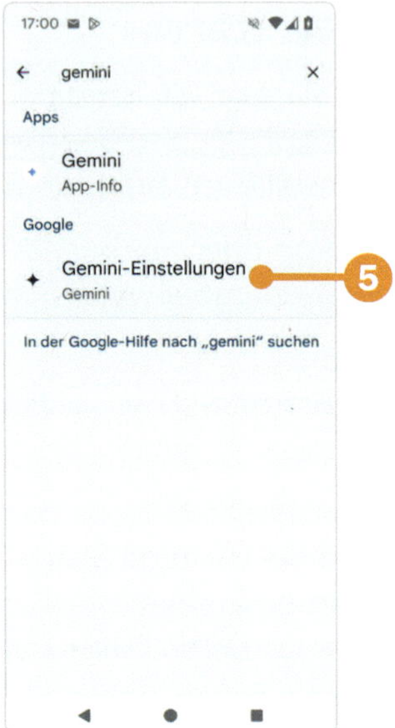

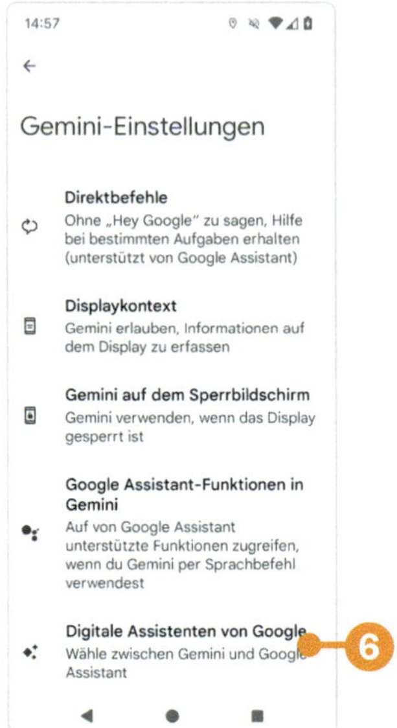

Sobald Sie Gemini installiert haben, können Sie in den *Einstellungen* ⚙ im Suchfeld nach den *Gemini Einstellungen* suchen. Hier finden Sie alle relevanten Punkte aufgeführt, von der Stimme des KI-Bots bis hin zu Sprachbefehlen oder der Auswahl ⑥ des persönlichen Assistenten. So stellen Sie eine Anfrage:

- Öffnen Sie die Gemini-App am Smartphone.
- Tippen Sie in das Textfeld oder auf das Mikrofon- bzw. Kamera-Symbol, um eine Frage zu stellen oder ein Bild aufzunehmen.
- Im nächsten Schritt erhalten Sie eine textbasierte Antwort, die je nach Anfrage Links, Karten, Bilder oder auch Videos enthält.
- Mit dem Lautsprecher-Symbol können Sie sich die Antwort auch vorlesen lassen.
- Möchten Sie direkt eine Unterhaltung mit der KI führen, dann tippen Sie auf .

1.6 Bildschirmtastatur verwenden

☛ Sobald Sie in ein Texteingabefeld tippen, wird automatisch die Bildschirmtastatur eingeblendet. Das Aussehen der Tastatur verändert sich je nach Anwendung.

Im Bild links wurde durch Antippen der **Suchleiste** auf dem Startbildschirm die Google-Suche geöffnet. Hier finden Sie rechts unten auf der Tastatur das Lupensymbol ❶, welches die Suche startet.

Im mittleren Bild wurde die App **Google Notizen** geöffnet. Hier können z. B. Einkaufslisten eingegeben werden. Aus diesem Grund finden Sie rechts unten die Taste für eine Zeilenschaltung ❷.

Im rechten Bild befinden wir uns in einem **E-Mail-Programm** im Eingabefeld für den Adressaten der E-Mail. Deshalb wird auf der Tastatur auch das @-Symbol angezeigt. Mit der Pfeil-Taste ❸ (in anderen Apps auch *OK*) springen Sie ins nächste Feld.

Über die **Tastatur-Symbolleiste** öffnen Sie weitere Bereiche z. B. die Sticker, GIFs, den Übersetzer oder die Tastatureinstellungen ❹. Dazu gleich mehr.

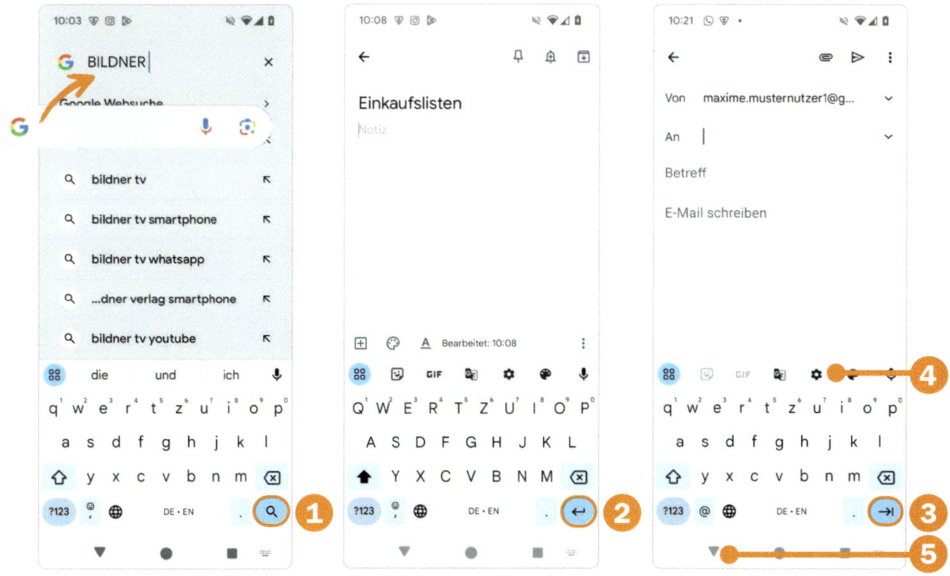

Tastatur ausblenden: Benötigen Sie mehr Platz, um beispielsweise einen langen Text durchzulesen, kann die Tastatur durch Antippen von ▼ ❺ ausgeblendet werden. Wenn Sie in ein Texteingabefeld tippen, zeigen Sie die Tastatur wieder an.

Buchstaben, Sonderzeichen & Co.

Groß- und Kleinbuchstaben

Vielleicht ist es Ihnen schon aufgefallen: Wenn Sie in einen Bereich zur Texteingabe tippen, wird der erste Buchstabe immer als Großbuchstabe eingegeben. Das ist automatisch so hinterlegt. Gleiches gilt für die Schreibung nach einem Punkt. Wenn Sie später einen Großbuchstaben eingeben möchten, benötigen Sie die Umschalt-Taste:

- Zur Eingabe von *Großbuchstaben* muss zuerst die Umschalt-Taste ⇧ angetippt werden. Der Pfeil wird gefüllt ⬆ ❶ und der Buchstabe kann eingegeben werden.
- Bei längerem Drücken der Umschalt-Taste wird der Pfeil unterstrichen ⬆ und die Großschreibung festgestellt, d. h. es wird alles in Großbuchstaben geschrieben, bis erneut die Umschalt-Taste angetippt wird.

Leerzeichen, Löschen und Cursorsteuerung

Die Texteingabe findet immer am Cursor (blinkender senkrechter Strich) statt:

- Um zwischen zwei Worten ein *Leerzeichen* einzugeben, tippen Sie auf die Leertaste .
- Tippen Sie länger auf die Leerzeile oder auf die Weltkugel links neben der Leerzeile, so ändert sich das Tastatur-Layout zu Englisch, wodurch die Buchstaben Y und Z Platz tauschen. Wie Sie zusätzliche Sprachen entfernen oder hinzufügen, erfahren Sie auf Seite 57
- Mit ⌫ ❷ entfernen Sie alle Zeichen links vom Cursor. Bleiben Sie länger mit dem Finger auf der Taste, um schneller zu löschen. Findet man einen Fehler mitten im Text, tippen Sie mit dem Finger an die entsprechende Stelle, um den Cursor an die gewünschte Position zu setzen.
- Mit der *Zeilenschaltung* ↵ erzeugen Sie eine neue Zeile und fügen einen Absatz ein.

Hier finden Sie weitere Satz- und Sonderzeichen

Mit der Taste ?123 schaltet man auf ein Tastaturlayout zur Eingabe von *Sonderzeichen* um. Dort zeigen Sie durch Antippen der Taste =\< ❸ eine weitere Sonderzeichentastatur an. Mit 12/34 schalten Sie zum Ziffernblock. Die Taste ABC schaltet wieder zurück zur Buchstabentastatur.

Wo ist eigentlich das ß?

Zur Eingabe spezieller Buchstaben, z. B. das spanische ñ, die französische Ligatur œ und natürlich alle Buchstaben mit Akzent, drücken Sie den Finger länger auf die entsprechende Taste. Es erscheint ein Zusatzfeld ❹. Hier ist ein Buchstabe bereits ausgewählt. Dieser wird eingefügt, wenn Sie die Taste loslassen. Zur Auswahl eines anderen Buchstabens verbleiben Sie mit dem Finger auf dem Bildschirm, fahren nach oben in das Zusatzfeld auf den gewünschten Buchstaben und lassen dann los. Auf diese Weise finden Sie im Zusatzfeld der Taste S auch das ß.

Texterkennung & Autokorrektur

Oberhalb der Tastatur erhalten Sie für die aktuelle Eingabe Wort- bzw. Korrekturvorschläge, die durch Antippen übernommen werden können. Erscheinen Worte fett, werden diese automatisch durch Drücken der Leertaste eingefügt, z. B. *der* ❶. Das ursprünglich eingegebene Wort wird ebenfalls auf der Leiste angezeigt. Sollten Sie das behalten wollen, tippen Sie es an. Die Eingabe langer Worte können Sie ebenfalls über die Vorschlagsleiste abkürzen, wie in unserem Beispiel *Fahrradtour* ❷. Falsch geschriebene oder nicht im Wörterbuch enthaltene Begriffe werden rot unterstrichen ❸. Darüber hinaus werden auf Grundlage des bereits eingegebenen Textes, passende Vorschläge für das nächste Wort angezeigt, die Sie ebenfalls durch Antippen übernehmen können.

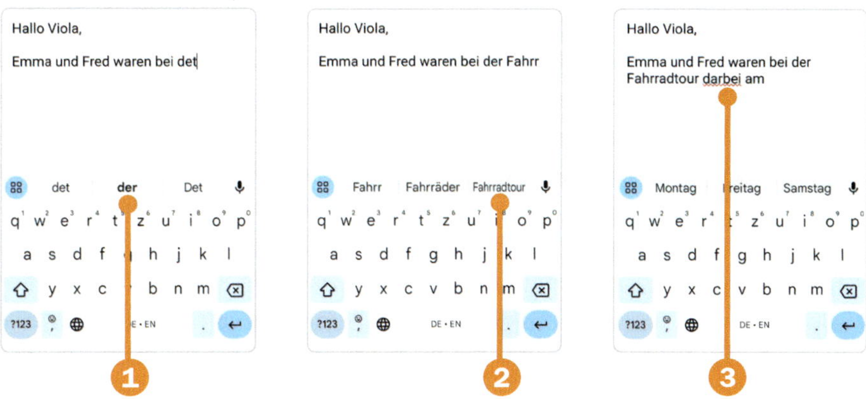

Tippen Sie auf ➊ erhalten Sie die Möglichkeit Sticker und GIFs einzufügen, den *Übersetzer* aufzurufen oder aus der *Zwischenablage* Inhalte einzufügen. Außerdem können Sie in den Einhandmodus schalten, die *Tastaturgröße* ändern sowie zu den Tastatur-Einstellungen wechseln. Benötigen Sie eine dieser Gboard-Funktionen besonders häufig, halten Sie die Schaltfläche gedrückt und schieben diese auf das Mikrofon-Symbol, um die Postion mit der Spracheingabe zu tauschen. Die Funktion wird sodann immer auf der Tastatur angezeigt und ist somit schneller aufrufbar.

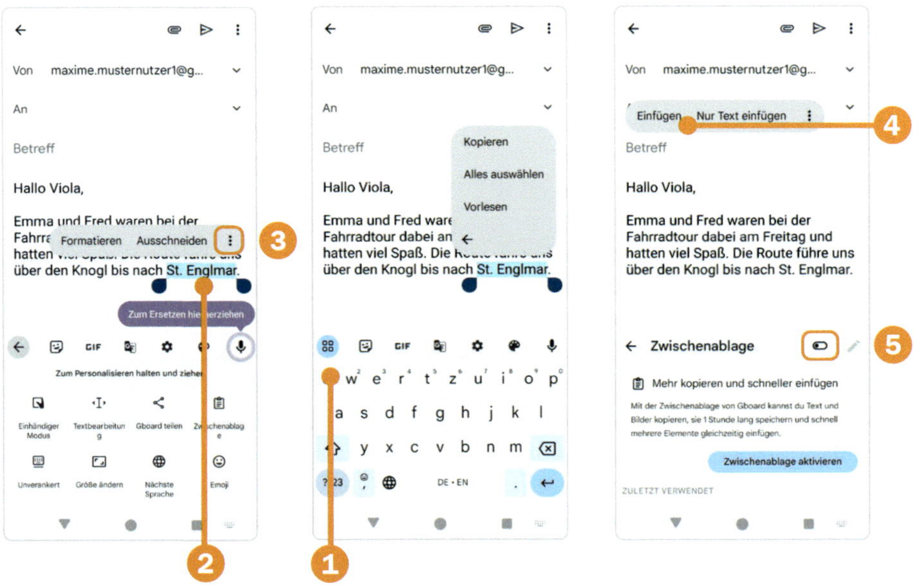

Kopieren und Einfügen: Tippen Sie ein Wort etwas länger an, wird dieses markiert ➋. Mithilfe der Anfasser erweitern Sie die Markierung. Sobald Sie den Finger vom Display heben, erscheint ein Kontextmenü, das je nach Anwendungsfall aus den Optionen *Formatieren*, *Ausschneiden*, *Kopieren* oder *Einfügen* besteht. Über die drei Punkte ⁝ ➌ blenden Sie zusätzliche Optionen wie *Teilen*, *Alles auswählen*, *Vorlesen* oder *Übersetzen* ein. Welche Optionen im Kontextmenü angezeigt werden, hängt von der jeweiligen App ab, in der sich das Textfeld befindet. Tippen Sie auf *Kopieren*, wird der gewählte Text zwischengespeichert und Sie können diesen an einer anderen Stelle schnell wieder *Einfügen* ➍ statt erneut mühselig abtippen zu müssen.

Tipp: Ist die *Zwischenablage* ➎ aktiviert, lassen sich dort mehr Text sowie Bilder zwischenspeichern und innerhalb einer Stunde erneut an beliebger Stelle einfügen.

Emojis bebildern Gefühle

Emojis, wie lachende Gesichter oder Bilder von Gegenständen, machen Texte fröhlicher und vereinfachen die Eingabe. Mit Emojis drücken Sie Gefühle aus 😍 und ersetzen Worte, wie „Ich esse gerade 🌭“:

- Tippen Sie auf ☺ ❶, um die Emoji-Auswahl aufzurufen. Das Symbol befindet sich links unten auf der Tastatur neben der Leertaste. Ist mehr als eine Tastatursprache in Gboard hinterlegt, tippen Sie etwas länger auf das Komma, um ☺ anzuzeigen ❷ oder tippen Sie auf 88 und wählen Sie dann *Emoji* aus. In Messenger-Apps wie beispielsweise WhatsApp gibt es nahe immer eine eigene Emoji-Taste links vom Textfeld.
- Beachten Sie, dass mehrere Kategorien zur Auswahl stehen. Der Bereich 🕓 ❸ enthält die zuletzt verwendeten Grafiken. Dann folgen Smileys und Hände, Pflanzen und Tiere, Nahrungsmittel, Gebäude und Fahrzeuge, Sportgeräte, Symbole usw. In jedem Bereich können Sie durch vertikales Wischen weitere Elemente anzeigen.
- Mit ⌫ ❹ löschen Sie das Emoji wieder. Durch Antippen des Pfeils ← ❺ links oben zeigen Sie wieder die Bildschirmtastatur an.
- Mit der sich oben in der Mitte befindlichen Suchen-Funktion lassen sich viele Emoji mit den passenden Begriffen ❻ gezielt finden.

Text mittels Spracheingabe

Anstatt mühsam zu tippen, diktieren Sie Ihre Nachricht einfach. So geht's:

Diktat starten:

- Tippen Sie auf 🎙 ❶ und sprechen Sie Ihren Text. Wenn die Mikrofon-Taste nicht zu sehen ist, tippen Sie auf ⚙ und aktivieren Sie die *Spracheingabe* in den Tastatureinstellungen.
- Bei der ersten Verwendung verlangt die Gboard-Tastatur die Erlaubnis, Audioaufnahmen zu machen. Tippen Sie auf *Bei Nutzung der App*.

Diktat steuern:

Zum Pausieren der Sprachaufnahme drücken Sie auf das farbig unterlegte Mikrofon ❷ oder sagen Sie "Stoppen". Zum erneuten Diktieren tippen Sie einfach nochmals auf das Mikrofon. Satzzeichen können ebenfalls diktiert werden. Mit erhalten Sie eine Übersicht zu weiteren Sprachbefehlen.

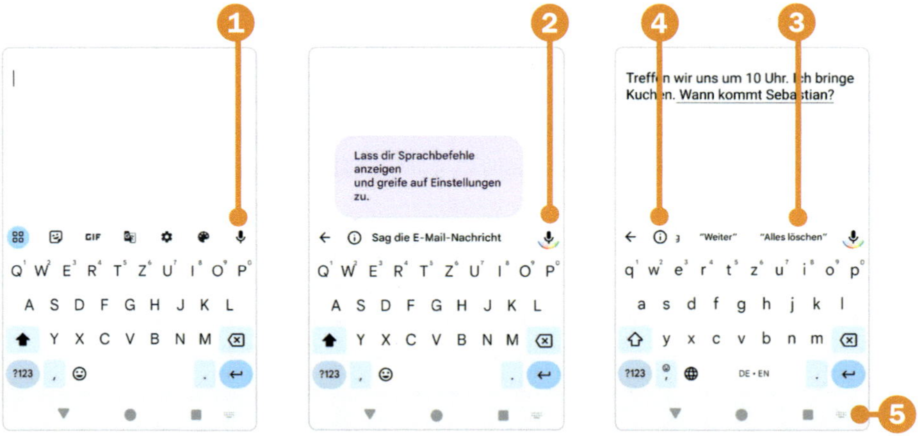

- Wenn Sie einzelne Worte löschen möchten, verwenden Sie ⌫ oder sagen Sie "Wort löschen"; zum vollständigen Löschen des diktierten Textes sagen Sie „Alles löschen" ❸. Sind Sie zufrieden mit der Nachricht, geben Sie den Sprachbefehl „Weiter". Eine Liste aller Sprachbefehle finden Sie unter ⓘ ❹.
- Über ⌨ ❺ ▸ *Google Spracheingabe* lassen sich alle Tasten bis auf das Mikrofon und die Lösch-Taste ausblenden. Falls Sie eine andere Tastatur-App im Play Store heruntergeladen haben, können Sie mit ⌨ zwischen den Tastaturen hin- und herschalten.

Tastatureinstellungen

Bisher wurden die Grundfunktionen der Gboard-Tastatur beschrieben, wie sie standardmäßig eingestellt sind. Manche der beschriebenen Funktionen können verändert werden und sind dann an Ihrem Smartphone vielleicht gerade nicht aktiv oder verhalten sich etwas anders. Änderungen nehmen Sie in den Tastatureinstellungen ⚙ vor.

Hier können Sie unter *Sprachen* ❶ weitere Sprachpakete oder Tastaturlayouts hinzufügen. Tippen Sie zum Entfernen einer Tastatursprache oben rechts auf das Stift-Symbol, markieren den Eintrag und bestätigen Sie mit dem Papierkorb-Symbol.

Über die *Einstellungen* ❷ können Sie beispielsweise die *Zifferntastenzeile* (eine extra Zahlenreihe oberhalb der Tastatur) einblenden, das *haptische Feedback* (Tastenvibration) ❸ oder die Tastendruckdauer anpassen.

In *Designs* finden Sie eine bunte Auswahl von Gestaltungsvorlagen.

Unter *Textkorrektur* ❹ lassen sich verschiedene Einstellungen zur Textvorhersage treffen sowie die *Vorschlagsleiste* als auch die *Autokorrektur* ❺ vollständig deaktivieren. Dann erhalten Sie keinerlei Textvorschläge mehr.

Im *Wörterbuch* lassen sich eigene Worte und Ausdrucke, welche die Tastatur nicht kennt, hinzufügen und sogar Kürzel für besonders lange Begriffe oder Redewendungen hinterlegen, mit denen diese schnell eingefügt werden.

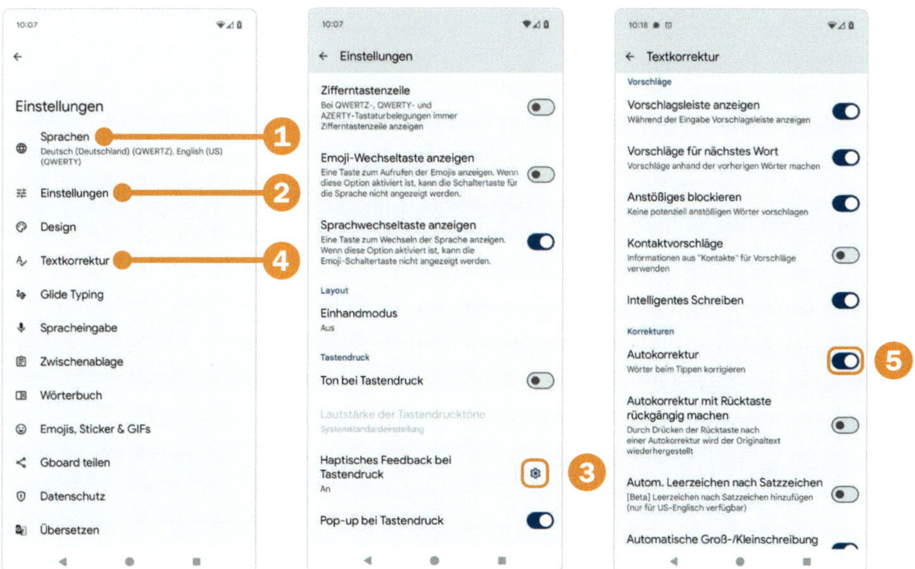

1.7 Die Statusleiste - Informationen und Einstellungen

Über die Statusleiste, die sich klein am oberen Bildschirmrand befindet, erhalten Sie eine Vielzahl an Informationen und können schnell verschiedene Funktionen Ihres Smartphones ein- bzw. ausschalten.

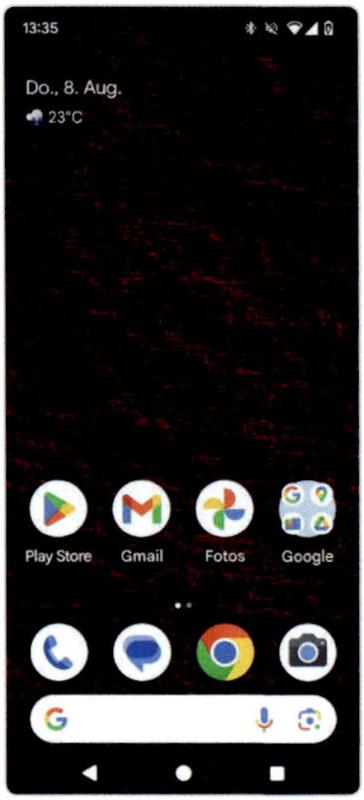

Die **Statusleiste** enthält links die Uhrzeit und rechts den Ladestand des Akkus, die Signalstärke des Telefonempfangs und der mobilen Daten oder die WLAN-Verbindung.

Zwischen diesen Standardinformationen erhalten Sie Mitteilungen von Apps in Form von Symbolen.

☛ Sie erweitern die Anzeige der Statusleiste, indem Sie vom oberen Bildschirmrand nach unten streichen.

Hier sehen Sie die **Benachrichtigungen** der einzelnen Apps: Dabei kann es sich um alles Mögliche handeln, z. B. eine WhatsApp-Nachricht, E-Mails, eine Geburtstagserinnerung, ein Updatehinweis und vieles mehr.

Ganz oben wird ein Teil der Schnelleinstellungen angezeigt.

☛ Wischen Sie nochmals von oben nach unten, um den Bereich zu erweitern.

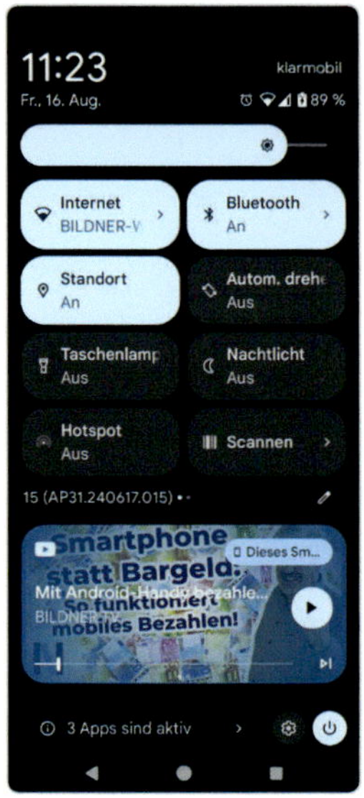

In den **Schnelleinstellungen** schalten Sie bestimmte Funktionen Ihres Smartphones ein bzw. aus. Farbig hinterlegt bedeutet, dass die Funktion aktiviert ist, im Beispiel oben Internet, Bluetooth und Standort. Außerdem haben Sie hier schnell Zugriff auf die Medienwiedergabe.

☛ Sie verlassen den Bereich wieder durch Drücken der Home-Taste oder, indem Sie mehrmals von unten nach oben wischen.

Streichen Sie mit zwei Fingern vom oberen Bildschirmrand nach unten, um vom Startbildschirm direkt zu den Schnelleinstellungen zu gelangen.

Symbole der Statusleiste und ihre Bedeutung

Symbol	Bedeutung
	WLAN: Verbindung mit einem WLAN besteht. Die Balken symbolisieren die Stärke des WLANs (je mehr, desto besser).
	Mobile Daten: Ohne WLAN nutzen Sie die mobilen Daten für eine Internetverbindung. Die Bezeichnungen E (für EDGE), 4G/LTE oder 5G geben die Qualität der Verbindung an.
	Netzempfang: Je besser der Empfang ist, desto mehr Striche werden angezeigt.
	Akkustand: Die Füllhöhe zeigt den Ladezustand des Akkus an. Ein Blitz symbolisiert, dass der Akku derzeit aufgeladen wird.
	Bluetooth ist aktiv: Das Smartphone kann mit einem anderen Gerät verbunden werden, z. B. Musikbox oder Kopfhörer.
	Flugmodus: Der Offlinemodus ist aktiviert, d. h. alle Funkverbindungen sind unterbrochen. Sie können unter anderem nicht mehr telefonieren oder das Internet nutzen.
	Standortdienst (GPS): Eine App ortet Ihren Standort, z. B. die Wetter-App oder Google Maps.
	Wecker: Sie haben einen Alarm eingestellt.
	Lautlos ist eingeschaltet. Wenn Sie Anrufe oder Benachrichtigungen erhalten, ertönt kein Signal.
	Nachrichten: Sie haben eine neue SMS bzw. eine neue E-Mail erhalten.
	Anruf in Abwesenheit: Sie haben einen Anruf verpasst.
	SIM-Karte: Entweder ist keine SIM-Karte eingelegt oder sie kann nicht gelesen werden.

☛ Wenn eines dieser Symbole in der Statusleiste erscheint, erhalten Sie zum Teil weitere Infos in den Benachrichtigungen. Streichen Sie vom oberen Bildschirmrand nach unten zur Anzeige aller Benachrichtigungen.

Benachrichtigungen lesen und entfernen

Bei einer langen Benachrichtigungsliste streichen Sie vertikal nach oben über die Liste, um weitere Meldungen anzuzeigen. Wer mag, kann auch gleich unwichtige Benachrichtigungen entfernen. Wischen Sie dazu horizontal über die Benachrichtigung, sie wischen die Benachrichtigung sozusagen nach rechts hinaus. Mit *Alle löschen* ❶ können Sie schnell alle angezeigten Meldungen entfernen.

Benachrichtigungen mit etwas mehr Text, können durch Antippen des Pfeilsymbols ❷ erweitert werden. Zum Öffnen der Meldung in der zugehörigen App, hier z. B. Gmail, tippen Sie die Nachricht an. Manche Nachrichten können auch gleich hier bearbeitet werden, z. B. können Sie auf *Antworten* ❸ tippen und gleich hier einen Text verfassen.

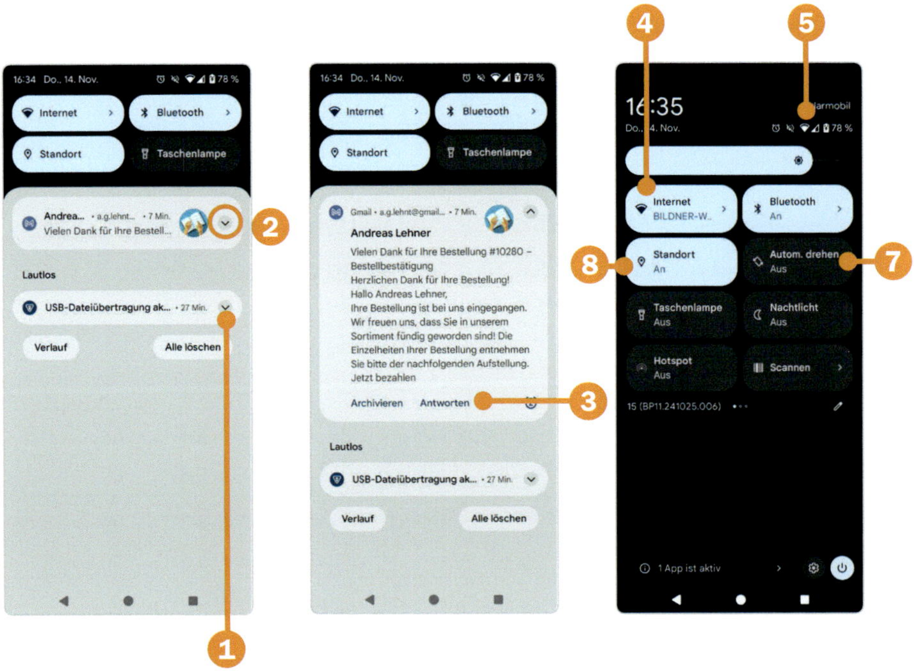

Schnelleinstellungen verstehen

- **Schnelleinstellungen aktivieren bzw. deaktivieren:** Die farbig hinterlegten Schnelleinstellungen sind aktiv, in der Grafik z. B. Internet ❹. Durch Antippen aktivieren bzw. deaktivieren Sie diese. Wischen Sie nach links, um eine weitere Seite mit Schnelleinstellungen anzuzeigen.

Hinweis: Nur weil die WLAN-Funktion auf Ihrem Gerät eingeschaltet ist, bedeutet dies noch nicht, dass Sie auch mit einem WLAN verbunden sind. Erst die Anzeige von ⑤ in der Statusleiste zeigt an, dass eine aktive Verbindung besteht.

Einstellungen anzeigen: Einige der Schnelleinstellungen bieten eine Weiterleitung zu umfangreicheren *Einstellungen*. Drücken Sie z. B. etwas länger auf das Internet-Symbol zur Anzeige der Netzwerkeinstellungen.

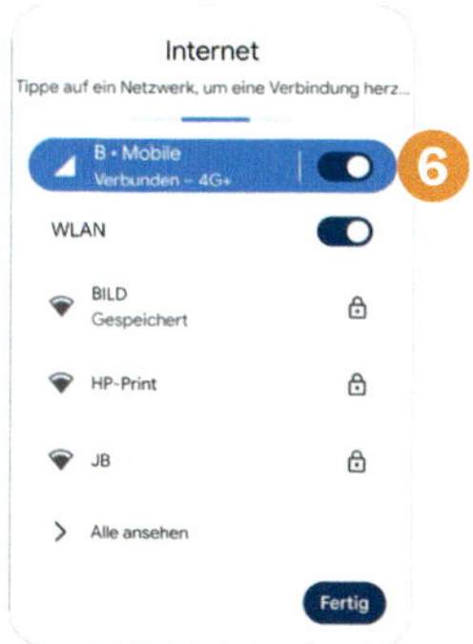

- **Mobile Daten:** Ist kein WLAN verfügbar, stellen Sie eine Verbindung mit dem Internet über mobile Daten ⑥ her. Tippen Sie kurz auf die Internet-Kachel, um WLAN und Mobile Daten anzuzeigen. Ist der Schieberegler bei beiden Optionen auf ein, so sind Sie Zuhause und unterwegs mit dem Internet verbunden.
- **Bildschirm drehen** ⑦: Sie können das Handy im Hoch- bzw. Querformat halten und der Bildschirminhalt wird entsprechend angezeigt.
- **Standort** ⑧: In den Schnelleinstellungen haben Sie die Möglichkeit, den Standort durch Antippen ein- bzw. auszuschalten. Solange die Funktion deaktiviert ist, kann keine App auf Ihren Standort zugreifen, selbst wenn die App die Erlaubnis dazu hat.

Wozu wird mein Standort benötigt?

Einige Apps greifen auf Ihre aktuellen Standortdaten zu (sofern Sie das erlaubt haben), um dazu passende Informationen anzuzeigen, z. B. Wetter-Apps, um Ihnen Vorhersagen zu Ihrem aktuellen Aufenthaltsort anzeigen zu können. Nun hängt es von Ihnen ab, welcher App Sie diese persönlichen Informationen zur Verfügung stellen möchten, da der Gerätestandort meist sehr genau bis zur Hausnummer ermittelt werden kann.

Deshalb fragen Apps beim ersten Öffnen, ob sie den Gerätestandort abrufen dürfen. Durch Antippen von *Nicht zulassen* verweigern Sie den Zugriff. Damit verzichten Sie jedoch vielleicht auch auf eine Funktion der App. Möchten Sie der App die genauen Standortdaten zur Verfügung stellen, tippen Sie auf *Genau* und dann auf *Bei Nutzung der App*. Das ist beispielsweise sinnvoll bei Navigations-Apps, wie Google Maps. Es gibt allerdings zahlreiche Apps, z. B. auch Wetter-Apps, die gar nicht Ihren genauen Standort benötigen, um trotzdem zu funktionieren. Hier können Sie mit Auswahl *Ungefähr* und *Bei Nutzung der App* dieser App nur eine ungefähre Ortsangabe übermitteln. Wie Sie nachträglich kontrollieren und ändern, was die App darf, lesen Sie auf Seite 75.

Benachrichtigungen verwalten

Mit der Zeit erhalten Sie eine Vielzahl von Benachrichtigungen verschiedener Apps. In der Regel ertönt auch ein Signal. Falls Sie ein wenig ausmisten möchten, können Sie Apps verbieten, zukünftig Benachrichtigungen zu senden. So geht's:

- Öffnen Sie die *Einstellungen* und tippen Sie anschließend auf *Benachrichtigungen* ❶. Wählen Sie dort *App-Benachrichtigungen* aus.
- Wenn Ihnen die App gerade erst eine Benachrichtigung geschickt hat, sehen Sie diese ganz oben, sofern die Sortierung *Letzte* ❷ gewählt ist.
- Tippen Sie auf den Regler ❸ hinter der App, die keine Benachrichtigungen mehr senden soll. Dadurch schalten Sie ihn aus.

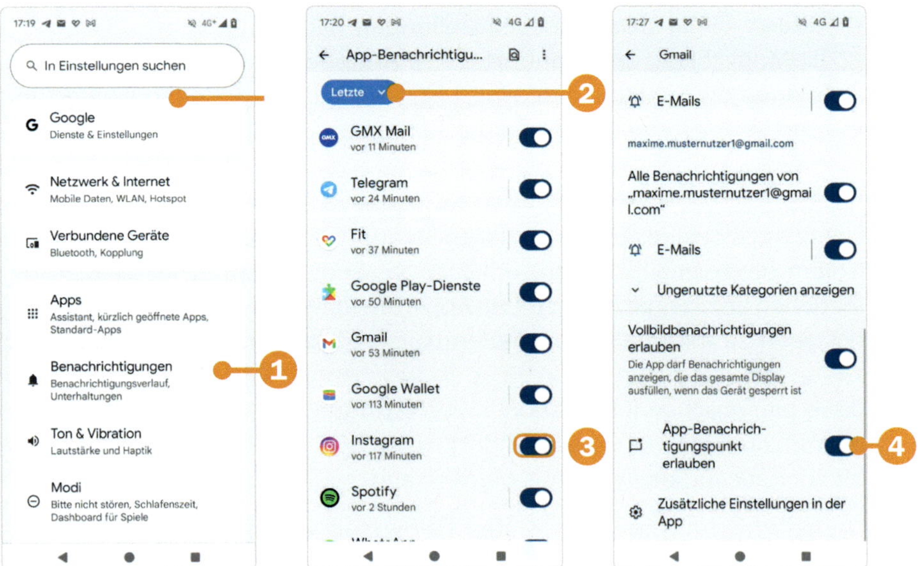

> Tippen Sie eine App an, um spezifische Benachrichtigungseinstellungen für diese Anwendung festzulegen. So können Sie beispielsweise festlegen, ob am App-Symbol ein *Benachrichtigungspunkt* ❹ erscheint, wenn eine neue Nachricht eingetroffen ist.

1.8 Smartphone aus- und einschalten

Zugegebenermaßen wird das Smartphone nicht oft ganz ausgeschaltet. Manchmal schaltet man es im Theater oder Kino ab, um sicherzustellen, dass niemand gestört wird. Ein anderer Klassiker ist der niedrige Akkustand, der einen veranlasst, das Handy auszuschalten, um vielleicht am Zielort noch einen Anruf tätigen zu können. Wenn Sie Ihr Handy einige Zeit nicht verwenden möchten, ist es ebenfalls sinnvoll es auszuschalten. Außer dem sollten Sie das Smartphone ausschalten, wenn Sie die SIM-Karte wechseln. Wichtig ist: Nach dem Einschalten benötigen Sie zum Entsperren des Handys die PIN Ihrer SIM-Karte.

> Die **PIN der SIM-Karte** erhalten Sie zusammen mit Ihrer Karte. Sie müssen diese PIN immer dann eingeben, wenn das Smartphone neu gestartet wurde. Die SIM-Karten-PIN darf nur dreimal falsch eingegeben werden, dann ist die Karte gesperrt und Sie benötigen den **PUK**, den Sie ebenfalls zusammen mit Ihrer SIM-Karte bekommen haben. Diesen meist achtstelligen Code müssen Sie dann eingeben, um Ihr Handy wieder zu entsperren.

Smartphone ausschalten & neu starten

- Um das Gerät abzuschalten, drücken Sie etwas länger auf die Funktionstaste. Alternativ wischen Sie mit zwei Fingern vom oberen Bildschirmrand nach unten, bis die Schnelleinstellungen vollständig angezeigt werden. Rechts unten finden Sie das Symbol zum Ausschalten des Smartphones ⏻ ❶. Hier stehen Ihnen jetzt grundsätzlich zwei Optionen zur Verfügung:
  - **Ausschalten**: Tippen Sie auf *Ausschalten* und zur Bestätigung nochmals auf *Ausschalten*.
  - **Neustart**: Wenn das Smartphone Probleme bereitet, hilft oft ein *Neustart*. Aber auch ohne Not ist es sinnvoll, das Handy von Zeit zu Zeit neu zu starten. Das Beenden verschiedener Prozesse und die Optimierung der Apps beim anschließenden Hochfahren kann sich positiv auswirken.
- Zum Einschalten drücken Sie etwas länger auf die Funktionstaste, geben Sie dann die PIN der SIM-Karte ein und tippen auf *OK* ❷. Danach müssen Sie das Handy ggf. noch entsperren.

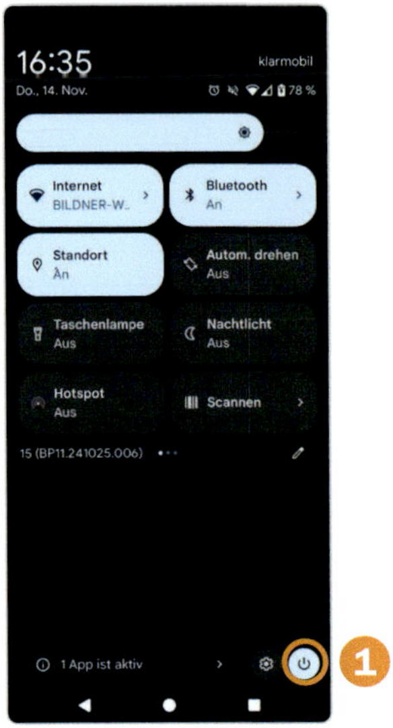

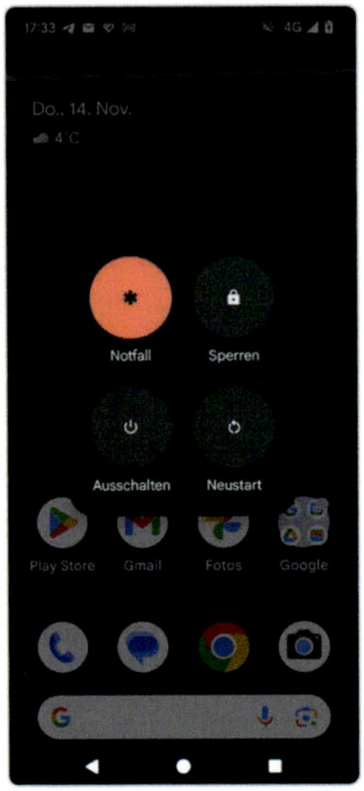

1.9 Tastenbelegung & Touch-Gesten

Wie Sie bereits auf Seite 42 erfahren haben, legen Sie unter *Einstellungen* ▶ *System* ▶ *Navigationsmodus* fest, wie Sie Ihr Gerät steuern.

Unter *System* ▶ *Touch-Gesten & Bewegungen* lassen sich noch weitere Tasten-Optionen zur Steuerung und Bedienung Ihres Smartphones festlegen. So können Sie beispielsweise mit *Schnelltippen um Aktionen zu starten* eine Aktion oder App (z.B. Screenshot/Bildschirmfoto, Taschenlampe, QR-Code-Scanner oder Übersetzer) auswählen, die gestartet werden soll, sobald Sie mit dem Zeigefinger schnell zweimal auf die Rückseite Ihres Mobiltelefons klopfen.

Aktivieren *Kamera schnell öffnen*, um mit einem schnellen, zweifachen Tastendruck der Funktionstaste, die Kamera-App aufzurufen.

Möchten Sie einen digitalen Assistenten, wie bspw. Gemini, Google Assistant oder Alexa schnell aufrufen, richten Sie dies unter *Ein/Aus-Taste gedrückt halten* ein.

1.10 Android 15: Das ist neu

Jährlich veröffentlicht Google eine neue Version des hauseigenen Betriebssystems Android. Folgend möchten wir Ihnen eine kurzen Überblick zu den interessantesten Neuerungen der 15. Aktualisierung von Android.

Vertrauliches Profil: Mit Android 15 lässt sich nun unter *Datenschutz & Sicherheit* ein privates Profil erstellen, um bestimmte Apps zu verbergen. ❶.

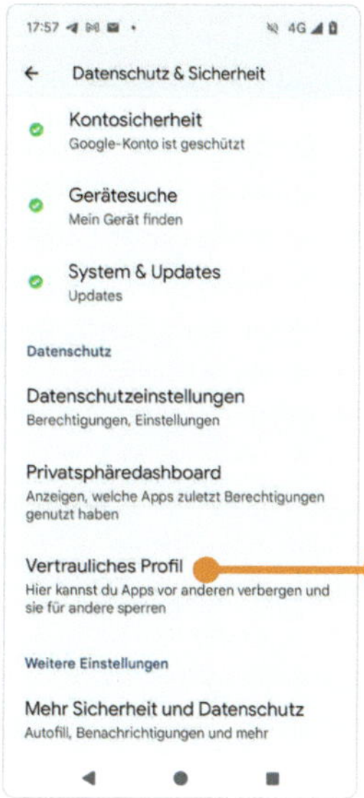

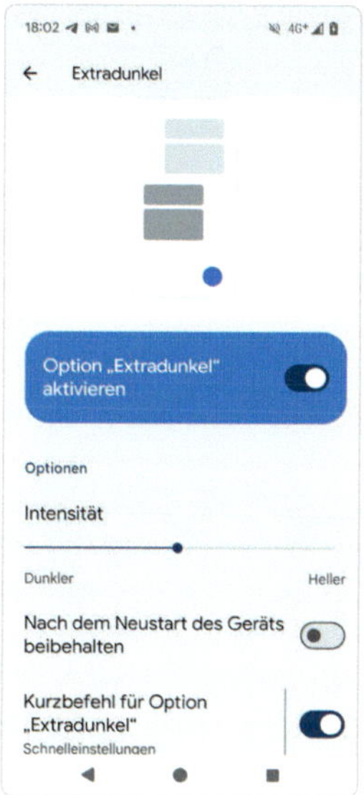

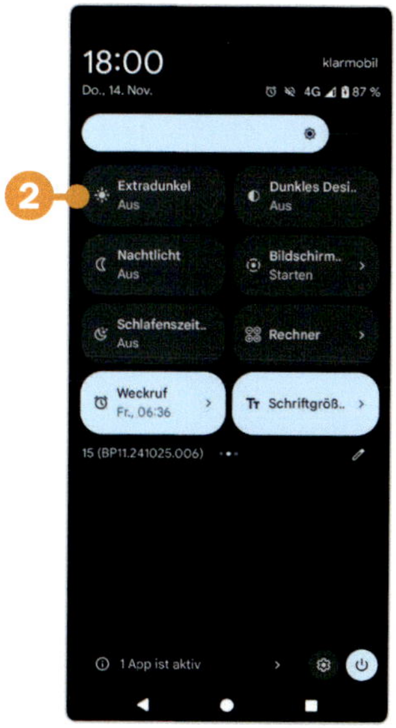

Extradunkel: Bereits mit Android 12 wurde die Funktion *Extradunkel* eingeführt, um die Bildschirmhelligkeit stark senken zu können. Dies wurde nun mit dem neuen Update nochmals verbessert und hat nun außerdem eine eigene Kachel ❷ in den Schnelleinstellungen erhalten. So kann man den Bildschirm jetzt noch schneller noch dunkler machen.

Besserer Standby-Modus: Mit Android 15 wurde auch am Standby-Modus weiter gefeilt, sodass der Akku bei ausgeschaltetem Bildschirm noch länger hält.

Notification Cooldown: Das neue Android führt ein praktisches Feature gegen Benachrichtigungslärm ein. Treffen innerhalb kurzer Zeit viele Nachrichten ein, wird die Lautstärke für Benachrichtigungstöne automatisch für zwei Minuten reduziert. Wecker und Anrufe sind davon ausgenommen.

2 Das Smartphone schützen

Das Smartphone als ständiger Wegbegleiter enthält viele persönliche Daten. Deshalb sollten Sie es unbedingt vor unbefugtem Zugriff anderer schützen. Stellen Sie sich vor, Sie verlieren das Smartphone und jeder kann mit einem Wisch telefonieren, Ihre geknipsten Bilder betrachten oder Ihre Nachrichten lesen. Da wir das im Einrichtungsprozess übersprungen haben, ist es jetzt an der Zeit, das Handy zu schützen.

Das Smartphone bietet mittlerweile sehr viele Möglichkeiten: Muster, PIN, oder Passwort und zusätzlich Gesichtserkennung oder Fingerabdruck. Für welche Option Sie sich entscheiden, ist letztendlich eine Abwägung zwischen Sicherheit und Praktikabilität. So ist die Eingabe eines Musters, dessen Spuren man noch auf dem Bildschirm sieht, nicht so sicher wie ein langes Passwort. Aber wer will ständig ein Kennwort eintippen? Wir stellen hier die Methoden PIN und Fingerabdruck vor.

2.1 Displaysperre mit PIN

▶ Öffnen Sie die Smartphone-*Einstellungen* ⚙ und anschließend den Punkt *Datenschutz & Sicherheit* ❶.

▶ Hier tippen Sie auf *Geräteentsperrung* ❷ ▸ *Displaysperre* ❸. Dort haben Sie die Auswahl zwischen *Wischen*, *Muster*, *PIN*, *Passwort* und *Keine*:

- *Wischen*: Wenn Sie über den Sperrbildschirm streichen, ist das Smartphone sofort entsperrt. Diese Option bietet keinen Schutz, sondern verhindert nur, dass das Smartphone versehentlich in der Tasche bedient wird.
- *Muster*: Sie zeichnen ein Entsperrungsmuster, das Sie auf dem Bildschirm eingeben, sobald Sie Ihr Smartphone nutzen wollen.
- *PIN* oder *Passwort*: Eine mindestens vierstellige Zahl (PIN) oder Zeichenfolge (Passwort) schützt Ihr Smartphone vor Unbefugten.
- *Keine*: Wenn Sie die Funktionstaste drücken, wird sofort der Startbildschirm angezeigt.

▶ Wählen Sie *PIN* ❹ aus und geben Sie eine Zahlenkombination ein. Die Zahl sollte mindestens sechs Ziffern haben. Mehr Zahlen erhöhen die Sicherheit.

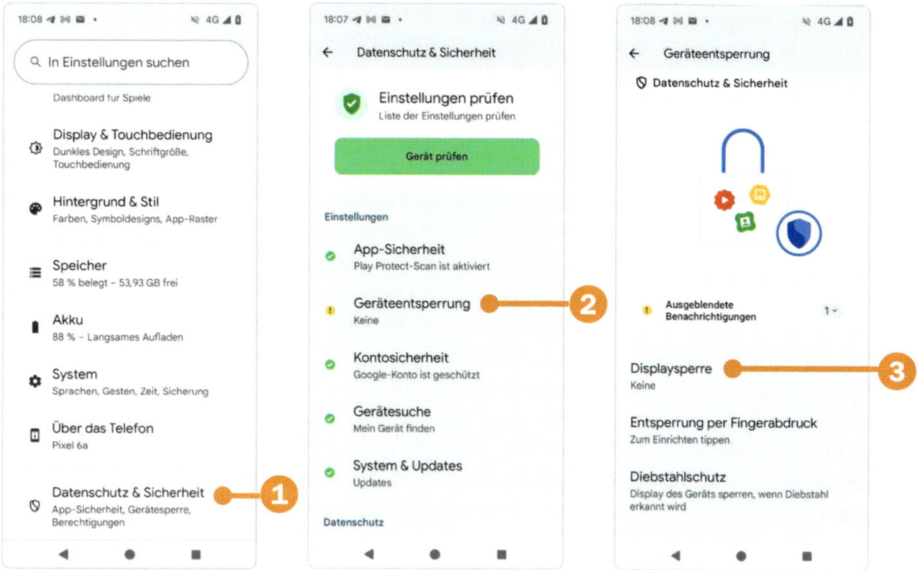

- **Tipp:** Haben Sie eine sechsstellige PIN eingegeben, erscheint die Option *Korrekte PIN automatisch bestätigen*. Schalten Sie diese ein, um Zeit beim Entsperren des Smartphones zu sparen. Tippen Sie dann auf *Weiter*. Geben Sie nochmals die Zahl ein und tippen Sie auf *Bestätigen*. So wird sichergestellt, dass Sie sich nicht vertippt haben.
- Danach können Sie die Benachrichtigungen, die auf dem Sperrbildschirm angezeigt werden, noch einrichten. Damit nicht jeder Ihre erhaltenen Nachrichten am Sperrbildschirm lesen kann, wählen Sie *Sensible Inhalte nur im entsperrten Zustand anzeigen* ❺.
- Sobald eine Displaysperre eingerichtet ist, erscheint hinter der *Displaysperre* ❸ ein Zahnradsymbol, welches Sie zu weiteren Einstellungen abhängig von der getroffenen Displaysperr-Art führt. So können Sie beispielsweise die *Animation bei der PIN-Eingabe deaktivieren* ❻ oder die Zeit für das *Sperren nach automatischen Ausschalten des Displays* festlegen.

Anstelle einer PIN können Sie auch ein Passwort festlegen. Die Festlegung erfolgt analog. Ein Buchstabensalat mit Groß- und Kleinbuchstaben, Sonderzeichen und Ziffern erhöht die Sicherheit.

Die PIN zum Entsperren des Sperrbildschirms können Sie so oft eingeben, wie Sie möchten, doch nach mehreren Falscheingaben wird eine Pause von 30 Sekunden eingeblendet. Verwechseln Sie diese nicht mit der PIN der SIM-Karte, welche Sie mit der Karte erhalten haben und bei einem Neustart des Smartphones benötigen. Die PIN der SIM-Karte können Sie nur dreimal falsch eintippen, dann ist die Karte gesperrt und Sie benötigen Ihre PUK.

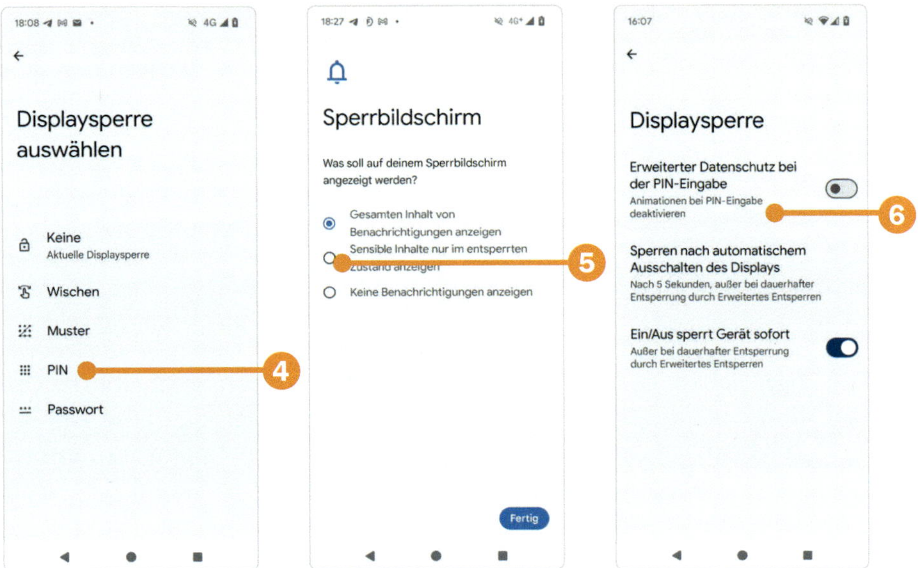

2.2 Fingerabdruck hinzufügen

Der Fingerabdruck wird immer zusätzlich zu einer Bildschirmsperre verwendet. Sie müssen also zunächst ein Muster, eine PIN oder ein Passwort festgelegt haben. Sie entsperren selbstverständlich das Smartphone nachher nur über den Fingerabdruck. Die alternative Methode dient unter anderem dazu, sicherzustellen, dass Sie das Smartphone entsperren können, auch wenn der Fingerabdruck einmal nicht funktioniert.

- Öffnen Sie die *Einstellungen* ⚙. Tippen Sie auf *Datenschutz & Sicherheit* und anschließend auf *Geräteentsperrung*.
- Wählen Sie *Entsperrung per Fingerabdruck* ❶ und geben Sie anschließend Ihre PIN ein; tippen Sie auf *Weiter* und wählen Sie erneut *Entsperrung per Fingerabdruck* ❷ und bestätigen Sie mit *Ich stimme zu* ❸.

- Tippen Sie im nächsten Schritt auf *Starten* ❹ (siehe nächste Seite) und platzieren Sie einen Finger auf dem Fingerabdrucksensor.
- Im Folgenden wird der Fingerabdruck eingescannt. Drücken Sie den Finger langsam auf den Sensor. Heben Sie ihn an, wenn der Kreis sich färbt, und drücken Sie ihn erneut auf den Sensor in leicht veränderter Position bzw. heben Sie ihn erneut an, sobald sich der Ring weiter füllt. Wiederholen Sie diesen Vorgang mehrmals bis der Kreis sich schließt und achten Sie auf die Hinweise am Bildschirm.
- Wenn Sie möchten, können Sie noch *Weitere Fingerabdrücke hinzufügen* ❺; falls nicht, beenden Sie den Vorgang mit *Fertig*. Der Fingerabdruck wird unter der Bezeichnung *Finger 1* gespeichert.

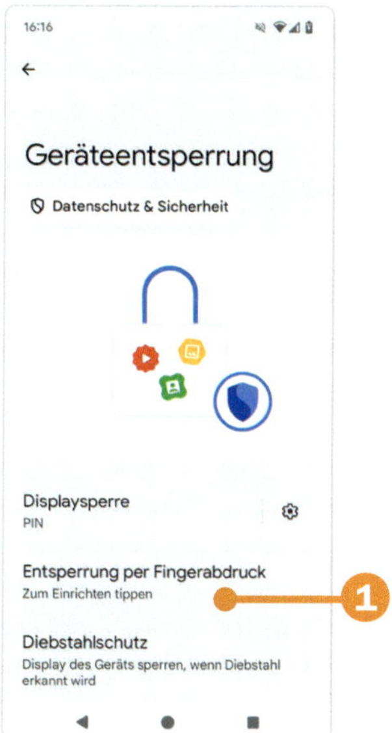

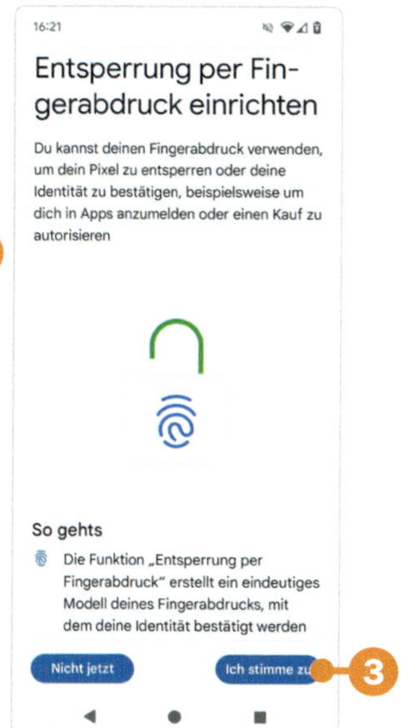

> Wenn Sie Ihr Smartphone ausgeschaltet haben und es wieder einschalten, dann geben Sie zunächst die PIN der SIM-Karte ein. Danach muss der Sperrbildschirm entsperrt werden. Wenn Sie das normalerweise mit Fingerabdruck erledigen, ist das bei einem Neustart des Smartphones leider nicht möglich. Hier müssen Sie die PIN eingeben, die Sie festgelegt haben.

Fingerabdruck vom Smartphone löschen

Um einen Fingerabdruck zu entfernen, öffnen Sie die *Einstellungen*, wählen *Sicherheit & Datenschutz* und dann *Geräteentsperrung*, öffnen *Entsperrung per Fingerabdruck*, geben die PIN ein und wählen erneut *Entsperrung per Fingerabdruck*. Tippen Sie auf den Fingerabdruck (hier im Beispiel *Finger1*) und anschließend rechts daneben auf das Papierkorb-Symbol. Bestätigen Sie mit *Löschen* ❻.

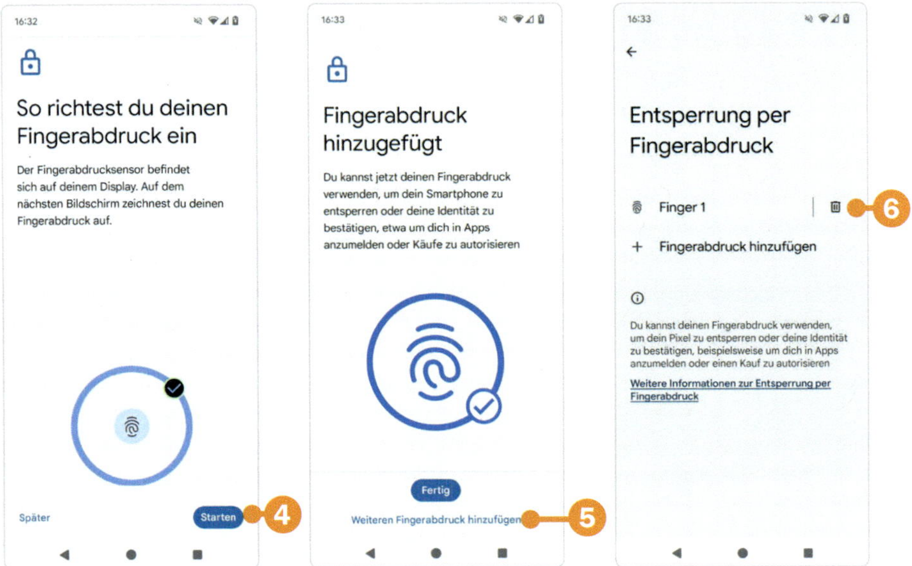

Fingerabdruck nachträglich hinzufügen

Weitere Fingerabdrücke können, wie oben beschrieben, in den *Einstellungen* mit *Fingerabdruck hinzufügen* ❺ registriert werden.

2.3 Das verlorene Smartphone orten

Zur Ortung muss das Smartphone über eine mobile Datenverbindung mit dem Internet verbunden sein. WLAN ist natürlich auch möglich, aber bei Verlust eher unwahrscheinlich. Das Smartphone ist eingeschaltet, die Standortermittlung muss aktiviert sein. Bei neueren Geräten kann auch eine aktive Bluetooth-Verbindung zusätzlich helfen, das Gerät mithilfe anderer Geräte zu orten. Im Folgenden stellen wir Ihnen den Ortungsdienst von Google vor.

Find my Device von Google

Einrichten

- **Am Laptop oder Computer:** Rufen Sie die folgende Seite im Browser auf: android.com/find

  Anmeldung für „Find my Device": Geben Sie die E-Mail-Adresse ein, die Sie bei der Einrichtung des Smartphones für das Google-Konto hinterlegt haben (siehe Seite 36). Mit der Anmeldung stimmen Sie den Nutzungsbedingungen und der Datenschutzerklärung zu. Durch Anklicken können Sie diese zunächst durchlesen.

- **Am Smartphone:** Sie erhalten eine Meldung auf dem Smartphone, ob Sie sich gerade für den Dienst angemeldet haben. Tippen Sie auf *Ja*.

- **Am Laptop oder Computer:** Im Browser erlauben Sie durch Anklicken von *Annehmen*, dass Google auf Ihren Standort zugreifen darf.

Smartphone verlegt oder verloren

Geben Sie erneut auf Ihrem Rechner die Adresse android.com/find in den Browser ein und melden Sie sich an. Sie erhalten dann einen Kartenausschnitt, der anzeigt, wo sich Ihr Smartphone gerade befindet ❶ bzw. zuletzt geortet wurde. Tippen Sie auf das Symbol, um links die Koordinaten und gegebenenfalls auch eine Adresse anzuzeigen. Diese Informationen werden im Brower in einer neuen Registerkarte angezeigt.

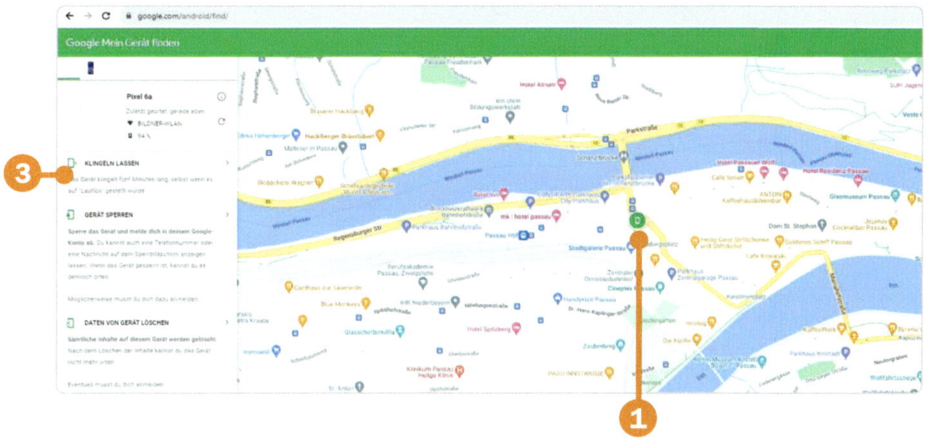

Unter *Sicherheit & Datenschutz* können Sie prüfen, ob die Ortung auf Ihrem Gerät aktiv ist. Tippen Sie auf *Gerätesuche* und anschließend auf *Mein Ge-*

rät finden. Ist hier der Schalter auf *an* ❷, lässt sich Ihr Handy mithilfe Ihres Google-Account finden, solange die Standortermittlung ebenfalls aktiv ist.

Von hier gelangen Sie auch direkt zum Play Store, um die *Mein Gerät finden*-App zu downloaden oder Sie können zu android.com/find ins Web wechseln. Beides ist nützlich, falls Sie mit Ihrem Handy jemals ein anderes Smartphone orten müssen.

Tipp! Wenn sich das Handy unter dem Kissen auf dem Sofa versteckt, können Sie es mit der Funktion *Klingeln lassen* ❸ leicht wiederfinden. Das hat mir schon oft die Suche erspart.

- Mit der Funktion *Geräte finden, die offline sind* können Sie am neuen "Mein Gerät finden"-Netzwerk von Google teilnehmen, mit dem auch nach Geräten gesucht werden kann, bei denen kein Standort aktiv ist bzw. keine aktive Internetverbindung besteht.
- Voraussetzung hierfür ist ein eingeschaltetes Bluetooth. Alle teilnehmenden Smartphones suchen dann via Bluetooth nach Geräten in der Nähe und übermitteln den Standort eines verlorenen Gerätes an das Netzwerk. Je mehr Menschen mit ihren Geräten so ein Signal auffangen, desto präziser kann die Position errechnet und übermittelt werden.

Wichtig! Die "normale" Ortungsfunktion Ihres Smartphones bietet unseres Erachtens mehr Vor- als Nachteile. Wenn Sie das Gerät verloren haben, können Sie es so wiederfinden oder zumindest via Fernzugriff die Daten auf Ihrem Smartphone löschen. Ganz klar ist aber auch, dass jeder, der über Ihre E-Mail-Adresse und das dazugehörige Kennwort verfügt, über diesen Dienst sehen kann, wo sich Ihr Smartphone und in diesem Fall auch Sie sich gerade befinden. Deshalb ist es wichtig, diese Daten sicher zu verwahren.

2.4 Tipps für mehr Sicherheit

Nicht nur PCs, auch Smartphones können Ziele von Viren und Malware sein! Daher sollte man auf den Schutz der persönlichen Daten auch auf dem Handy achten:

- Führen Sie Android- und Sicherheitsupdates zeitnah durch. Aktualisieren Sie auch Ihre Apps regelmäßig (siehe Seite 100).
- Installieren Sie nur Apps aus dem Google Play Store und nicht aus einer anderen Quelle.
- Öffnen Sie keine Anhänge von E-Mails, deren Absender Sie nicht kennen.
- Seien Sie misstrauisch, wenn Sie im Browser aufgefordert werden, etwas anzuklicken, um Virenbefall zu vermeiden, oder Sie in einer E-Mail einen Link anklicken sollen, um sicherheitsrelevante Eingaben für ein anderes Konto nachzutragen. Ihre Bank wird Ihnen niemals eine solche E-Mail zusenden.
- Öffentliche Hotspots, also kostenloses WLAN, kann ebenfalls eine Gefahrenquelle darstellen.
- Nutzen Sie eine Bildschirmsperre (z. B. PIN und Fingerabdruck).
- Kontrollieren Sie die Berechtigungen Ihrer Apps (siehe Seite 75).

Bereits vorinstalliert ist **Google Play Protect**, das Sie gegebenenfalls über Sicherheitsrisiken informiert. Dabei wird ein Virenscan der installierten Apps durchgeführt, es erfolgt eine Prüfung der im Play Store angebotenen Apps vor dem Herunterladen und Sie werden vor möglicherweise gefährlichen Internetseiten gewarnt, sofern Sie mit dem Google-Browser Chrome surfen.

In den *Einstellungen* unter *Sicherheit & Datenschutz* erhalten Sie Vorschläge, wie Sie die Sicherheit Ihres Smartphones erhöhen können. Bei orange gekennzeichneten Optionen besteht ggf. noch ein Verbesserungspotenzial ❶. Tippen Sie dann den Eintrag an und prüfen Sie, wie Sie Ihr Smartphone zusätzlich schützen können.

> Unter *Sicherheit & Datenschutz* wird neben dem Virenschutz kontrolliert, dass Sie eine Bildschirmsperre verwenden, dass die Kennwörter Ihrer Konten sicher sind, dass der Ortungsdienst (Verlust des Handys) aktiviert ist und dass verfügbare Updates installiert werden.

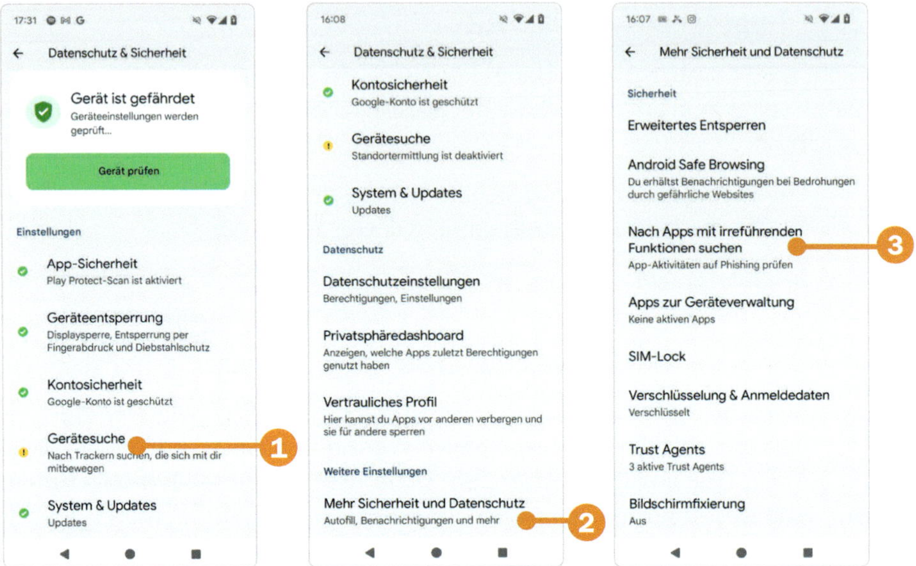

Wenn Sie weiter nach unten scrollen, finden Sie den Eintrag *Mehr Sicherheit und Datenschutz* **2**. Hier sollten Sie prüfen, ob die Funktion *Nach Apps mit irreführenden Funktionen suchen* **3** eingeschaltet ist.
Möchten Sie manuell eine Prüfung Ihrer Apps anstoßen, gehen Sie in den *Einstellungen* ▶ *Datenschutz & Sicherheit* **4** ▶ *App-Sicherheit* **5** ▶ *Google Play Protect* **6** und tippen Sie auf Scannen.

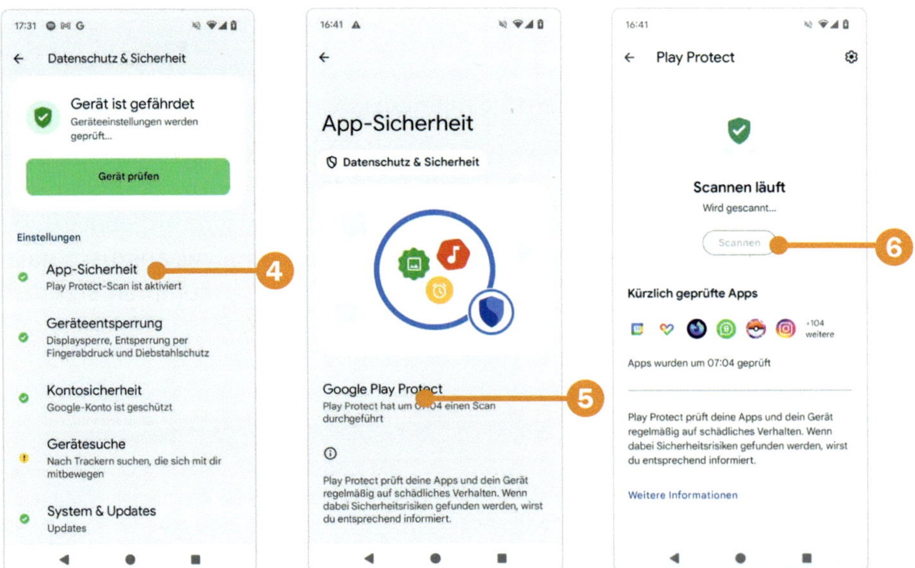

2.5 Berechtigungen kontrollieren

Vielleicht kennen Sie das jetzt schon: Beim Öffnen von Apps oder beim Ausprobieren einer speziellen App-Funktion erscheint eine Meldung, die Sie auffordert, den Zugriff auf einen bestimmten Bereich des Smartphones zuzulassen. Dabei ist es schwer, pauschal zu sagen, auf was eine App zugreifen darf. Beispielsweise benötigen Messenger-Apps, wie WhatsApp, Zugriff auf Ihre Kontakte. Wenn ein Spiel auf Ihre Kontakte zugreifen möchte, ist das zumindest ungewöhnlich.

Berechtigung nachträglich erteilen oder entziehen

- Um zu prüfen, welche Berechtigungen für eine App erteilt wurden, tippen Sie auf *Einstellungen* ▶ *Apps* ❶ ▶ *Alle Apps ansehen* ❷ und tippen Sie dann die entsprechende App, z.B. *Kamera* ❸ an, deren Berechtigungen Sie kontrollieren möchten.
- Die *Berechtigungen* ❹ sind unterteilt in *Zugelassen* und *Nicht zugelassen*. Im Beispiel darf die App *Kamera* auf die Berechtigung *Fotos und Videos*, *Kamera* und *Mikrofon* zugreifen. Letzteres klingt vielleicht zunächst ungewöhnlich. Denkt man aber an die Audioaufnahme beim Videodreh, dann ist das durchaus sinnvoll.
- Wenn Sie möchten, können Sie nun Zugriffe entziehen oder auch erlauben. Im Beispiel erlauben wir der App *Kamera* den Zugriff auf den Standort. Damit können Standortinformationen zusammen mit dem Foto hinterlegt werden. Tippen Sie auf *Standort* ❺. Hier wählen Sie *Zugriff nur während der Nutzung der App zulassen*.

Besonderheit Standort

Wie Sie schon auf Seite 61 erfahren haben, können Sie einer App den genauen oder nur einen ungefähren Gerätestandort zur Verfügung stellen. Ist der Schalter bei *Genauen Standort verwenden* ❻ aktiv, so wird im Falle der App *Kamera* für das Foto der Aufnahmeort mit Straße und Hausnummer gespeichert. Ähnliche Informationen erhalten Sie auch beim ungefähren Standort, nur weichen diese um einige hundert Meter ab. Mehr zu Standortangaben zu Ihren Fotos erfahren Sie auf Seite 129.
Analog können Sie für eine Wetter-App verfahren. Auch dieser können Sie durch Deaktivierung des Schalters nur einen ungefähren Standort zur Verfügung stellen.

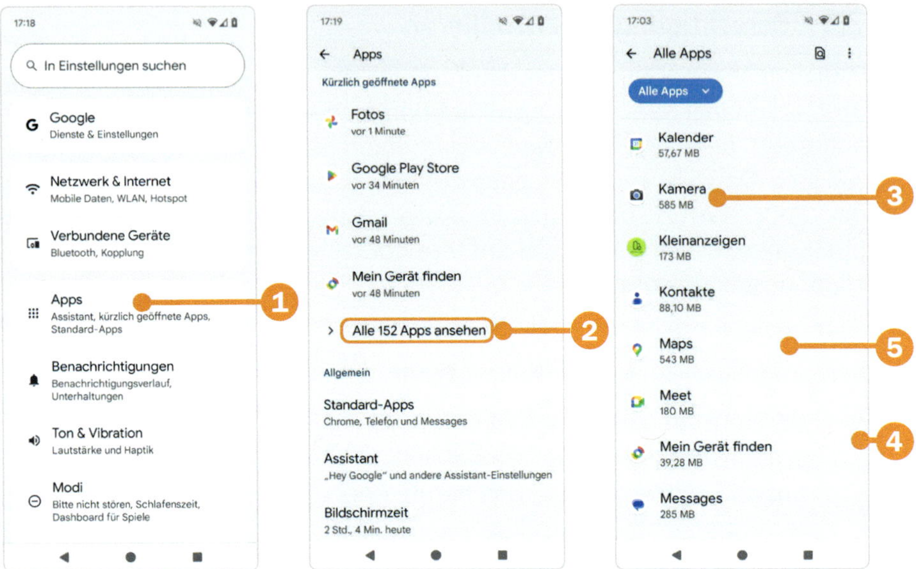

- Analog dazu können auch Berechtigungen entzogen werden; dann wählen Sie *Nicht zulassen*. Keine Angst, falls Sie einen Zugriff unterbinden, der für die Funktionsfähigkeit der App unbedingt erforderlich ist, werden Sie gewarnt und beim nächsten Öffnen der App wird ein Hinweis eingeblendet, der erneut den Zugriff einfordert.

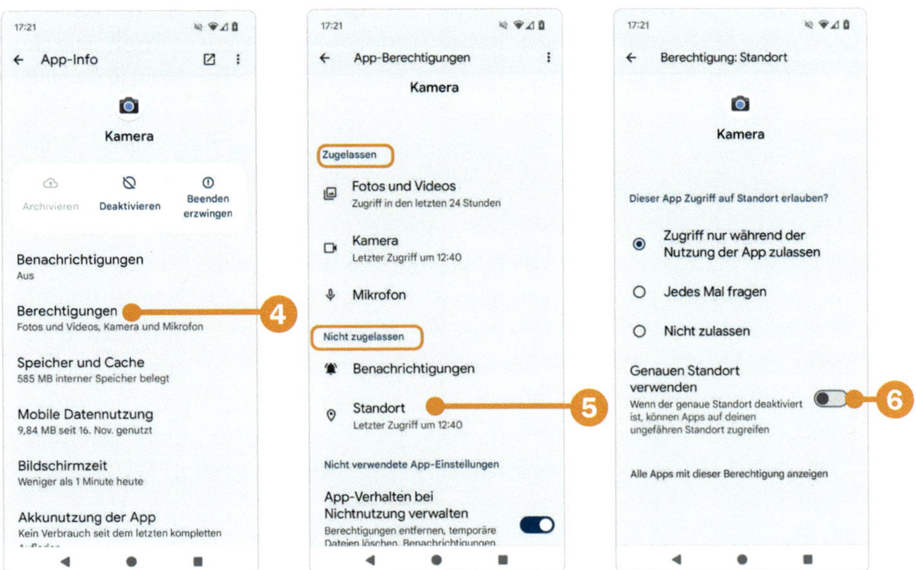

Alle Apps mit Zugriffsberechtigung anzeigen

Neben der Frage was eine bestimmte App darf, kann auch interessant sein, zu erfahren, welche Apps Zugriff auf eine bestimmte Funktionen des Smartphones haben, z. B. auf das Mikrofon, den Standort oder die Kamera. Hier hilft der **Berechtigungsmanager**.

- Eine Übersicht der möglichen Berechtigungsarten finden Sie in den *Einstellungen* ▶ *Datenschutz & Sicherheit* ▶ *Datenschutzeinstellungen* ❶ sowie im *Privatsphäredashboard*.
- Tippen Sie in den *Datenschutzeinstellungen* den *Berechtigungsmanager* an, um zu sehen, für welche Apps sie bereits erteilt wurden.
- Tippen Sie einen Bereich an, z. B. *Mikrofon* ❷. Hier sehen Sie, welche Apps die Berechtigung haben, das Mikrofon des Smartphones zu nutzen. Durch Antippen der App können Sie auch hier, wie oben beschrieben, die Zugriffsberechtigung ändern. Prinzipiell sollte keine App die Berechtigung haben *Immer* ❸ auf Ihr Mikrofon zugreifen zu können.

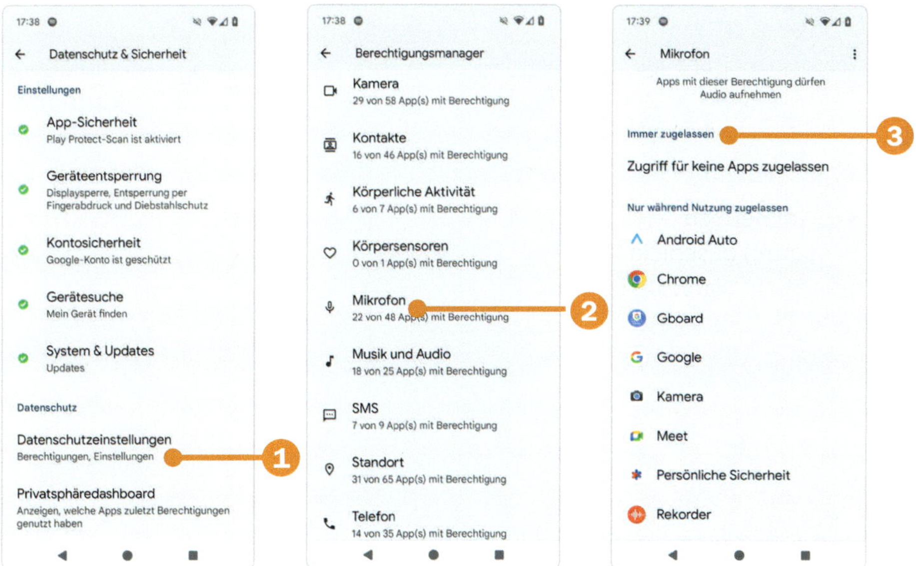

3 Das Smartphone personalisieren

In diesem Kapitel erhalten Sie Tipps, wie Sie das Smartphone an Ihre Bedürfnisse anpassen.

3.1 Bildschirm automatisch ausschalten

Vielleicht passiert Ihnen das gerade - das Smartphone „geht ständig aus". Wenn Sie für kurze Zeit nichts am Smartphone machen, wird der Bildschirm ausgeschaltet und das Handy automatisch mit dem Sperrbildschirm geschützt. Jetzt müssen Sie wieder die Funktionstaste drücken, den Bildschirm entsperren und dann kann es erst weitergehen - das nervt. Vor allem weil der Bildschirm-Timeout standardmäßig auf 30 Sekunden eingestellt ist. Das schont den Akku, ist aber am Anfang einfach zu kurz. So verlängern Sie den Zeitraum:

- Öffnen Sie die *Einstellungen* und tippen Sie auf *Display & Touchbedienung* ❶.
- In der Kategorie *Displaysperre* tippen Sie dann auf *Display automatisch ausschalten* ❷ und wählen dann z. B. *5 Minuten* ❸. Anschließend müssen Sie die Änderung ggf. durch Eingabe Ihrer Entsperrmethode bestätigen. Ein längerer Zeitraum geht zwar etwas zu Lasten des Akkus, aber Sie können die gewählte Dauer jederzeit wieder ändern.

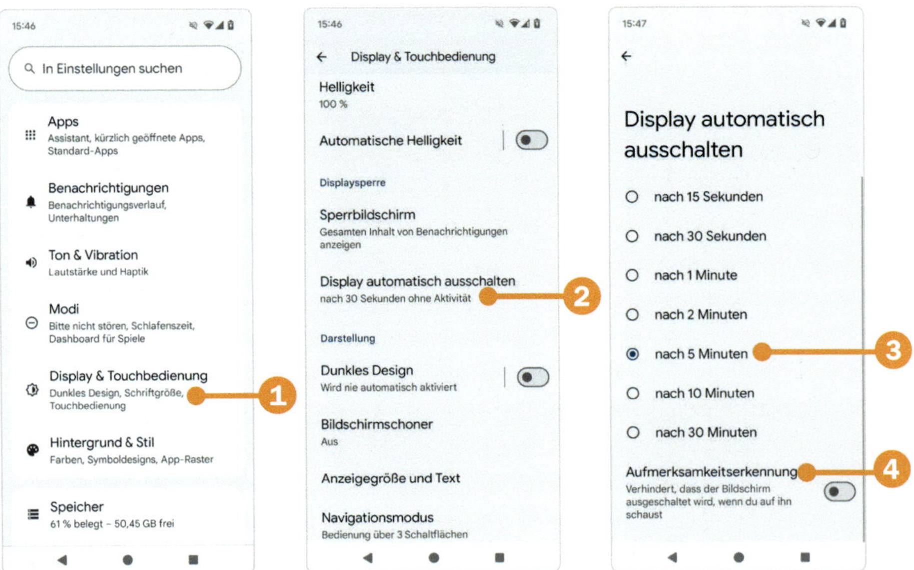

- Falls Sie möchten, können Sie auch die *Aufmerksamkeitserkennung* ❹ aktivieren. Dadurch wird verhindert, dass der Bildschirm, sofern die Frontkamera ein Gesicht erkennt, erlischt.
- Tippen Sie dann auf die Home-Taste, um die Einstellungen zu verlassen.

3.2 Schriftgröße bestimmen und Helligkeit anpassen

- **Schriftgröße verändern:** Rufen Sie die *Einstellungen* ⚙ auf und wählen Sie *Display*. Tippen Sie dann auf *Anzeigengröße und Text* ❶. Hier können Sie mit dem Schieberegler die gewünschte Größe einstellen. Ziehen Sie einfach den Punkt ❷ etwas nach rechts. Dabei sehen Sie die Änderungen sofort und können gleich abschätzen, welche Schriftgröße passt. Die *Schriftgröße* ❸ lässt sich auch in den Schnelleinsellungen ändern.
- Zusammen mit der Schrift können auch die angezeigten Symbole, wie Menübefehle, Navigationstasten etc., vergrößert werden. Dazu verschieben Sie unter *Anzeigengröße* den blauen Punkt nach rechts.

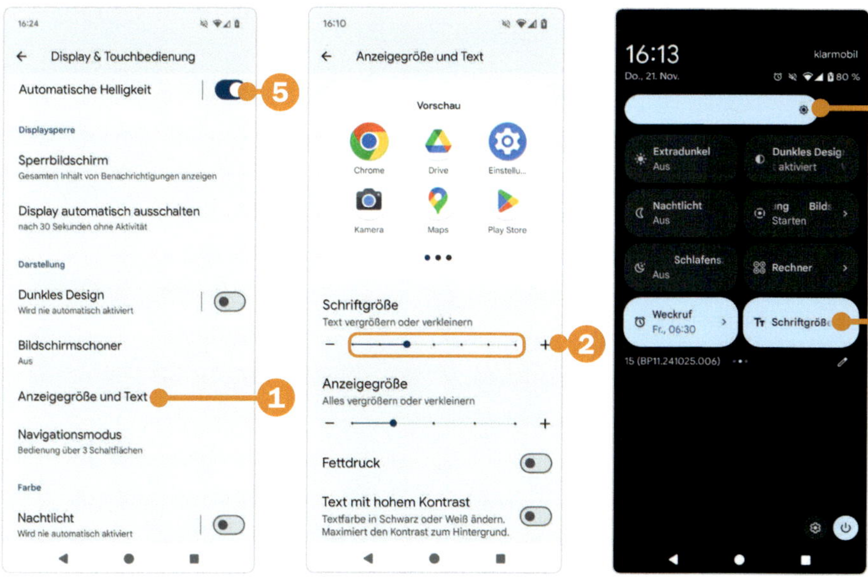

- **Bildschirmhelligkeit:** Gute Lesbarkeit hat natürlich auch etwas mit der Helligkeit des Bildschirms zu tun. Am leichtesten regeln Sie die *Helligkeit* ❹ in den Schnelleinstellungen. Aber auch das Umgebungslicht hat Einfluss auf die optimale Bildschirmhelligkeit. Die Funktion *Automatische Helligkeit* ❺ passt daher die Helligkeit auf Grundlage der vorherrschenden Lichtverhältnisse an. Möchten Sie die Funktion nutzen, ziehen Sie den Regler nach rechts auf *An*.

- **Dunkles Design:** Sollten Sie eine invertierte Darstellung bevorzugen, können Sie das *Dunkle Design* ❻ aktivieren. Dadurch wird der Hintergrund abgedunkelt und im Gegenzug die Schrift hell statt schwarz. Diese Funktion spart nicht nur Akku, sondern lässt sich automatisch aktivieren ❼, sobald die Sonne untergeht.
- **Nachtlicht:** Ist diese Funktion ❽ eingeschaltet, erstrahlt Ihr Bildschirm gelb-orange, da die blauen Anteile des Lichts gefiltert werden. Die Intensität können Sie selbst festlegen, indem Sie auf den Eintrag tippen. Die Idee dahinter ist, die Funktion zumindest abends einzuschalten, da das helle, blaue Licht als eine Art Muntermacher wirkt und das Einschlafen verzögern kann. Wissenschaftlich belegt ist das nicht, aber warmes Licht erscheint zumindest subjektiv angenehmer für das menschliche Auge. Ebenso wie beim dunklen Design kann die Funktion automatisch aktiviert werden, je nach Uhrzeit oder Sonnenstand.

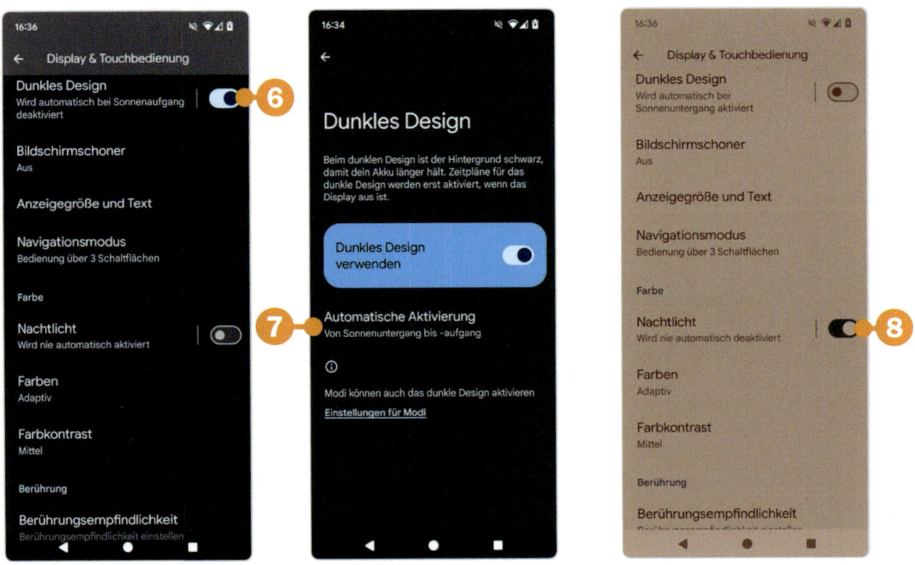

Extradunkel: Neben *Nachtlicht* und *Dunkles Design* finden Sie in den Schnelleinstellungen auch die Option *Extradunkel*. Mehr dazu auf Seite 65.

3.3 Klingelton und Lautstärke

Sie mögen den Klingelton Ihres Telefons nicht? Das lässt sich ändern:

- Rufen Sie die *Einstellungen* ⚙ Ihres Smartphones auf und tippen Sie dann auf die Kategorie *Ton und Vibration*.
- Tippen Sie auf *Klingelton* ❶.
- Hier können Sie aus einer Vielzahl von Klingelton-Kategorien, z. B. *Naturelemente* ❷ auswählen. Öffnen Sie eine Kategorie und tippen Sie einfach einen Eintrag in der Liste an. Der gewählte Klingelton ertönt. Falls nicht, überprüfen Sie die Lautstärke (siehe Seite 82).
- Eigene Audio-Dateien können unter *Meine Töne* ❸ ▶ *Hinzufügen* + ausgewählt werden. Hier werden Sie anschließend zu Ihrem Dateimanager weitergeleitet, wo Sie die entsprechende Audiodatei suchen und auswählen ❹ können.
- Gefällt Ihnen der gewählte Ton, tippen Sie rechts oben auf *Speichern*.

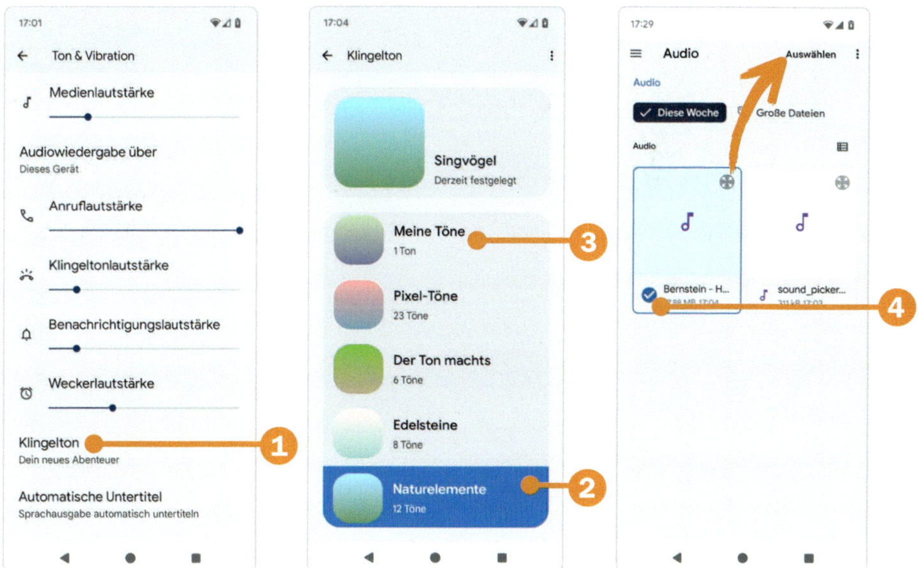

Alles zum Thema Lautstärke

An der rechten Seite des Geräts befindet sich die Lautstärkentaste, die wie eine Wippe funktioniert - drücken Sie oben, erhöht sich die Lautstärke, unten wird sie verringert. Gleichzeitig wird auf dem Bildschirm die Lautstärkenleiste angezeigt, die Sie auch mit dem Finger bedienen können. Die Lautstärke wird in fünf Regelungsbereiche unterteilt:

Medienlautstärke , Anruflautstärke , Klingeltonlautstärke , Benachrichtigungslautstärke und Weckerlautstärke .

Mit **Medien** regeln Sie die Lautstärke, wenn Sie Musik am Smartphone abspielen, ein Video betrachten oder die Hintergrundmelodie eines Spiels lautlos stellen möchten. Mit der **Anruflautstärke** ändern Sie die Gesprächslautstärke während eines Telefonats. Der **Klingelton** ertönt, wenn Sie angerufen werden und der **Benachrichtigungston** beim Eingang einer Nachricht (SMS, E-Mail etc.) oder einem App-Hinweis. Die **Weckerlautstärke** regelt, wie laut ein Alarm ertönt.

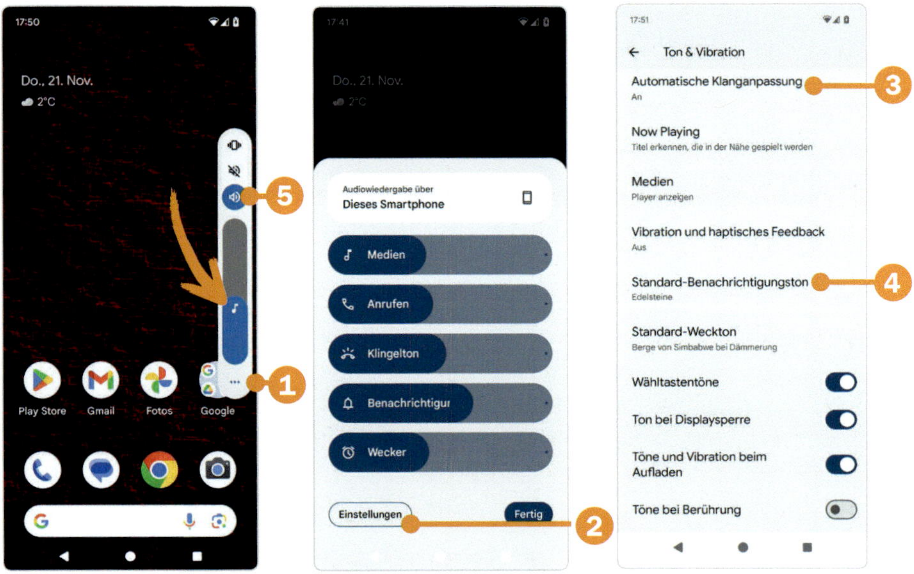

In der Standardeinstellung wird beim Drücken der Lautstärketaste immer die Medienlautstärke geregelt. Das sehen Sie daran, dass die eingeblendete Lautstärkeleiste mit einem Notensymbol versehen ist.

Wenn Sie einen anderen Ton lauter oder leiser stellen möchten, zeigen Sie zunächst die Lautstärkeleiste an und tippen das Drei-Punkte-Symbol 1 an. Jetzt können Sie für alle fünf Bereiche die Lautstärke mit dem Finger regeln.

Über *Einstellungen* ❷ gelangen Sie direkt zu *Töne & Vibration*. Hier lassen sich übrigens noch weitere Funktionen, wie die *Automatische Klanganpassung* ❸ für die adaptive Lautstärkeregelung, Musik-Erkennung, die Anzeige des Medien-Players, diverse Optionen zu Tastenton und -vibration sowie der *Standard-Benachrichtigungston* ❹ finden und ändern.

Für die Regelungsbereiche Klingelton und Benachrichtigung gibt es drei Tonmodi: *Vibration*, *Stumm* und *Laut*. Zum Wechseln tippen Sie auf das Symbol oberhalb der Lautstärkenleiste. Bei *Vibration* ertönt bei einem Anruf oder einer Benachrichtigung kein Ton mehr, sondern das Smartphone vibriert. Bei *Stumm* sind Anrufe und Benachrichtigungen zwar vollständig lautlos, Wecker oder Medientöne sind jedoch nicht stumm geschaltet.

3.4 Modi auswählen und erstellen

Mit Auswahl des passenden Modus lässt sich nicht nur festlegen von welchen Personen und Apps Sie Benachrichtigungen erhalten, sondern auch schnell diverse Anzeige- und Toneinstellung auf einmal ändern.

- Rufen Sie in den *Einstellungen* den Menüpunkt *Modi* auf.
- Dort finden Sie neben *Bitte nicht stören* ❶ (siehe nächste Seite) und *Schlafenszeit* weitere vorgefertigte Modi. In jedem Modus können Sie *Benachrichtigungsfilter* ❷ für *Personen*, *Apps* und *Wecker & sonstige Unterbrechungen* als auch *Anzeigeeinstellungen* ❸ festlegen.
- Je nach Modus kann ein anderer Auslöser gewählt werden, wie z. B. manuelles Aktivieren ❹ oder automatisches Einschalten beim Spielen, durch Umdrehen des Telefons ❺, zu bestimmten Uhrzeiten ❻ oder sobald das Gerät erkennt, dass man sich in einem Auto befindet.
- Unter *Anzeigeeinstellungen* ▶ *Anzeigeoptionen für gefilterte Benachrichtigungen* legen Sie fest, welche Benachrichtigungsarten, z. B. Pop-Up oder der Punkt am App-Symbol, im jeweiligen Modus erlaubt sind.
- In den *Anzeigeeinstellungen* lässt sich außerdem einstellen, ob der Bildschirm in *Graustufen*, also in Schwarz-Weiß, angezeigt, der *Always-on-Display* deaktiviert und ob *Hintergrund abdunkeln* und *Dunkles Design* eingeschaltet werden sollen.

- Um selbst einen Modus, bspw. für Konzerte, zu kreieren, tippen Sie auf *+ Eigenen Modus erstellen* und anschließend auf *Benutzerdefiniert* ❼.
- Im nächsten Schritt legen Sie ein Symbol sowie einen Namen fest und tippen auf *Fertig*. Selbst erstellte Modi können sowohl manuell als auch über einen festgelegten Zeitplan eingeschaltet werden.

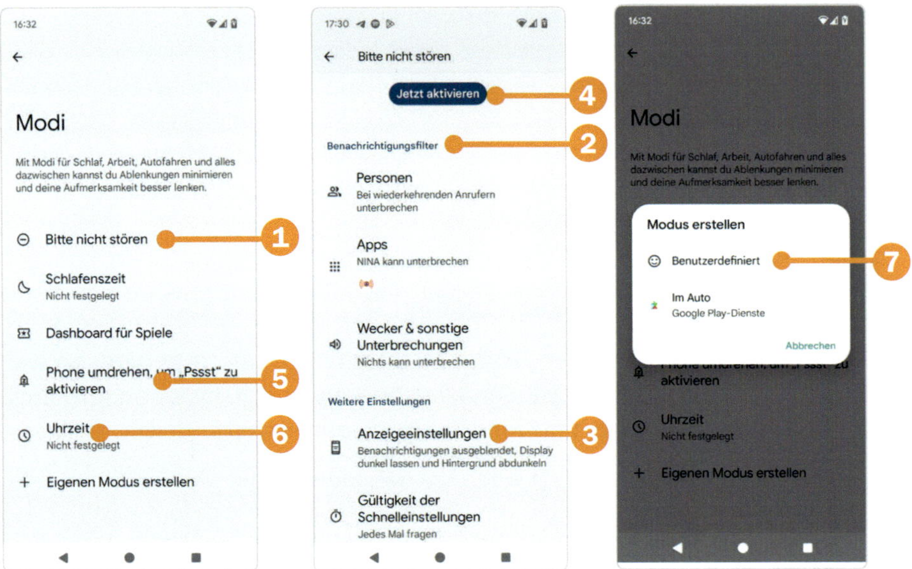

Bitte nicht stören!

Auch in den Schnelleinstellungen finden Sie die Kachel *Modi*. Durch Antippen zeigen Sie die verfügbaren Modi an. Aktivieren Sie die Funktion *Bitte nicht stören*, um alle Arten von Mitteilungen unkompliziert und schnell stumm zu schalten als auch die Wiedergabe von Musik und anderen Audio-Dateien in Apps zu blockieren.

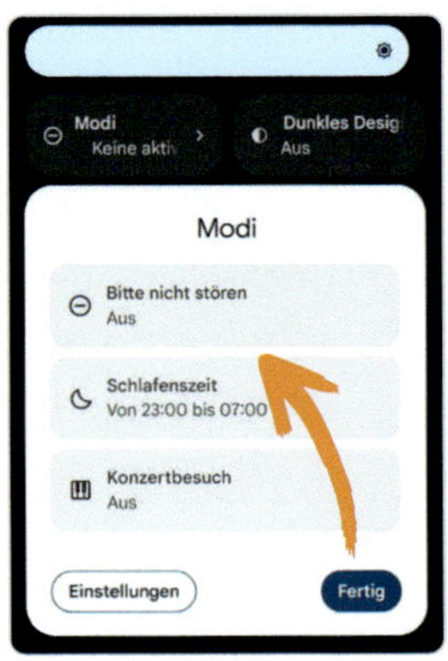

Beim Aktivieren dieses Modus können Sie auch eine Dauer bis zur automatischen Deaktivierung festlegen. Eine praktische Funktion besonders für Meetings oder Kinobesuche.

3.5 Eigenes Hintergrundbild auswählen

Persönliche Bilder als Hintergrund machen sich immer gut – seien es Fotos von den eigenen Haustieren, ein Urlaubsbild oder Aufnahmen von den Kindern oder Enkeln. Am einfachsten ist es, wenn Sie das Foto mit Ihrem Smartphone geknipst haben. Diese Variante stellen wir hier vor:

- Zeigen Sie in der App *Google Fotos* das gewünschte Foto an (mehr zu dieser App erfahren Sie auf Seite 100). Es ist nicht leicht, ein passendes Bild zu finden, vielleicht müssen Sie mehrere ausprobieren.
- Tippen Sie rechts oben auf die drei Punkte ⋮ und wählen Sie *Verwenden als* ❶ ► *Fotos Hintergrund* aus.
- Im nächsten Schritt wählen Sie *Startbildschirm* ❷. Tippen Sie auf die Vorschau, um den Bildausschnitt zu verändern. Wenn Sie zufrieden sind, tippen Sie auf ✓ und *Hintergrund festlegen* ❸.
- Anschließend werden Sie nochmals vor die Wahl gestellt, ob das Hintergrundbild für den *Startbildschirm*, *Sperrbildschirm* oder auf beiden verwendet werden soll. Setzen Sie den Haken dementsprechend und Tippen Sie dann auf *Festlegen* ❹.

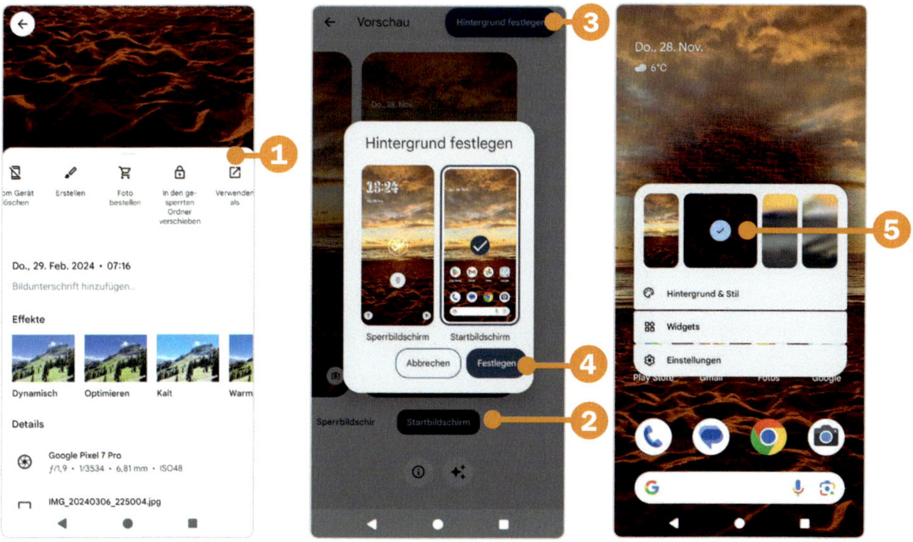

Tippen Sie etwas länger auf eine freie Fläche des Startbildschirms, um das Kontextmenü aufzurufen. Dort finden Sie eine Übersicht Ihrer vergangenen Hintergrundbilder. Durch Antippen ❺ wechseln Sie schnell zum vorherigen Hintergrund zurück.

3.6 Startbildschirm anpassen

Mit einem aufgeräumten Startbildschirm lässt es sich besser arbeiten! Entfernen Sie alles vom Startbildschirm, was Sie jetzt nicht brauchen - Sie können es jederzeit wieder hinzufügen.

App vom Startbildschirm entfernen: In diesem Beispiel entfernen wir die Drive-App vom Startbildschirm. Diese App benötigen Sie eventuell nicht so häufig und Sie finden sie danach immer noch auf dem App-Bildschirm.

- Tippen Sie etwas länger auf die App, die Sie vom Startbildschirm entfernen möchten. Das Kontextmenü wird angezeigt.
- Schieben Sie die App nun nach oben auf das Feld *Entfernen* ❶. Übrigens: Solange Sie eine App nur von der Startseite entfernen und nicht *Deinstallieren*, wird diese nicht von Ihrem Gerät gelöscht.

App zum Startbildschirm hinzufügen: Wenn man ein neues Smartphone hat, gibt es viel einzustellen. Aus diesem Grund ist es praktisch, die App *Einstellungen* auf den Startbildschirm zu legen. Später können Sie sie wieder entfernen.

- Zeigen Sie den App-Bildschirm an und tippen Sie etwas länger auf die App *Einstellungen* bis wieder das Kontextmenü ❷ erscheint.
- Ziehen Sie die App nun auf den Startbildschirm auf die gewünschte Position ❸.

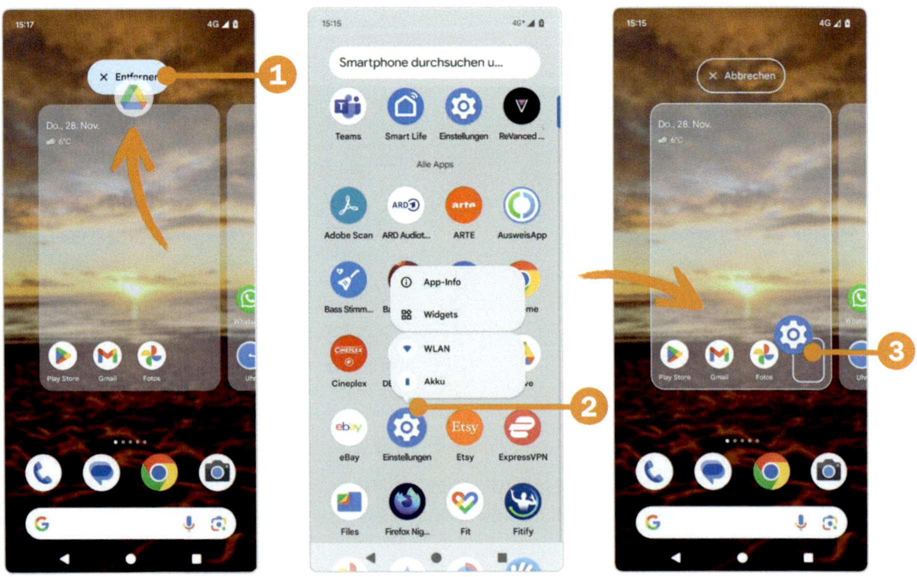

App verschieben: Die App kann von einem zum anderen Startbildschirm verschoben oder nur ihre Bildschirmposition verändert werden:

- Drücken Sie mit dem Finger auf eine App, bis das Menü angezeigt wird. Jetzt können Sie die App an die gewünschte Position ziehen.
- Wenn die App auf einem anderen Bildschirm sein soll, ziehen Sie sie an den Rand, bis der andere Bildschirm erscheint ④.

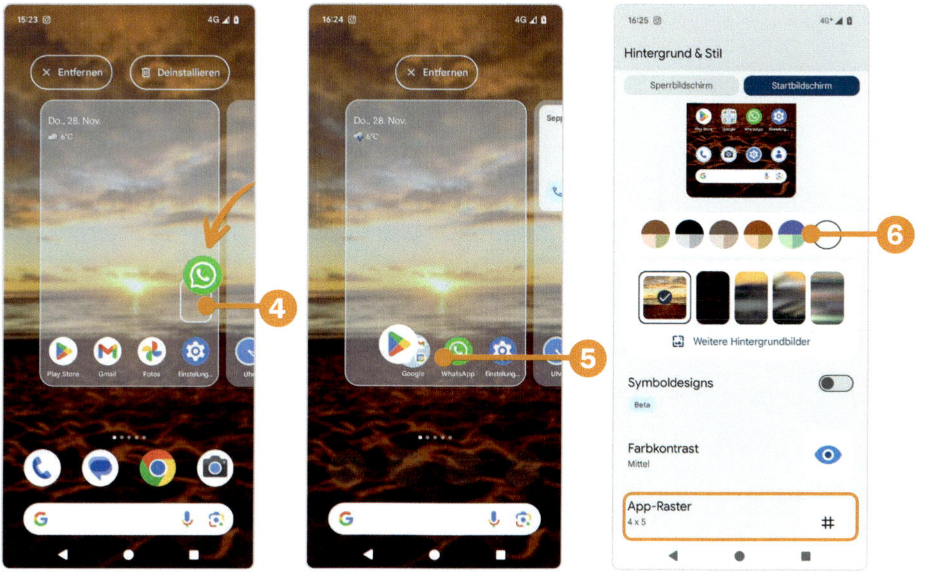

Ordner: Um Platz zu sparen und Startbildschirm übersichtlicher zu gestalten, kann es sinnvoller sein, Apps in Ordner zu gliedern.

- Einen Ordner erstellen Sie indem Sie etwas länger auf eine App tippen, z.B. *Fotos* und diese über eine andere App positionieren. Sie können beliebig viele Apps in den neuen Ordner ⑤ verschieben.
- Zur Auswahl einer App in einem Ordner, tippen Sie auf den Ordner und dann auf die App. Um den Ordnernamen zu verändern, Tippen Sie im geöffneten Ordner auf den Ordnernamen, so können Sie diesen umbenennen. .

Raster und Farben: In den *Einstellungen* ▶ *Hintergrund & Stil* ▶ *Startbildschirm* finden Sie unter *App-Raster* die Möglichkeit, die App-Anzahl pro Zeile und Reihe zu ändern. Außerdem können Sie hier verschiedene Akzentfarben ⑥ für Ihr Gerät auswählen und festlegen.

3.7 Nachrichtenbereich

Nachrichtenbereich deaktivieren: Mit einem Wisch nach rechts ❶ von der Startseite zeigen Sie *Google Discover* an. Es gibt zahlreiche Anbieter, die aktuelle Nachrichten zur Verfügung stellen, z. B. Tagesschau, Zeit Online, Süddeutsche Zeitung und viele mehr. Sie können sich auch für ein regionales Angebot entscheiden.

Um die Bildschirmseite vollständig auszublenden, gehen Sie wie folgt vor:

- Tippen Sie etwas länger auf eine freie Stelle des Startbildschirms, bis die mittlere Ansicht erscheint und wählen Sie *Einstellungen* ❷ aus.
- Tippen Sie hinter dem Menüpunkt *Für den Zugriff auf die Google App wischen* auf den Regler ❸, um diese Funktion auszuschalten.

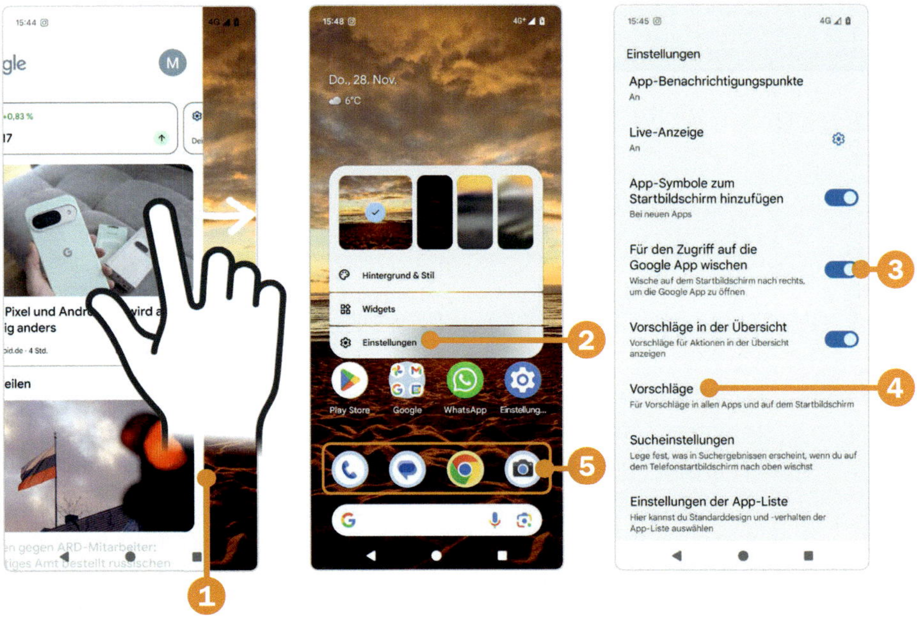

Tipp! Sind Sie noch nicht sicher, welche Apps Sie auf Ihrem Startbildschirm platzieren sollen, hilft die praktische Funktion *Vorschläge* ❹. Tippen Sie die Option an und aktivieren Sie den Regler bei *Vorschläge auf Startbildschirm*. Dadurch wird die untere App-Reihe ❺ dynamisch mit den zuletzt bzw. am häufigsten genutzten Anwendungen gefüllt. Gekennzeichnet werden diese durch einen bunten Ring um das App-Symbol .

3.8 Widgets verwenden

Mit Widgets werden aktuelle Informationen bereitgestellt oder ein schneller Zugriff auf Anwendungen ermöglicht. Diese finden Sie nur auf den Startbildschirmseiten. Über Widgets erhalten Sie z. B. das aktuelle Wetter, WhatsApp-Nachrichten oder einen Player zum Abspielen von Musik. Widgets sind Apps, die Sie nicht öffnen müssen, um das Wichtigste zu sehen. Sie können in verschiedenen Größen auf dem Startbildschirm angeordnet werden.
Mindestens ein Widget, nämlich die Google Suche ❶, befindet sich bereits auf Ihrem Startbildschirm. In diesem Kapitel erfahren Sie, wie Sie weitere Widgets hinzufügen, einrichten oder auch wieder entfernen.

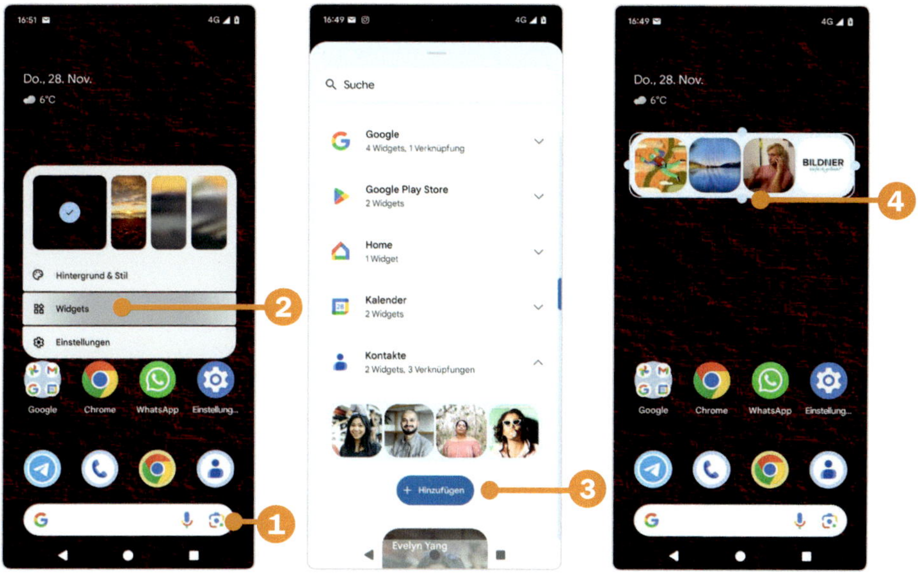

Widgets anzeigen und auswählen

Jede App, die Sie installieren, kann auch ein Widget mitbringen. Im folgenden Beispiel wollen wir ein Widget für *Kontakte* auswählen. Mit diesem Widget erhalten Sie schnell Zugriff auf für Sie wichtige Kontakte. Mehr zum Anlegen und Verwalten von Kontakten erfahren Sie mehr in Kapitel 5 auf Seite 104.

- Tippen Sie etwas länger mit dem Finger auf eine freie Stelle des Startbildschirms bis das Kontextmenü mit der Option *Widgets* ❷ erscheint. Tippen Sie diese an, um eine Liste aller Widgets zu öffnen.
- Wischen Sie in der Liste nach unten bis Sie *Kontakte* finden und tippen Sie den Eintrag an. Ihnen werden nun verschiedene Optionen ange-

boten, z. B. *Bevorzugte Kontakte*, *Einzelner Kontakt* oder *Direktwahl*. Tippen Sie auf *Bevorzugte Kontakte* und wählen Sie *Hinzufügen* ❸.

- Im nächsten Schritt wählen Sie, aus welcher Quelle die Kontaktdaten stammen. Haben Sie bereits Kontaktdaten in Ihrem Google-Account gespeichert, wählen Sie diesen aus; ansonsten wählen Sie *Gerät*.
- Halten Sie das Widget, um es wie eine App am Startbildschirm zu verschieben und auf einer freien Stelle zu platzieren.
- Ziehen Sie an den Punkten, um die Größe und Form ❹ anzupassen.

3.9 Benachrichtigungen verwalten

Sie erhalten eine Vielzahl von Benachrichtigungen verschiedener Apps, z. B. über neue E-Mails, WhatsApp-Nachrichten, Infos aus dem Play Store und vieles mehr. In der Regel ertönt auch ein Signal. Falls Sie von einer App keine Benachrichtigung erhalten möchten, gehen Sie so vor:

- Öffnen Sie die *Einstellungen* ⚙, tippen Sie auf *Benachrichtigungen* und anschließend auf *App-Benachrichtigungen* ❶.

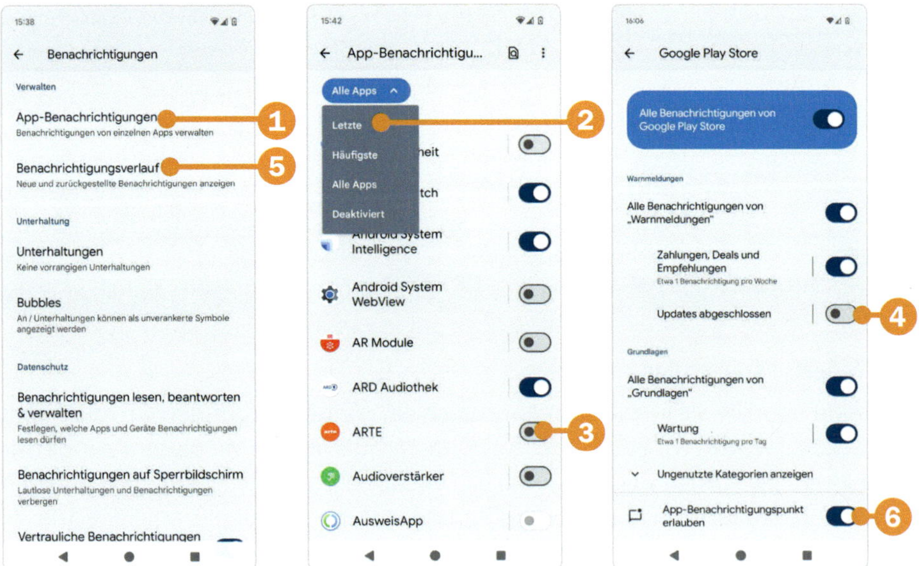

- Im Bereich *Letzte* ❷ sind die letzten Apps, die Ihnen eine Benachrichtigung geschickt haben, aufgeführt. Hier lässt sich neben *Alle Apps* auch nach *Häufigste* und *Deaktiviert* sortieren.

- Durch Tippen auf den Regler ❸ hinter einer App ❼, legen Sie fest, dass Ihnen für diese Anwendung keinerlei Benachrichtigungen mehr angezeigt werden.
- Tippen Sie eine App in der Übersicht an, so können Sie feinere Einstellungen treffen, bei welchen Meldungen Sie benachrichtigt werden und bei welchen nicht. Je nach App stehen hier unterschiedliche Benachrichtigungsarten zum Ein- oder Ausschalten ❹ zur Verfügung.
- Über *Zusätzliche Einstellungen in der App* ganz unten gelangen Sie direkt in die Benachrichtigungseinstellungen der ausgewählten App.

Weitere Benachrichtigungseinstellungen

Oft sammeln sich viele neue Benachrichtigungen in Ihrem Benachrichtigungsfeld. Aus Versehen ist dann schnell einmal etwas gelöscht. Mit dem Benachrichtigungsverlauf haben Sie die Möglichkeit, solche Benachrichtigungen wiederzufinden.

So aktivieren Sie den **Benachrichtigungsverlauf**:

- Öffnen Sie *Einstellungen* ⚙ ▶ *Benachrichtigungen* und tippen Sie auf *Benachrichtigungsverlauf* ❺.
- Durch Antippen des Reglers schalten Sie die Funktion ein. Ab dem Zeitpunkt der Aktivierung werden alle Benachrichtigungen chronologisch dokumentiert und können hier nachgeschlagen werden.

Besonders wichtige Chats lassen sich als **Vorrangige Unterhaltung** markieren:

- Tippen Sie auf *Unterhaltungen* und wählen Sie dort einen Chat.
- Dort ändern Sie den Status von *Standard* auf *Priorität*. Ab sofort werden Benachrichtigung dieses Kontaktes immer oben im Benachrichtigungsbereich angezeigt.

Neben einer akustischen Mitteilung bei neuen Benachrichtigungen lassen sich auch **visuelle Benachrichtigungshinweise aktivieren**:

- Die Funktion *Aufleuchten bei Benachrichtigung* ermöglicht es Ihnen bei einer Benachrichtigung das Kamera-Blitzlicht oder den Bildschirm kurz in einer gewünschten Farbe aufblinken zu lassen.
- Mit *Benachrichtigungspunkt auf App-Symbol* können Sie festlegen, ob an den App-Icons ein Punkt-Indikator angezeigt wird, falls es in der App neue Benachrichtigungen gibt. Voraussetzung hierfür ist jedoch, dass Sie den *App-Benachrichtigungspunkt erlauben* ❻.

4 Alles rund um Apps

Ohne Apps ist das Smartphone nicht zu gebrauchen. Wie man Apps findet, installiert und verwaltet, erfahren Sie in den nächsten Abschnitten.

> **Was sind eigentlich Apps?**
> Eine App (Application) ist eine Anwendungssoftware mit unterschiedlichen Funktionen. Sie können mit Apps Ihr Smartphone erweitern, sodass es zu einem ganz individuellen Gerät wird.

4.1 App im Play Store finden und installieren

Apps erhalten Sie im Play Store. Teilweise werden Ihnen Apps auch über Webseiten angeboten. Davon würden wir abraten, da Sie so die Kontrollfunktionen des Stores nicht nutzen und es wahrscheinlicher wird, sich samt der App Schadsoftware zu installieren. Wir zeigen Ihnen hier, wie Sie den Play Store von Google verwenden. Hier finden Sie alle Apps, die Sie benötigen. Öffnen Sie die App *Play Store*:

- **Stöbern:** Unterteilt ist der Store in *Spiele*, *Apps*, *Suche* und *Bücher* ❶. Damit treffen Sie schon einmal eine grobe Auswahl. Diese Kategorien sind oben durch weitere Register ❷ untergliedert, mit denen Sie die Auswahl konkretisieren. Durch vertikales Wischen zeigen Sie die verschiedenen Inhalte an. Wenn Sie ein Bereich interessiert, tippen Sie auf → ❸.
- **Etwas Bestimmtes finden:** Tippen Sie auf *Suche* und geben Sie anschließend im Suchfeld ❹ über die Tastatur den Namen der App ein, z. B. WhatsApp. Sie müssen den Begriff meist gar nicht ausschreiben, weil eine Liste mit Vorschlägen angezeigt wird, aus der Sie durch Antippen auswählen. Für mehr Informationen tippen Sie auf den Namen der gesuchten App ❺. Beachten Sie, dass es sich beim ersten Suchergebnis stets um eine Werbeanzeige für andere Anwendungen handelt.
- **Suchanfrage mit Trefferliste:** Anstatt des Namens der App können Sie in das Suchfeld auch eingeben, was Sie tun möchten, z. B. *Vögel bestimmen*. Sie erhalten eine Trefferliste ❻ mit passenden Apps, aus der Sie eine auswählen können.

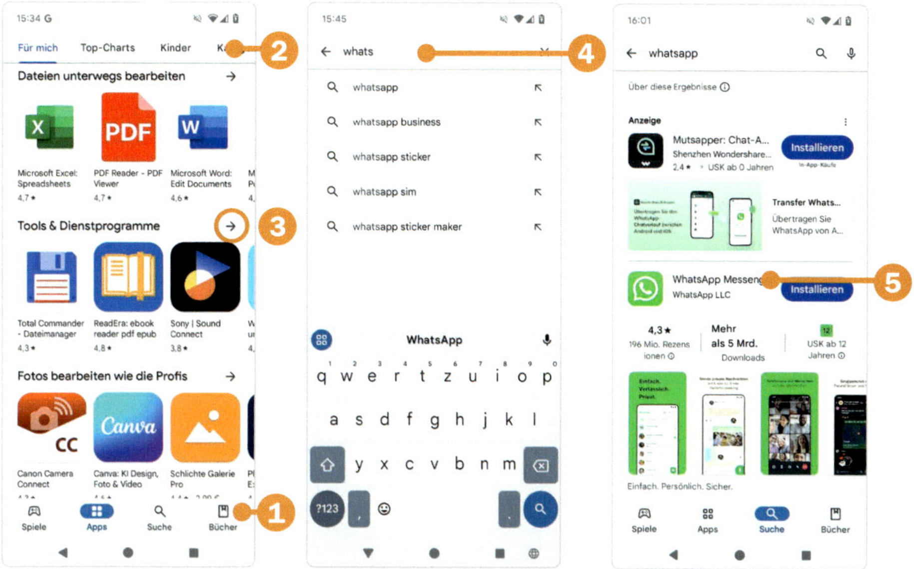

- Nach dem Antippen einer App erhalten Sie **weitere Infos**:
  - Oben sehen Sie die Rezensionssterne, also wie viele Sterne von möglichen 5, von anderen Nutzern vergeben wurden. Daneben sind die Downloads 7 aufgeführt. Wenn eine große Anzahl an Menschen die App installiert hat, ist das zwar nicht immer ein Qualitätskriterium, aber als Hinweis nützlich.
  - Wischen Sie vertikal über den Bildschirm und erfahren Sie mehr *Über diese App*, erhalten Sie Infos zur *Datensicherheit* oder lesen Sie *Bewertungen & Rezensionen*. Gerade aus den Kritikpunkten anderer, erfährt man oft Nützliches, z. B. dass die App nur mit einem Abo funktioniert.
  - Über das Pfeilsymbol hinter den einzelnen Bereich → gelangen Sie zu ausführlicheren Beschreibungen. Bei *Datensicherheit* 8 erfahren Sie z. B. welche Daten genau erhoben 9 und ob sie an Dritte weitergegeben werden.
- Bei Nichtgefallen gelangen Sie mit der Zurück-Taste oder dem Pfeil links oben ← 10 wieder zur Übersicht der App, dann zur Trefferliste und letztendlich zur Startseite. Sollte der Pfeil nicht angezeigt werden, streichen Sie über den Display vertikal nach unten.

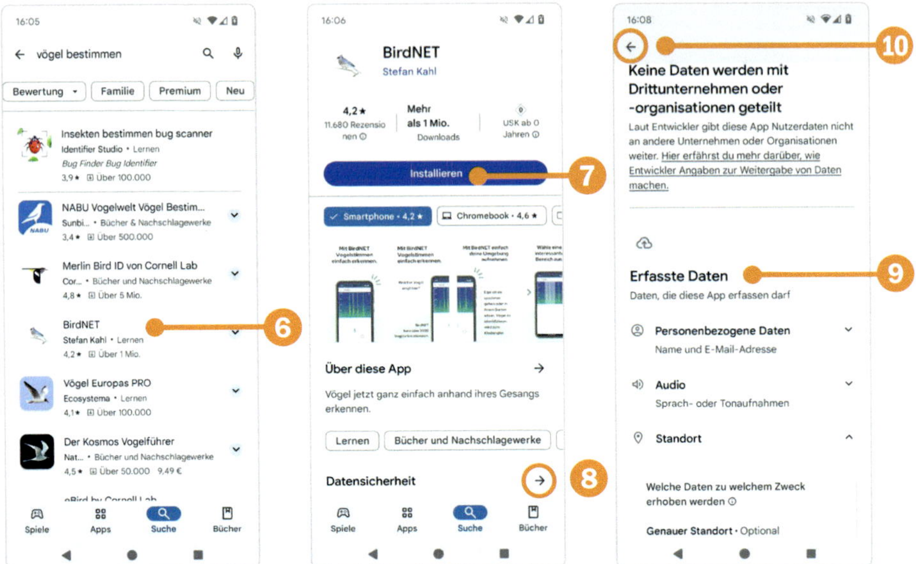

App installieren

- **Kostenlose App:** Durch Anklicken der Schaltfläche *Installieren* ❶ starten Sie die Installation. Nach Abschluss tippen Sie auf *Öffnen*.

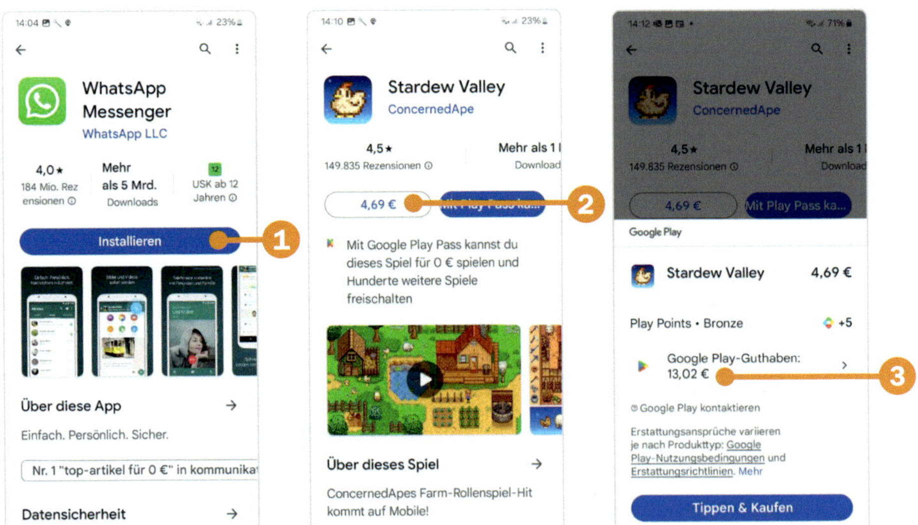

- **Kostenpflichtige App:** Tippen Sie auf die Preisschaltfläche ❷ (vorige Seite). Dann tippen Sie auf *Zustimmen*. Im nächsten Fenster sehen Sie nochmals den Preis der App und wie viel Guthaben ❸ Ihnen gegebenenfalls zur Verfügung steht (zum Guthaben erfahren Sie gleich mehr).

  Tippen Sie auf *Tippen & Kaufen*. Im nächsten Schritt müssen Sie den Kauf bestätigen, entweder durch das Kennwort Ihres Google-Kontos oder (falls so vereinbart) durch einen Fingerabdruck. Unter Umständen erhalten Sie einen Hinweis auf ein Google Play Pass Probeabo. Tippen Sie auf *Nein, danke*. Warten Sie, bis die Installation beendet ist, dann kann die App geöffnet werden.

Zahlungsmethoden für den Play Store - Geschenkkarte einlösen

Im Play Store gibt es viele kostenlose Apps. Sie werden also nicht sofort in die Verlegenheit kommen, für eine App bezahlen zu müssen. Kostenlose Apps beinhalten oft Werbung oder bieten In-App-Käufe an.

Über viele Apps haben Sie Zugriff auf einen gesonderten Store der zusätzliche Funktionen gegen Zahlung eines einmaligen Betrags zur Verfügung stellt. Dieses Prinzip nennt man **In-App-Käufe**. Dazu zählt auch, dass statt einer Einmalzahlung ein Monats- oder Jahresabonnement angeboten wird.

Manche Apps können auch als kostenlose Testversion heruntergeladen werden. Dann steht die App nur für einen bestimmten Zeitraum zur Verfügung und kann nach Ablauf der Testzeit nicht mehr verwendet werden, außer sie wird gekauft oder ein Abo wird abgeschlossen. In diesem Zusammenhang ist der Übergang zum Abonnement in manchen Fällen fliesend. Es kann sein, dass Sie eine App, die Sie als Testversion heruntergeladen haben, während des Testzeitraums kündigen müssen, da sich an die Testzeit automatisch ein Abonnement anschließt.

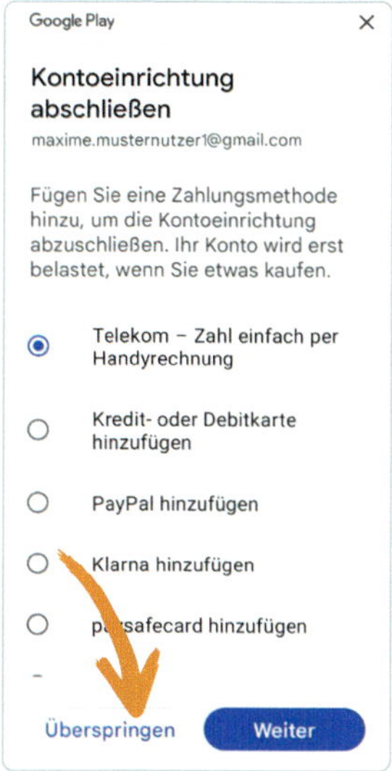

Um hier Bescheid zu wissen, sollten Sie bei der Installation von Apps, die einzelnen Hinweise genau lesen. Ein Abonnement ist grundsätzlich nichts Schlechtes viele Fitness-Apps, Zeitungen oder Musik-Apps stellen ihre Inhalte im Rahmen eines Abos zur Verfügung. Wichtig ist zu wissen, dass man gerade ein Abonnement abschließt.

Es gibt eine Reihe von Zahlungsmöglichkeiten, die für den Play Store hinterlegt werden können, z. B. Kreditkarte oder ein PayPal-Konto. Unter Umständen werden Sie beim Herunterladen kostenloser Apps gebeten, die Kontoeinrichtung für den Play Store abzuschließen. Sie müssen aber keine Zahlungsmethode hinterlegen, wenn Sie nicht möchten. Wählen Sie einfach, falls die Meldung erscheint, *Überspringen* (Grafik vorige Seite) aus.

Falls Sie doch einmal etwas kaufen möchten, empfehlen wir die **Google Play Geschenkkarte** mit Gutscheincode. Diese kann in Super- und Elektromärkten sowie Drogerien gekauft werden. Es gibt sie schon ab einem Preis von 5 €. Den Preis lesen Sie in der rechten oberen Ecke des Gutscheins ab.

- Um den Wert der Geschenkkarte Ihrem Konto gutzuschreiben, tippen Sie im Play Store oben rechts auf Ihr Profil ❶, wählen *Zahlungen und Abos* ❷ und anschließend *Code einlösen* aus. Ziehen Sie auf der Rückseite der Geschenkkarte den Streifen über dem Code ab. Geben oder scannen Sie den Code ❸ ein und tippen auf *Einlösen*.

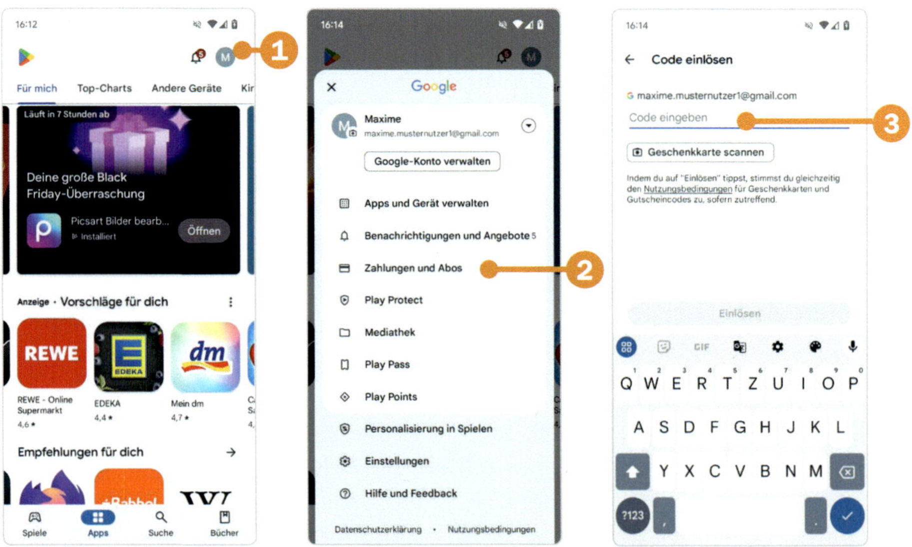

Wenn Sie viele Abos über den Play Store verwalten, ist es sinnvoller eine andere Zahlungsmethode als die Gutscheinkarte zu hinterlegen, um sicherzustellen, dass der Abobetrag bei Fälligkeit auch abgezogen werden kann.

4.2 App löschen

Eine Reihe von Apps sind schon auf Ihrem Smartphone installiert und werden auch dringend benötigt, z. B. Telefon, Kontakte, Kamera, Einstellungen etc. Diese können gar nicht deinstalliert werden.

Die meisten vorinstallierte Apps können Sie von Ihrem Gerät entfernen, falls Sie diese nicht verwenden möchten. Auch alle von Ihnen selbst installierten Apps können jederzeit wieder deinstalliert werden. Manche Apps, wie YouTube Music, können zwar nicht deinstalliert, aber deaktiviert werden.

- Tippen Sie etwas länger auf eine App, schieben Sie dann das Symbol auf *Deinstallieren* ❶ und bestätigen Sie mit *OK*. Dabei ist es unerheblich, ob Sie die App auf dem Startbildschirm oder App-Bildschirm antippen.
- Mit *Entfernen* ❷ löschen Sie nur die Verknüpfung auf Ihrem Startbildschirm, die App bleibt jedoch auf Ihrem Gerät installiert.

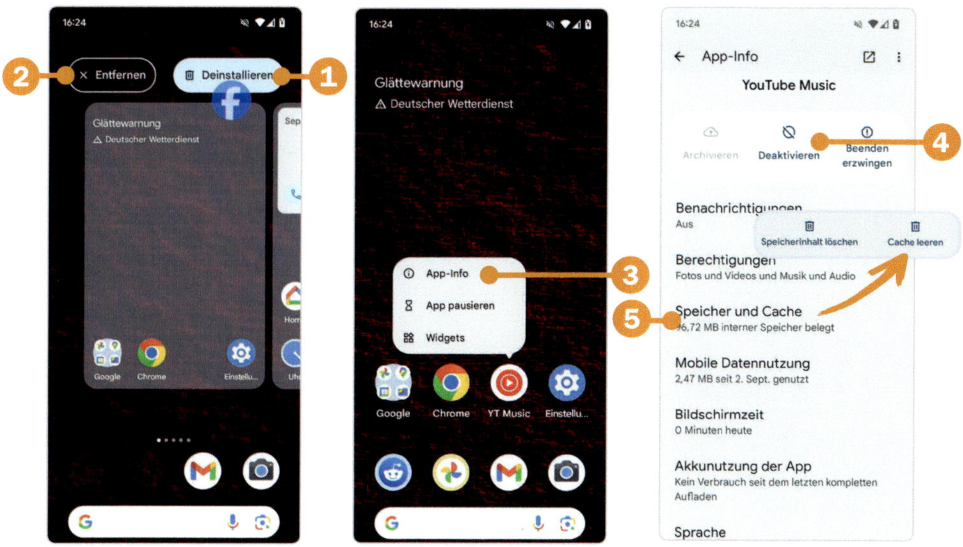

Startbildschirm **App-Bildschirm** **App-Info**

- Tippen Sie bei einer nicht deinstallierbaren App im Kontextmenü auf *App-Info* ⓘ ❸, um diese zumindest zu *Deaktivieren* ❹. In der App-Info finden Sie auch die Möglichkeit, Apps zu *Archivieren*. Eine archivierte App wird zwar deinstalliert, jedoch bleiben persönliche App-Daten auf Ihrem Telefon gespeichert. Bei einer Neuinstallation muss diese App dann nicht neu eingerichtet werden. Mehr dazu auf Seite 101.

App-Cache löschen: Neben den für die App getroffenen Einstellungen sehen Sie in der App-Info wie viel *Speicherplatz* die Anwendung benötigt. Tippen Sie auf *Speicher & Cache* ❺ ▶ *Cache leeren*, um nicht mehr benötigte Dateien zu entfernen und Speicherplatz freizumachen. Mit *Daten löschen* wird die App vollständig zurückgesetzt und deren gesamter Inhalt gelöscht.

4.3 App auf dem Smartphone suchen

Alle installierten Apps werden auf dem App-Bildschirm angezeigt. Je mehr Apps da sind, umso schwieriger wird es, die gewünschte zu finden. Hier hilft dann die Suchleiste, die oben im App-Bildschirm angezeigt wird:

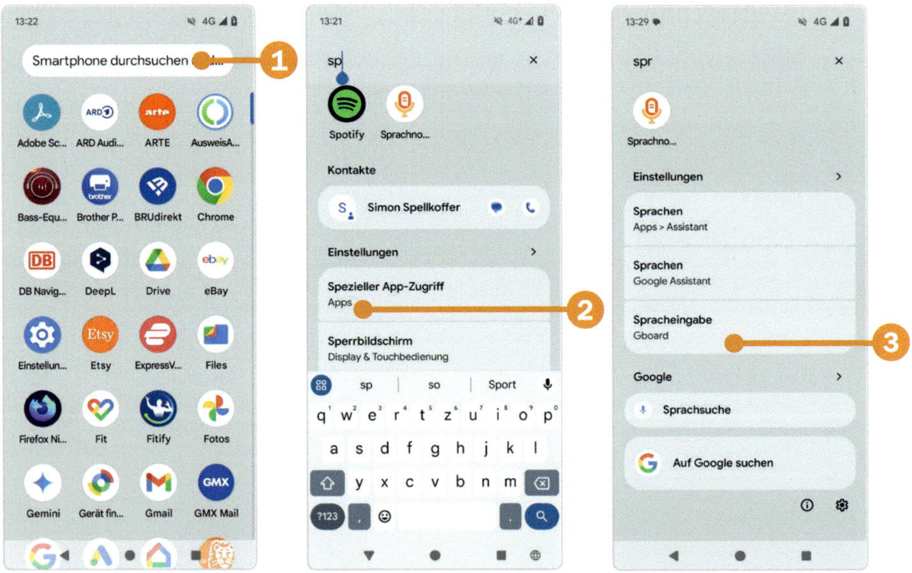

- Zeigen Sie den App-Bildschirm an und tippen Sie den Namen der gesuchten App oben in die Suchleiste ❶ ein. Dazu passende Apps werden automatisch angezeigt. Tippen Sie die gewünschte Anwendungen an, um sie zu öffnen.
- Über dieses Suchfeld können Sie ebenso Kontakte und Einstelloptionen (in der App *Einstellungen*) ❷ finden. Durch Antippen der gefundenen Option öffnen Sie die *Einstellungen* in der passenden Kategorie.

- Über das Zahnrad ❸ gelangen Sie zu den Sucheinstellungen. Dort können Sie unter anderem festlegen, ob bei der Suche auch gleich Google-Ergebnisse mit angezeigt werden, sofern eine Internetverbindung besteht. Außerdem können Sie hier Ihre Suchergebnisse verwalten, also festlegen in welchen Bereichen Ihres Telefons gesucht wird.

4.4 Standard-Apps festlegen

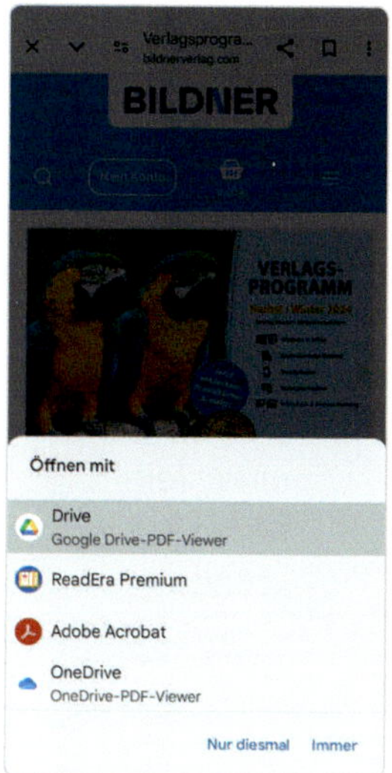

Zur Anzeige von E-Mails benötigen Sie eine E-Mail-App. Um PDF-Dateien zu betrachten, wird ein PDF-Viewer gebraucht und um Internetseiten aufzurufen, muss eine Browser-App installiert sein. Immer wenn mehrere Anwendungen für eine Aufgabe zur Verfügung stehen, werden Sie gebeten, eine Standard-App auszuwählen.

Beispiel: Sie möchten den Inhalt eines PDFs auf dem Handy anzeigen. Das ist mit mehreren Apps möglich, mit welcher entscheiden Sie. Dazu erhalten Sie eine Abfrage wie in der Abbildung:

- Damit Sie diese Anzeige nicht immer wieder erhalten, müssen Sie sich für eine App entscheiden, z. B. den Google Drive PDF-Viewer. Tippen Sie die App an und wählen *Immer*.
- Wer sich noch nicht gleich entscheiden mag, tippt die gewünschte App an und dann auf *Nur diesmal*. Dann können Sie ausprobieren, ob Ihnen die App zusagt. Das bedeutet aber auch, dass Sie beim nächsten Mal wieder gefragt werden.

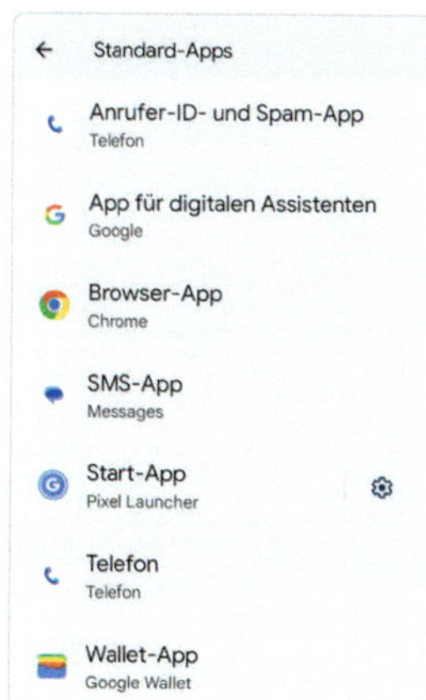

Die getroffene Wahl der Standard-App lässt sich in den *Einstellungen* ▶ *Apps* ▶ *Standard-Apps auswählen* ändern bzw. in der *App-Info* der jeweiligen Anwendung unter *Festlegen als Standard* ▶ *Standardwerte löschen* wieder rückgängig machen.

4.5 Updates

Sowohl die installierten Apps als auch die Systemsoftware Ihres Smartphones erhalten von Zeit zu Zeit Aktualisierungen, um Sicherheitslücken zu schließen, Fehler zu beheben, bestehende Funktionen zu verbessern oder neue hinzuzufügen. Die Updates im Auge zu behalten, ist nicht nur aus Gründen der Sicherheit wichtig. Updates sollten auch in regelmäßigen Abständen heruntergeladen werden, um den vollen Funktionsumfang zu erhalten. Wenn zu viele Updates über einen langen Zeitraum verpasst werden, treten vermehrt Fehler auf.

Android-Systemupdates und Sicherheitsupdates

System- und Sicherheitsupdates werden bei bestehender WLAN-Verbindung meistens automatisch heruntergeladen. Auf die Notwendigkeit, ein Software-Update durchzuführen, werden Sie dann durch eine Einblendung auf dem Bildschirm aufmerksam gemacht.

- Wenn Sie das Update direkt installieren möchten, tippen Sie auf *Herunterladen & installieren* ❶. Beachten Sie aber unbedingt:
  - Sie können während des Updates das Smartphone nicht verwenden.
  - Der Akkustand muss mindestens 20% betragen.
  - Das Handy wird neu gestartet. Sie benötigen also die PIN der SIM-Karte, um das Gerät zu entsperren.
  - Das Update nimmt keine Änderung an Ihren gespeicherten Daten (Fotos, Nachrichten, Adressen usw.) vor. Bei jeder Installation verbleibt allerdings ein Restrisiko. Sie können also Daten vorher sichern.
- Während der Installation kann der Bildschirm auch schwarz werden. Die meiste Zeit sehen Sie einen Fortschrittsbalken. Am Ende der Installation wird das Smartphone neu gestartet. Geben Sie jetzt die PIN der SIM-Karte ein.
- **Update verschieben:** Wenn Sie das Update momentan nicht durchführen möchten, klicken Sie einfach auf den Home-Button. Natürlich ist aufgeschoben nicht aufgehoben. Sie sollten das Update zeitnah installieren. Sie werden in den darauffolgenden Tagen auch erneut darauf hingewiesen.

- **Nach Updates suchen:** In den *Einstellungen* ⚙ unter *System* ▶ *Softwareupdates* ❷ überprüfen Sie, ob neue *System-* oder *App-Updates* zur Verfügung stehen. Unter *Einstellungen* ⚙ ▶ *Datenschutz & Sicherheit* ▶ *System & Updates* kontrollieren Sie, ob neue *Sicherheitsupdates* ❸ oder *Google Play-Systemupdates* installiert werden können.

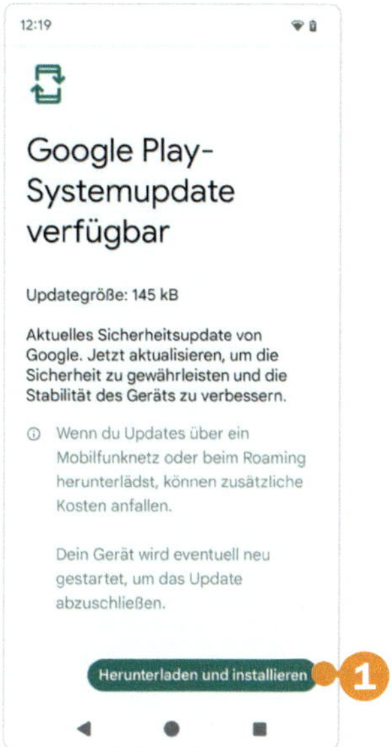

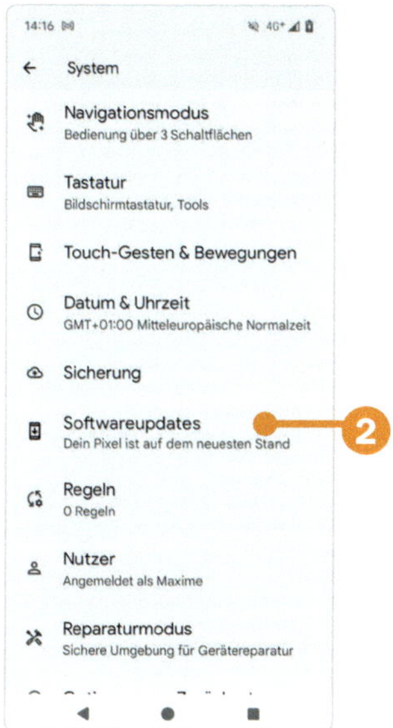

Apps aktualisieren im Play Store

Updates Ihrer installierten Apps erhalten Sie über den Play Store. Hier sollten Sie festlegen, dass Updates nur automatisch heruntergeladen werden, wenn Ihr Smartphone mit einem WLAN verbunden ist. Das ist die Standardeinstellung. Folgend zeigen wir, wie Sie sich vergewissern, dass diese auch bei Ihrem Telefon festgelegt ist.

- Öffnen Sie den Play Store ▶.
- Tippen Sie nun rechts oben auf Ihr Profil.
- Wählen Sie anschließenden *Einstellungen* ❶ und dann die *Netzwerkeinstellungen* ❷.

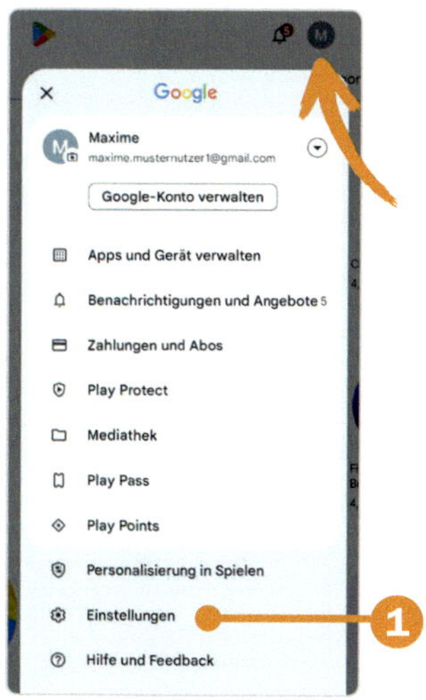

- Bei *Apps automatisch aktualisieren* ❸ sollte folgender Text stehen: *Automatische App-Updates nur über WLAN zulassen*. Sie sollten Updates und Apps am besten nur über WLAN installieren, da sonst das Datenvolumen des Mobilfunkvertrags zu stark belastet wird.
- Falls das nicht der Fall ist, tippen Sie auf *Apps automatisch aktualisieren* und wählen *Nur über WLAN* aus. Bestätigen Sie durch Tippen auf *OK*.

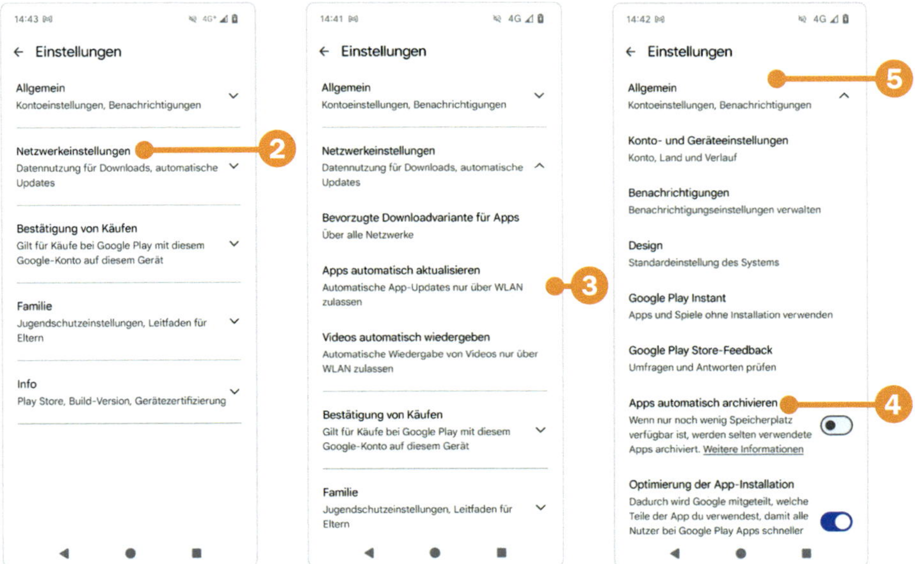

- Die Einstellungen verlassen Sie wieder über die Zurück-Taste.

Apps automatisch archivieren

Haben Sie nicht mehr viel freien Speicherplatz auf Ihrem Gerät zur Verfügung, so können Sie unter *Allgemein* ❹ den Schieberegler bei *Apps automatisch archivieren* einschalten. Dadurch werden, sobald der Speicherplatz zu neige geht, selten verwendete Anwendungen von allein archiviert. Beim Archivieren wird die App-Software sowie temporäre Daten von Ihrem Gerät entfernt, Ihre wichtigen App-Daten selbst bleiben jedoch erhalten. Dadurch können Sie die App zu einem späteren Zeitpunkt unkompliziert neuinstallieren und direkt wieder so weiternutzen als wäre diese nie von Ihrem Gerät gelöscht gewesen.

Sie können jederzeit eine Aktualisierung auch manuell anstoßen. So geht's:

- Rufen Sie im Play Store Ihr Profil ❶ rechts oben auf und wählen Sie *Apps und Gerät verwalten* ❷ aus.
- Im Register *Übersicht* ❸ wird angezeigt, ob Updates verfügbar sind. Dieses Register ist standardmäßig ausgewählt. Tippen Sie auf *Details ansehen* ❹, um die ausstehenden Updates anzuzeigen. Hier haben Sie nun auch die Wahl, nur bestimmte Apps zu aktualisieren.
- Mit *Alle aktualisieren* laden Sie alle Updates herunter.

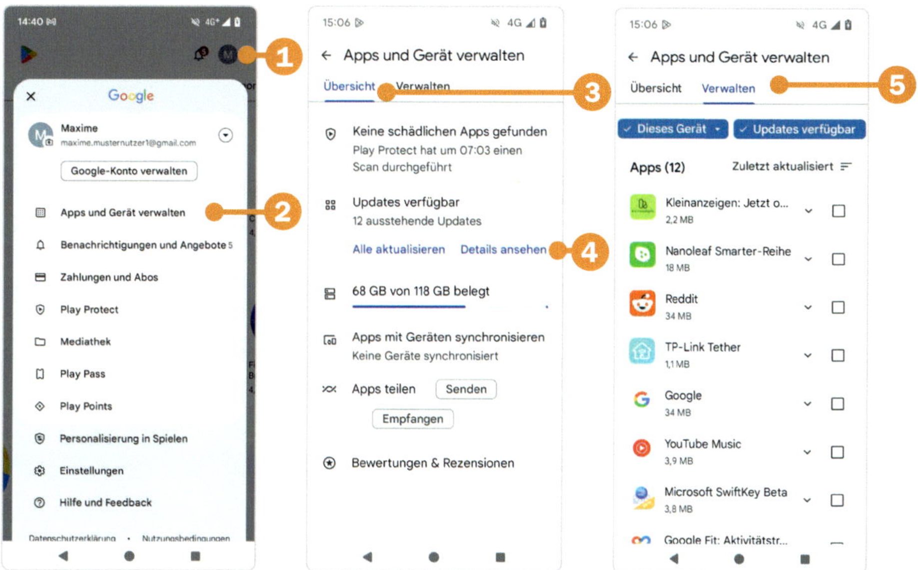

- Unter *Verwalten* ❺ finden Sie alle Apps, die Sie jemals über den Play Store installiert haben. Hier können Sie alle heruntergeladenen Anwendungen nach Häufigkeit der Nutzung, Zeitpunkt der letzten Aktualisierung oder nach Größe sortieren.

5 Tatsächlich telefonieren

5.1 Das Adressbuch verwalten

Das Adressbuch finden Sie auf Ihrem Smartphone in Form der App *Kontakte*. Falls Sie beim Öffnen der App schon Kontakte vorfinden, haben Sie diese unter Umständen bereits in Ihrem Gmail-Konto, vielleicht im Zuge des Schreibens von E-Mails, hinterlegt oder auf Ihrer SIM-Karte gespeichert.

Kontakte abspeichern

- Öffnen Sie die Kontakte-App .
- Um einen neuen Kontakt einzuspeichern, tippen Sie auf + ❶.

  Kontaktdaten können Sie auch ganz leicht über die App *Telefon* durch Antippen von ❷ einspeichern. Geben Sie entweder zuerst über das Zahlenfeld die Telefonnummer ein oder tippen Sie direkt auf *Neuen Kontakt erstellen* ❸. Kontakte aus der *Kontakte*-App werden ebenfalls in der *Telefon*-App unter *Kontakte* angezeigt.

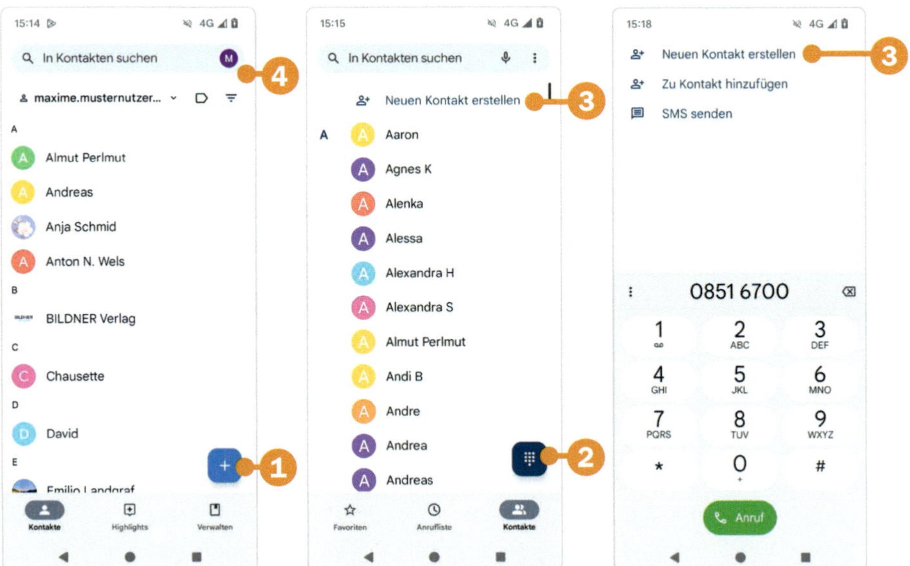

- Gespeichert werden neue Kontakte standardmäßig in Ihrem Google-Account. Dies bietet den Vorteil, dass Ihre Kontakte extern gesichert sind und z. B. bei Verlust des Telefons weiterhin zur Verfügung stehen. Möchten Sie die Kontaktdaten nur lokal auf Ihrem Smartphone hinterlegen, müssen Sie dies in den *Kontakte-Einstellungen* festlegen. Tippen Sie hierzu rechts oben auf Ihr Profil ④ und wählen Sie unter *Standardkonto für neue Kontakte* ▶ *Gerät* (Interner Speicher des Smartphones).

- **Foto:** Durch Antippen des Symbols ⑤ knipsen Sie ein neues Bild oder fügen über die Galerie dem Kontakt ein bereits vorhandenes Foto hinzu.
- **Name:** Geben Sie den Vor- und Nachnamen ein.
- **Telefonnummer:** Tippen Sie in das Feld *Telefon*, um eine Telefonnummer einzugeben. Beachten Sie, dass jede Nummer mindestens mit Ortsvorwahl eingegeben werden muss. Besser ist es, auch die Ländervorwahl zu hinterlegen. Durch längeres Drücken der Null wird ein Pluszeichen für +49 eingefügt. Dann folgt die Vorwahl ohne Führungsnull.
- Sobald Sie eine Telefonnummer eingegeben haben, können Sie weitere *Telefonnummer hinzufügen* ⑥ und diese mit verschiedenen Labels, wie *Mobil*, *Geschäftlich*, *Privat* etc. ⑦ markieren. Mit dem Minus-Symbol entfernen Sie einen Eintrag wieder.

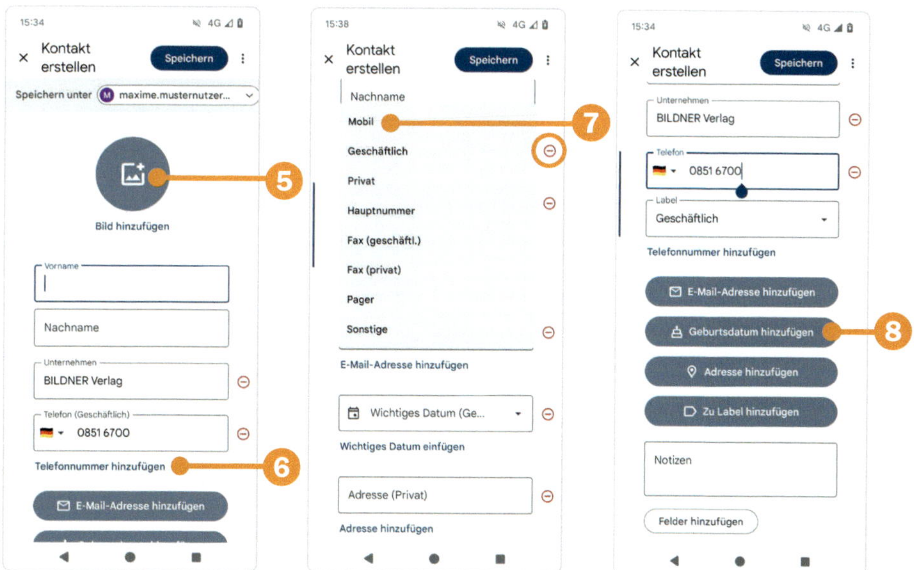

- Unterhalb der Telefonnummer finden Sie weitere Felder, wie *E-Mail-Adresse*, *Geburtsdatum* ⑧, *Adresse* oder *Label*, die Sie hinzufügen und ergänzen können. Mit *Felder hinzufügen* erhalten Sie eine erweiterte Auswahl, z.B. *Alias*, *Website* oder *Benutzerdefinierte Felder*.
- Um den Kontakt abzuspeichern, tippen Sie auf *Speichern*. Die Kontakte sind standardmäßig nach dem Vornamen alphabetisch sortiert.

So vergessen Sie keine Geburtstage!
Wenn Sie einen Kontakt in Ihrem Adressbuch anlegen, können Sie gleich dessen Geburtstag eintragen, der anschließend auch in der Kalender-App zu sehen ist. Tippen Sie auf *Geburtsdatum hinzufügen* ▶ *Wichtiges Datum*, wenn Sie möchten *Inklusive Jahr*. Anschließend bewegen Sie den Finger auf dem Bildschirm von unten nach oben und umgekehrt, um Tag, Monat und Jahr auszuwählen. Bestätigen Sie mit *Festlegen*. Zusätzlich können Sie dann die *Geburtstagserinnerung* in der Kontakte-App einschalten (siehe Abbildung unten rechts).

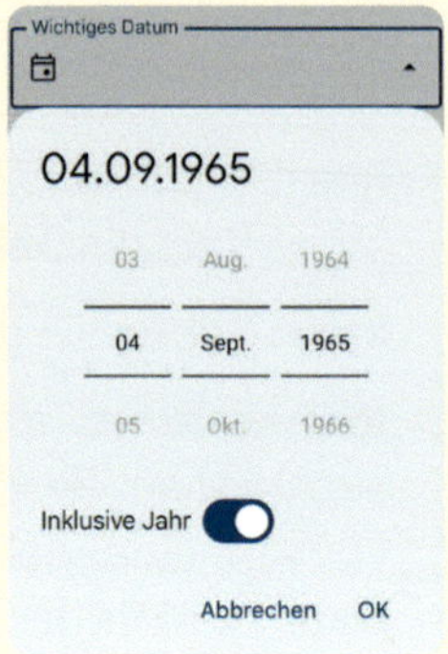

Kontakte bearbeiten und löschen

Kontakt bearbeiten: Manchmal kommt es vor, dass sich Details zu einem Kontakt ändern oder Sie etwas ergänzen möchten. Wie Sie diesen bearbeiten, erfahren Sie hier:

- Öffnen Sie den Kontakt in Ihrem Adressbuch durch Antippen und wählen Sie *Bearbeiten* ❶ aus.
- Ändern Sie nun Inhalte oder fügen Sie neue hinzu.
- Bestätigen Sie Ihre Änderungen mit *Speichern* ❷.

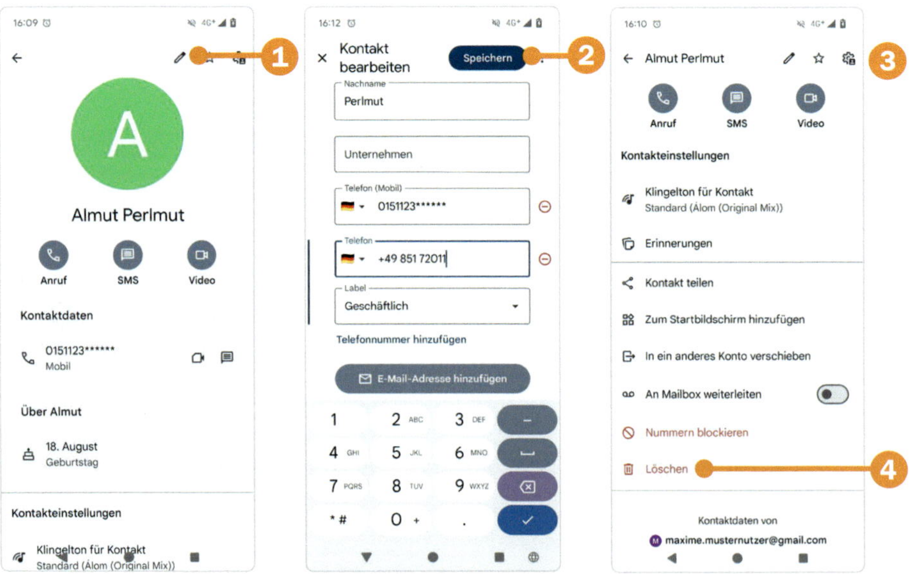

Kontakt löschen:

- Öffnen Sie den Kontakt und tippen Sie rechts oben auf ❸,um direkt nach unten zu den *Kontakteinstellungen* zu springen.
- Wählen Sie dort *Löschen* ❹ und bestätigen Sie mit *In Papierkorb verschieben*.

Kontakt favorisieren

Einige Kontakte sind wichtiger als andere – diese können als Favoriten markiert werden. Dadurch werden die „bevorzugten Kontakte" in einer eigenen Rubrik sowohl in der App Kontakte als auch in der App Telefon ❶ angezeigt und man muss nicht lange suchen.

- Zeigen Sie den Kontakt, den Sie als Favorit hinzufügen möchten, in der App Kontakte an.
- Tippen Sie nun auf das Stern-Symbol ❷, um diesen Kontakt zu favorisieren. Der Kontakt wird jetzt oben ❸ in der Kontakte-Liste angezeigt.

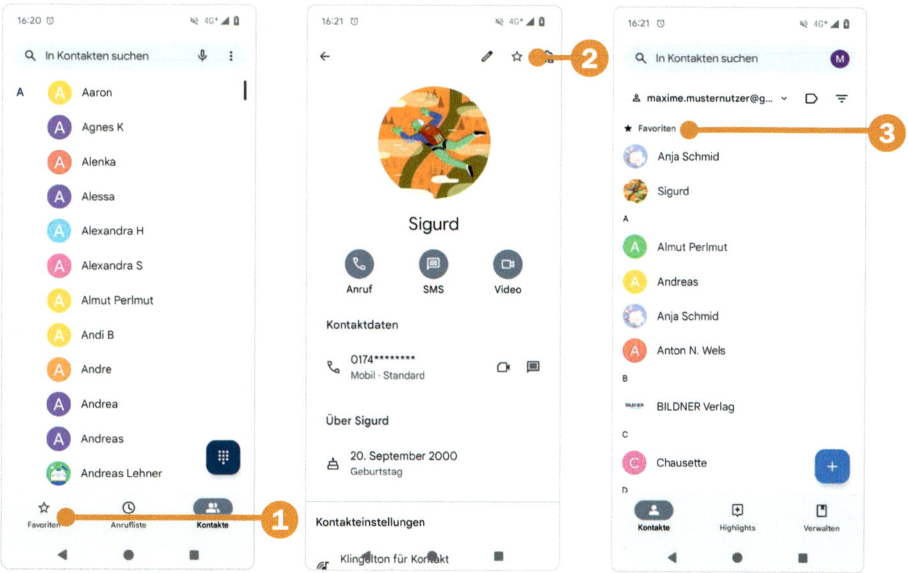

Versehentlich angetippte Favoritensterne können Sie durch nochmaliges antippen wieder „entfavorisieren".

Hilfe im Notfall

In einer Notsituation müssen Sie oder ein Helfer für einen Anruf bei Polizei, Rettungsdienst oder Feuerwehr nicht Ihr Smartphone entsperren.

- Zeigen Sie durch Drücken der Funktionstaste den Sperrbildschirm an, streichen Sie über den Bildschirm und tippen Sie im unteren Bereich auf *Notruf* ❶.
- Geben Sie die europaweit gültige Notrufnummer 112 ein und starten Sie den Anruf mit [Anruf-Symbol] ❷. Andere Telefonnummern können zwar eingetippt werden, eine Verbindung wird aber nur zu Notfalldiensten hergestellt.

Wenn Sie auf *Notrufinformationen anzeigen* ❸ tippen, können Sie darüber hinaus hier bis zu fünf persönliche Notfallkontakte und weitere Informationen hinterlegen. So können Ersthelfer schneller Angehörige erreichen und grundlegende medizinische Informationen ❹, wie Blutgruppe, Allergien, Medikamente usw. einsehen. Beides kann angezeigt werden, ohne dass das Smartphone entsperrt werden muss - wenn Sie Ihr Smartphone verlieren, natürlich auch von unbefugten Personen.

- Um den Notfallkontakt zu erreichen, tippen Sie den Kontakt ❺ an.

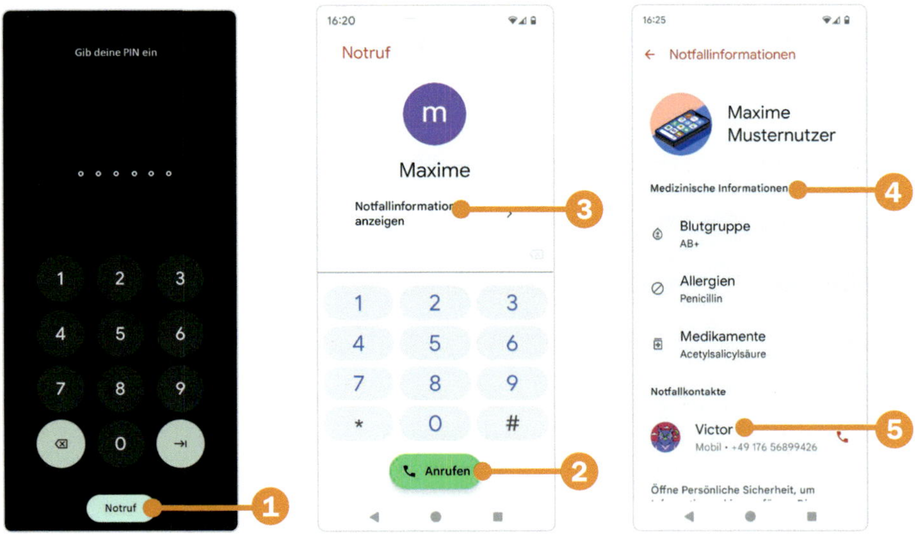

Notfallinformationen hinterlegen

- Wählen Sie in den *Einstellungen* ▶ *Notfälle & Sicherheit* ❻ den Eintrag *Medizinische Daten* ❼.
- Sie erhalten ein Formular, in das Sie wichtige medizinische Daten, Ihre Adresse oder Ihren Organspender-Status eintragen können.
- So wählen Sie *Notfallkontakte* ❽ aus:
  - Tippen Sie auf *Kontakt hinzufügen* ❾.
  - In der folgenden Liste wählen Sie einen Kontakt. Ist bei einem Kontakt mehr als eine Nummer hinterlegt, wählen eine der Nummern durch Antippen aus.
  - Wiederholen Sie den Vorgang, um weitere Notfallkontakte zu hinterlegen.

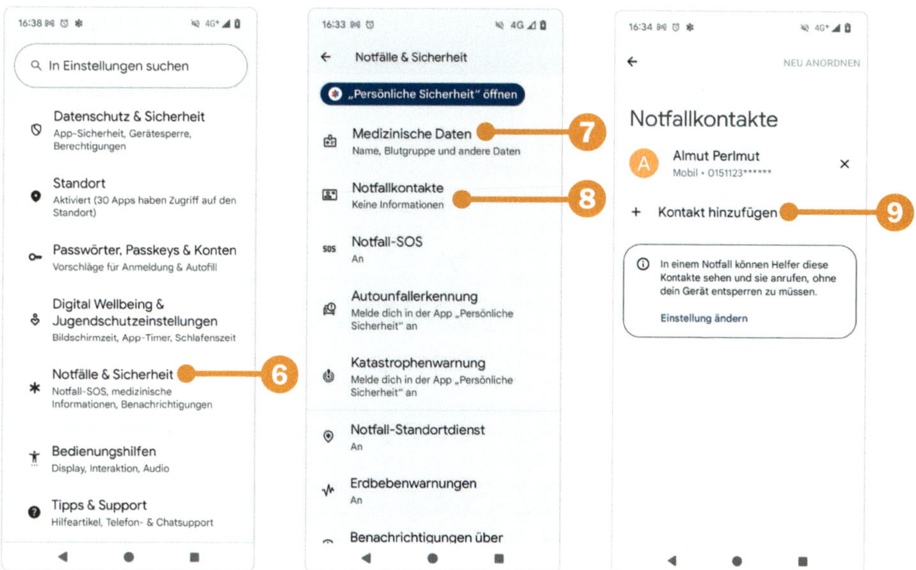

Tipp: Neben den *Notfallinformationen* lassen sich unter *Notfälle & Sicherheit* noch weitere Features, wie beispielsweise die *Katastrophen-* und *Erdbebenwarnung*, der *Notfall-Standortdienst* als auch Warnungen vor unbekannten Bluetooth-Trackern, aktivieren.

5.2 Freunde und Familie anrufen

In der App *Telefon* gibt es mit den drei Rubriken *Favoriten*, *Anrufliste* und *Kontakte* verschiedene Möglichkeiten, jemanden anzurufen.

Telefonnummer eintippen

Mit der Auswahl *Tastatur* können Sie eine Nummer einfach eintippen. Beachten Sie, dass Sie immer die Vorwahl eingeben müssen. Tippen Sie anschließend zum Verbindungsaufbau auf *Anruf*. Mit der Löschen-Taste können Sie einen Tippfehler entfernen.

Aus der Anrufliste auswählen

Unter *Anrufliste* ❶ sind alle verpassten bzw. angenommenen Anrufe vermerkt. Auch ausgehende Anrufe finden Sie hier. Wenn Sie einen Kontakt eingespeichert haben, wird in der Liste der Name der Person angezeigt, sonst die Nummer. Telefonate mit derselben Person werden zusammengefasst, z. B. zwei Anrufe von Samantha werden mit *Samantha (2)* hinterlegt. Über das Drei-Punkte-Menü oben recht gelangen Sie zu einer ausführlicheren Version der *Anrufliste* ❷. Auf verpasste Anrufe werden Sie ebenfalls durch einen Punkt am App-Symbol aufmerksam gemacht.

- Wollen Sie einen Kontakt erneut anrufen, tippen Sie in der Anrufliste einfach auf den Hörer ❸ hinter dem Eintrag.

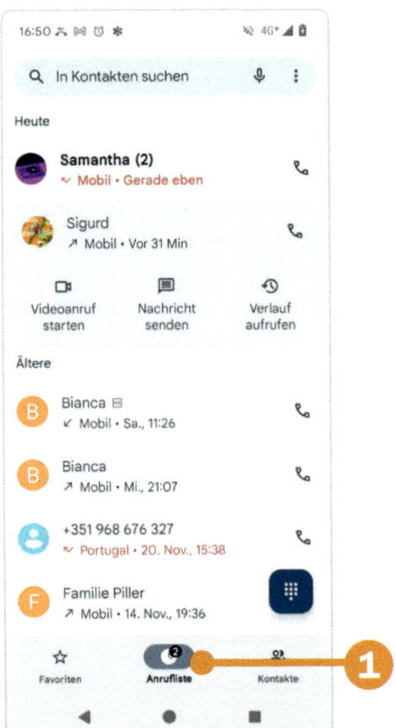

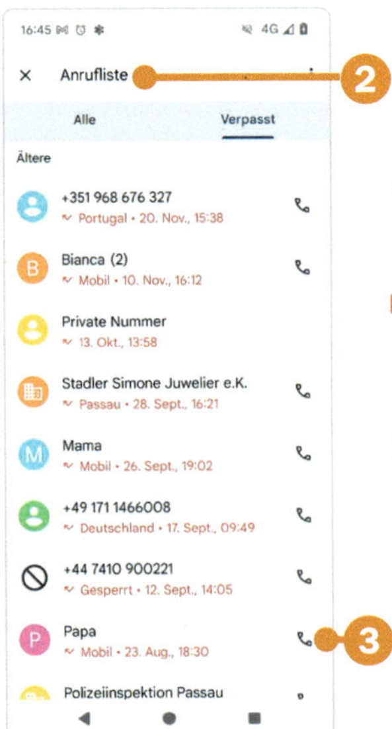

↗ Dieser Anruf wurde von Ihnen getätigt.

Verpasster Anruf

↙ Sie wurden angerufen und haben den Anruf angenommen.

Achtung! Sollten Sie die Nummer nicht kennen, ist beim Rückruf Vorsicht geboten. Mit einer Rückrufmasche versuchen Betrüger Sie zu verleiten, bei kostenpflichtigen Telefonnummern anzurufen und Sie durch unverständliche Bandansagen oder Warteschleifen möglichst lang in der Leitung zu halten. So ein Anruf kann dann mehrere Euro pro Minute kosten. Meist werden dazu ausländische Telefonnummern verwendet, deren Ländervorwahl deutschen Ortsvorwahlen ähnelt, z. B. +241 Gabun (0241 Aachen), +351 Portugal (351 Dresden) oder Sonderrufnummern wie die 00882 oder 00883. Prüfen Sie am besten in den *Einstellungen* der Telefon-App, ob die Funktion *Anrufer-ID und Spam* eingeschaltet ist. Diese Option identifiziert zwar nicht alle betrügerischen Anrufe, aber zumindest bei bereits weitläufig bekannten Nummern werden Sie vor dem Annehmen des Telefonats gewarnt.

Aus den Kontakten auswählen

Bei *Kontakte* ❹ (siehe Abbildung auf der nächsten Seite) wählen Sie einen eingespeicherten Kontakt aus.

- Zum „Blättern" durch die Kontaktliste streichen Sie vertikal über den Bildschirm.
- Die Liste ist alphabetisch nach Vornamen sortiert. In den *Einstellungen* können Sie unter *Anzeigeoptionen* die Sortierung ändern.
- Durch Antippen des gewünschten Kontakts wird der Hörer ❺ zum Verbindungsaufbau angezeigt. Tippen Sie diesen an, um die Person anzurufen.

Mehr als nur telefonieren: Wenn Sie einen Kontakt in Ihrem Adressbuch aufrufen, können Sie diesen nicht einfach nur über einen Sprachanruf kontaktieren, sondern Sie haben auch die Möglichkeit, eine SMS oder, falls eine Mail-Adresse hinterlegt ist, eine E-Mail zu verfassen. Haben Sie die App *Google Meet* installiert, können auch Videoanrufe ❻ getätigt werden. Mit der *Standortfreigabe* haben Sie darüber hinaus die Möglichkeit dem Kontakt Ihren Standort in Echtzeit mitzuteilen, entweder für eine Stunde oder bis Sie die Freigabe wieder deaktivieren. Voraussetzung hierfür ist, dass Sie Google Maps den Zugriff auf Ihre Standortinformationen dauerhaft erteilen. Der Kontakt sieht Ihre Position dann als Bewegungspunkt auf der Karte in der App.

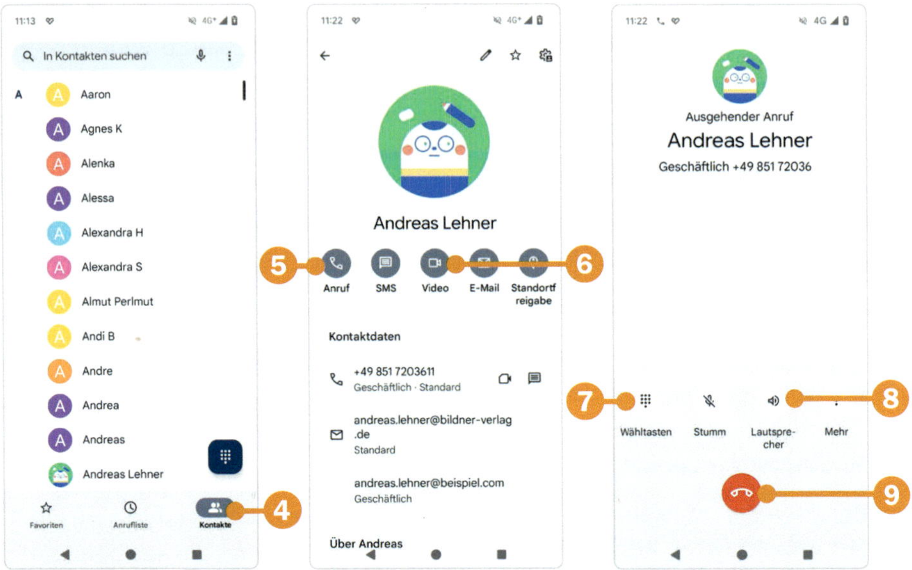

Anruf durchführen

- Durch Antippen von *Wähltasten* 7 erhalten Sie im Gespräch ein Ziffernfeld. Für Anrufe bei Behörden oder Firmen wird die Zuteilung des korrekten Ansprechpartners zum Teil durch Eingabe von Nummern gelöst: „Für Fragen zu einer Rechnung tippen Sie die 1."
- Während des Telefonats können Sie den Anruf über die *Stumm-Taste* kurz stummschalten, dann werden Sie nicht gehört. Mit *Lautsprecher* 8 schalten Sie den Lautsprecher ein und müssen das Smartphone nicht mehr ans Ohr halten. Das ist ganz praktisch, wenn Sie sich in einer Telefonwarteschlange befinden oder andere das Gespräch mithören sollen. Durch nochmaliges Antippen schalten Sie die Stummschaltung bzw. den Lautsprecher wieder aus.
- Tippen Sie den roten Hörer 9 an, um das Gespräch zu beenden.

5.3 Anruf annehmen oder nicht?

- **Annehmen:** Wenn Sie einen Anruf erhalten, tippen Sie auf den Hörer ❶ und ziehen ihn nach oben. Das ist auch möglich, wenn das Smartphone gerade gesperrt ist.

  Wenn Sie ein Anruf erreicht, während Sie gerade am Handy sind, wird der Anrufhinweis nur oben eingeblendet. Dann nehmen Sie das Gespräch mit *Annehmen* an oder weisen es mit *Ablehnen* ab. Mit *Anruf prüfen* ❷ wird der Anrufer mit einer KI-Stimme verbunden und dessen Worte transkribiert. Sie können dann aus mehreren Fragen auswählen, die der Anrufer zuerst beantworten muss, bevor Sie entscheiden, ob Sie den Anruf annehmen oder ablehnen.

- **Ablehnen:** Haben Sie gerade keine Zeit, dann ziehen Sie den Hörer nach unten. Oder geben Sie dem Anrufer via SMS Bescheid, dass Sie den Anruf nicht entgegennehmen können: Dazu tippen Sie auf *Nachricht* ❸ und wählen einen Textvorschlag ❹ durch Antippen aus.

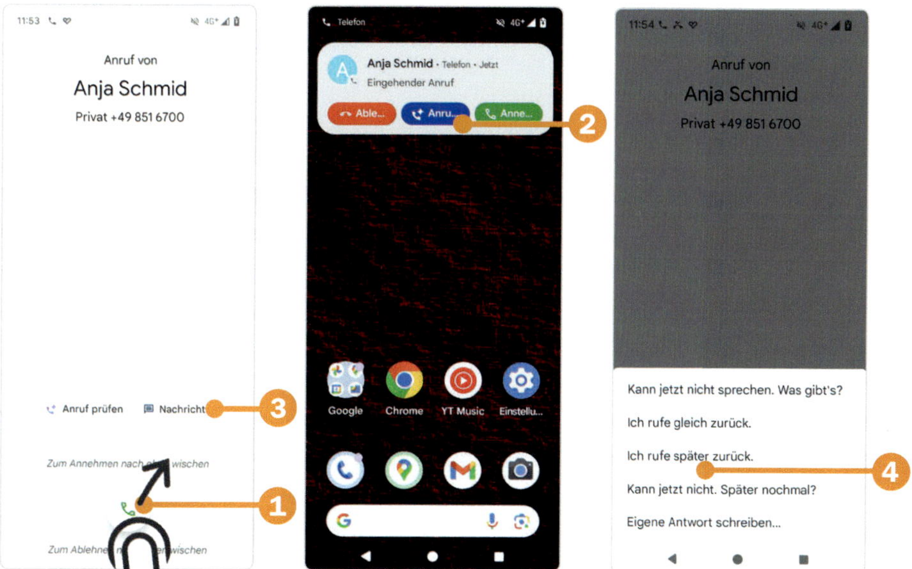

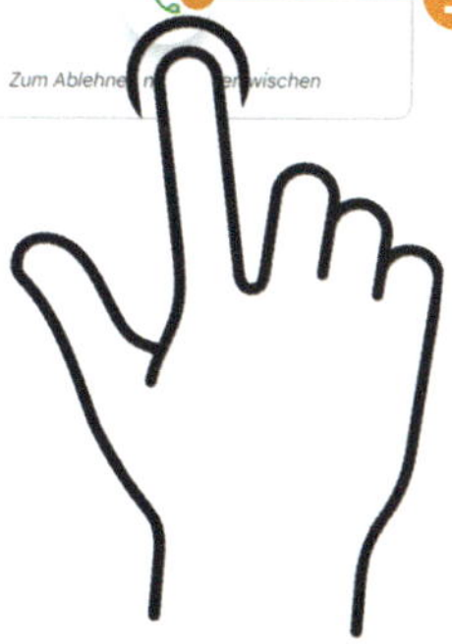

Mist! Meine Handynummer vergessen ...
Öffnen Sie die *Einstellungen* und zeigen Sie ganz unten die Kategorie *Telefoninfo* an. Hier finden Sie Ihre Telefonnummer.

6 Nachrichten und Fotos versenden

SMS, E-Mails und WhatsApp-Nachrichten erleichtern die Kommunikation mit Familie und Freunden ungemein. Ein kurzer Text getippt, schnell auf Senden gedrückt und sofort kommt die Nachricht beim Empfänger an. In diesem Kapitel werden die Apps *Nachrichten*, *Gmail* und *WhatsApp* vorgestellt.

6.1 SMS versenden und empfangen

Eine SMS (**S**hort **M**essage **S**ervice - Kurznachrichtendienst) ist eine Mitteilung, die 160 Zeichen lang ist. Umfasst Ihre Nachricht mehr Zeichen, wird automatisch eine zweite verschickt. Der Versand von SMS kann zusätzliche Kosten verursachen, ist aber auch bei vielen Anbietern kostenlos. Hier müssen Sie einen Blick in Ihren Vertrag werfen.

Trotz vieler anderer Kommunikations-Apps, wie WhatsApp, hat die SMS immer noch ihre Berechtigung. Sie erhalten Informationen Ihres Mobilfunkanbieters als SMS, z. B. eine Benachrichtigung, wenn Sie sich in einem ausländischen Netz befinden. Auch Zugriffscodes werden via SMS versendet. Der große Vorteil der SMS ist, dass Sie für das Versenden nur eine Verbindung zum Mobilfunknetz benötigen. Die SMS bietet damit zuverlässige Erreichbarkeit. Es muss weder mobiles Internet (mobile Datenverbindung) noch WLAN zur Verfügung stehen.

Die Nachrichten-App *Messages* von Google , die Sie zum Austausch von SMS verwenden können, unterstützt auch RCS (**R**ich **C**ommunication **S**ervices). Dabei handelt es sich um einen Chat-Austausch (ähnlich WhatsApp), aber zwischen Android-Geräten. Der Chat bietet verschiedene Vorteile: keine Zeichenbegrenzung, Gruppenchats sind möglich, Versenden von Videos, Emojis und Sprachnachrichten sowie eine Anzeige, ob die Nachricht gelesen wurde. Für das Versenden einer Chat-Nachricht (RCS) benötigen Sie eine mobile Datenverbindung oder WLAN. Chat-Nachrichten reduzieren Ihr mobiles Datenvolumen, außer Sie sind mit einem WLAN verbunden. Nicht alle Smartphones sind RCS-fähig (beispielsweise iPhones mit iOS 17 und darunter) und auch nicht jeder hat die Funktion auf dem Gerät aktiviert. In diesem Fall wird dann automatisch eine normale SMS versandt.

SMS bzw. Chat versenden

So versenden Sie eine SMS über die Nachrichten-App von Google, die auf Ihrem Smartphone als Standard-SMS-App vorausgewählt ist:

- Öffnen Sie *Messages* auf Ihrem Startbildschirm. Tippen Sie auf die Schaltfläche *Chat starten* ❶ und geben Sie bei *An* den Namen der Person ein. Schon nach den ersten Buchstaben erhalten Sie eine Trefferliste. Wählen Sie den passenden Kontakt durch Antippen aus.
- Falls Sie mit der Person bereits Nachrichten ausgetauscht haben, können Sie die vorhandene Unterhaltung ❷ durch Antippen anzeigen und der Empfänger ist bereits eingetragen.
- Über ❸ fügen Sie weitere Kontakte zur Unterhaltung hinzu. Sofern alle Mitglieder über ein RCS-fähiges Gerät verfügen, wird ein Gruppen-Chat gestartet, ansonsten eine Massen-SMS versendet.
- Tippen Sie in das Textfeld und verfassen Sie Ihre Nachricht. Ob Sie eine SMS oder eine Chat-Nachricht senden, ist leicht an der Senden-Schaltfläche zu erkennen: SMS für SMS und ❹ für Chat.

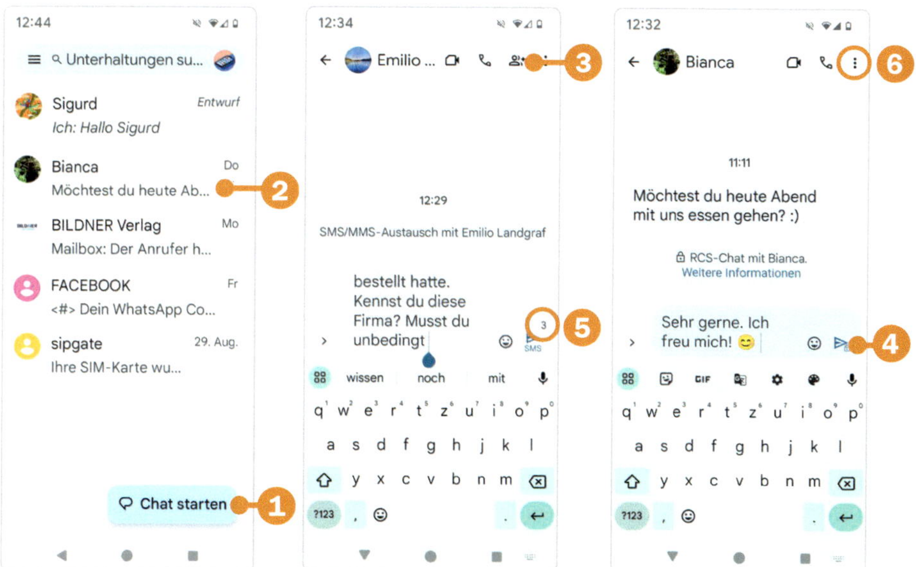

> **Tipp:** Wenn Sie eine lange Nachricht als SMS schreiben, erscheint rechts neben der Nachricht eine Zahl, z. B. *3* ❺. Dies zeigt an, dass Sie noch zwei Zeichen zur Verfügung haben, bis eine zweite SMS versendet wird. Dazu gehören selbstverständlich auch Leerzeichen. Sie können einfach weiterschreiben. Die zweite Nachricht umfasst dann nur noch 145 Zeichen.

Falls Sie auf Chatnachrichten verzichten und in der ausgewählten Unterhaltung (also im Einzelchat mit einer Person) nur SMS versenden möchten, tippen Sie oben rechts auf das Drei-Punkte-Symbol ⋮ ❻ und wählen *Details* aus. Hier ziehen Sie den Regler bei *Nur SMS und MMS senden* auf *Ein*. Verschlüsselt übertragen werden Ihre Nachrichten jedoch nur als RCS-Chat.

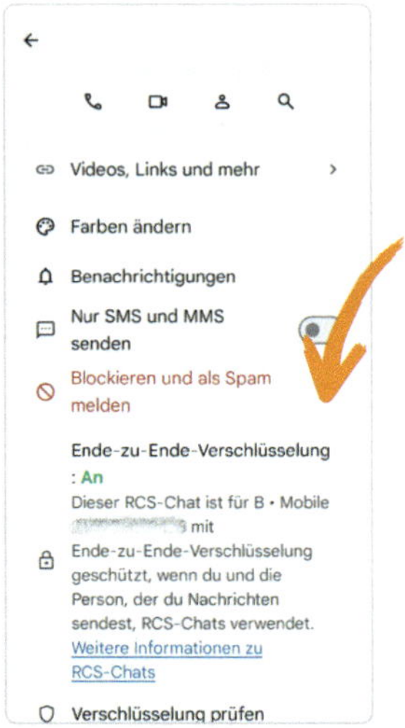

Fotos verschicken: Zum Versenden von Fotos tippen Sie auf 🖼 und dann auf *Galerie*. Sie erhalten Zugriff auf Ihre Bilder und können durch Antippen das gewünschte auswählen. Bestätigen Sie dann mit *Hinzufügen*. Jetzt können Sie eine Nachricht eintippen.

Für das Versenden einer MMS (SMS mit Multimedia-Inhalt) fallen zusätzliche Kosten an. Wird eine RCS-Chat-Nachricht versandt, reduziert das zusätzliche Bild das Datenvolumen stärker, außer Sie sind über WLAN verbunden.

SMS erhalten

Auf den Eingang einer SMS werden Sie im Benachrichtigungsfeld und durch einen Punkt am App-Symbol hingewiesen.

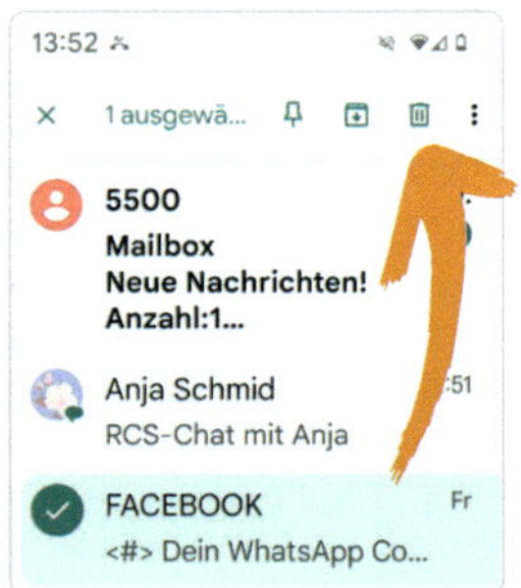

Nach dem Öffnen der App sehen Sie Ihre Nachrichten. Ungelesene sind fett markiert. Durch Antippen öffnen Sie diese und können im Nachrichtenfeld antworten.

Mit der Zurück-Taste gelangen Sie wieder zur Übersicht.

Unterhaltung löschen

Um einen Chat zu löschen, tippen Sie ihn etwas länger an und wählen oben das Papierkorb-Symbol 🗑.

6.2 Über E-Mails kommunizieren

Zum Verfassen und Empfangen von E-Mails empfehlen wir die Nutzung von *Gmail*, da hier bereits die Daten Ihres Benutzerkontos, welche Sie während der Einrichtung des Handys eingegeben haben, hinterlegt sind. Sie können sofort loslegen.

Vielleicht erledigen Sie den Großteil des E-Mail-Verkehrs am PC. Dennoch ist es praktisch, auch einmal schnell eine E-Mail am Smartphone zu lesen. Sie können dasselbe Konto mit Ihrem Smartphone und dem Computer verbinden.

- Sie finden die App *Gmail* im Ordner *Google* auf dem Startbildschirm. Zum Öffnen tippen Sie den Ordner an und wählen *Gmail*.

Beim ersten Öffnen der App wird oben die hinterlegte Gmail-Adresse angezeigt. Hier könnten auch noch weitere E-Mail-Adressen hinzugefügt werden. Darauf verzichten wir. Tippen Sie unten auf *Weiter zu Gmail*. Sie können Gmail erlauben, Ihnen Benachrichtigungen zu senden. Dann werden Sie über den Eingang neuer E-Mails informiert.

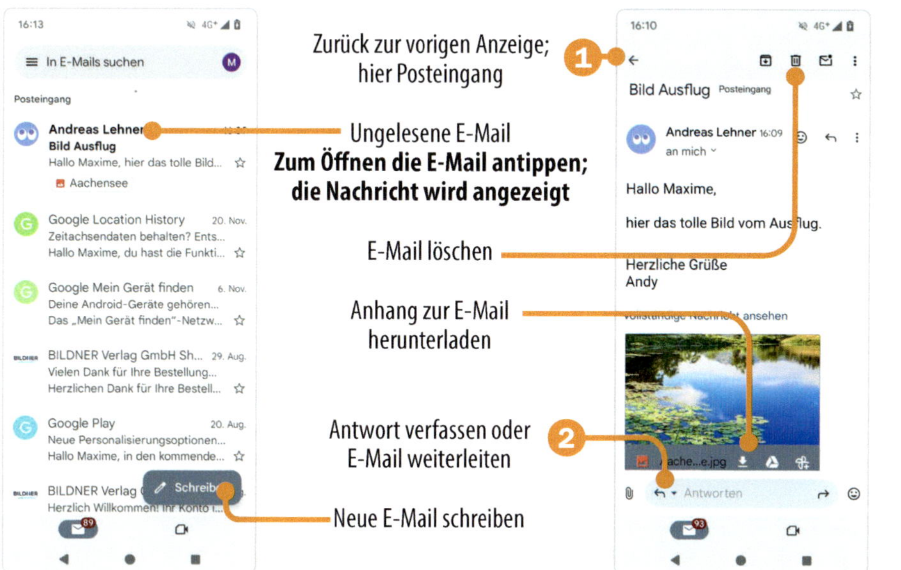

Posteingang
Anzeige aller aktuellen E-Mails

Inhalt einer E-Mail
Anzeige der ausgewählten E-Mail

Neue E-Mail lesen und beantworten

E-Mail erhalten

Dass eine neue E-Mail eingetroffen ist, sehen Sie schon an der angezeigten Nummer beim Gmail-Symbol. Öffnen Sie die Gmail-App im Ordner *Google*. Der Posteingang wird automatisch angezeigt. Neue E-Mails finden Sie immer ganz oben in der Liste. Sie blättern durch vertikales Wischen durch die Liste.

- Zum Lesen des Inhalts tippen Sie die neue E-Mail an. Mit der Zurück-Taste ❶ (Grafik vorige Seite) gelangen Sie wieder zur Übersicht.

Eine Antwort verfassen

Um eine E-Mail zu beantworten, tippen Sie in der geöffneten E-Mail in das Feld *Antworten* ❷. Dadurch wird ein kleines Textfeld angezeigt, in das Sie Ihre Nachricht tippen können. Tippen Sie links davon auf ↩ ❸, öffnen sich die Optionen *Weiterleiten* und *Empfänger hinzufügen*. Mit ⤢ ❹ erweitern Sie das Textfeld. Der Absender der Nachricht wird automatisch im Feld *An* eingetragen. Der Betreff wird mit dem Zusatz *Re* ❺ übernommen. Schreiben Sie Ihren Nachrichtentext und tippen Sie zum Versenden auf ▷.

Eine E-Mail kann an mehrere Personen versendet werden. Möchten Sie allen Personen dieselbe Antwort zukommen lassen, tippen Sie auf *Allen antworten*.

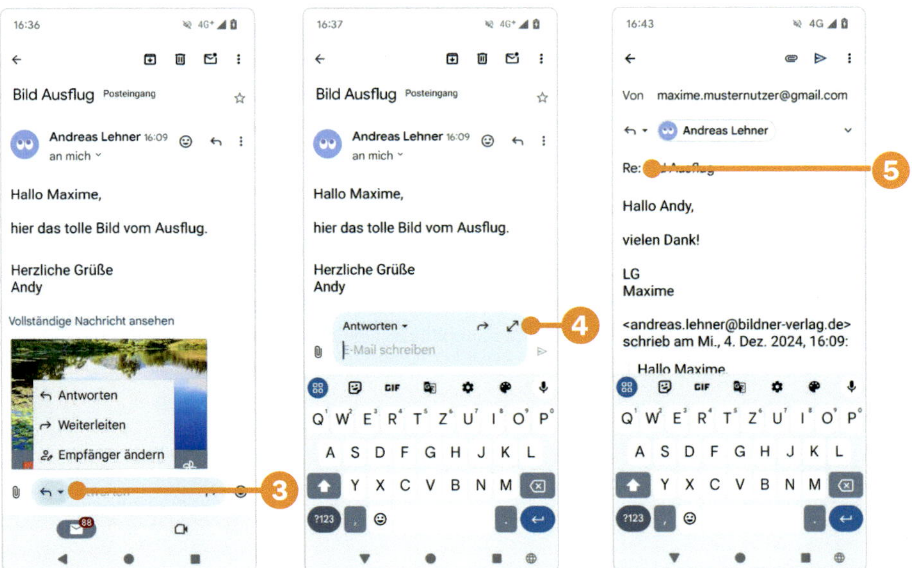

Neue E-Mail schreiben

Tippen Sie auf *Schreiben* und tragen Sie im Feld *An* die E-Mail-Adresse des Empfängers ein. Bestätigen Sie die Adresse ggf. durch Antippen von *Empfänger hinzufügen*. Beim Eingeben der ersten Buchstaben erhalten Sie meist schon Vorschläge für mögliche Empfänger. Tippen Sie einen Vorschlag an, um diesen zu übernehmen. Tippen Sie dann auf *Betreff* und geben Sie einen kurzen Hinweis ein. Berühren Sie das Feld darunter, um den eigentlichen Nachrichtentext zu verfassen, und tippen Sie dann auf ⊳.

Foto oder Video versenden

Mit dem Klammer-Symbol ⑥ können Sie via Gmail Dateien (Fotos, kurze Videos etc.) versenden. Wählen Sie nach Antippen der Klammer *Datei anhängen* aus und navigieren Sie zu Ihrem Bilderordner. Durch Antippen öffnen Sie den Ordner und wählen das Bild aus. Dieses sehen Sie dann am Ende der E-Mail und können es durch Antippen von *x* ⑦ auch wieder entfernen. Die Nachricht versenden Sie wie gewohnt.

E-Mail löschen

Durch längeres Antippen einer E-Mail erhalten Sie weitere Bearbeitungsmöglichkeiten. Tippen Sie auf das Papierkorb-Symbol ⑧ oben rechts, um die markierte E-Mail zu löschen. Die gelöschte E-Mail verbleibt 30 Tage im Papierkorb und wird dann endgültig gelöscht.

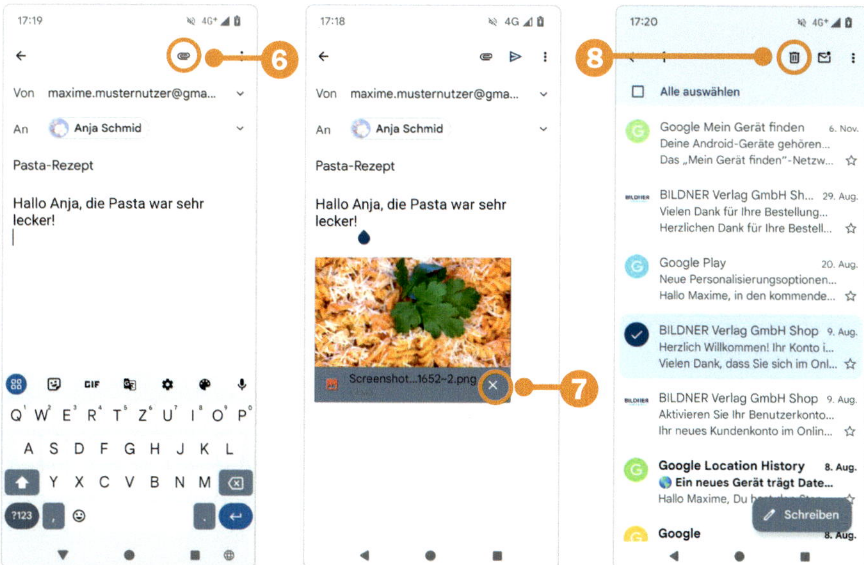

6.3 Nachrichten über WhatsApp

Via WhatsApp tauschen Sie Nachrichten, Bilder und Videos aus. WhatsApp-Nachrichten haben die SMS abgelöst, schließlich ist dieser Dienst kostenlos, man kann ganz einfach Fotos und Videos versenden und sogar Sprach- und Videoanrufe per WhatsApp tätigen. Zunächst muss die App aus dem Play Store heruntergeladen werden. Wie das geht, haben Sie bereits auf Seite 92 erfahren. Sie können natürlich auch andere Nachrichtendienste, wie Signal oder Threema, verwenden.

WhatsApp einrichten

- Nach dem Öffnen müssen Sie zunächst eine Sprache bestimmen. Standardmäßig ist die Gerätesprache bereits ausgewählt. Tippen Sie auf → ❶, um fortzufahren.
- Stimmen Sie im nächsten Schritt den Nutzungsbedingungen mit *Zustimmen und fortfahren* ❷ zu. Um diese zu lesen, tippen Sie auf die farbig hinterlegten Worte und zeigen mit der Zurück-Taste danach wieder WhatsApp an. Im Anschluss entscheiden Sie, ob WhatsApp Ihnen Benachrichtigungen senden darf.
- **Telefonnummer eintragen:** Tragen Sie dann Ihre Telefonnummer ein ❸. Beachten Sie, dass der Ländercode *+49* automatisch vorangestellt wird. Dadurch entfällt die erste Null Ihrer Telefonnummer. Tippen Sie auf *Weiter* und bestätigen Sie die Richtigkeit der Nummer mit *Ja*. Zur Verifikation der Telefonnummer wird eine SMS gesendet und in der Regel auch gleich übernommen. Ansonsten tippen Sie den sechsstelligen Code ein. Wenn Sie keine SMS erhalten haben, überprüfen Sie die angezeigte Telefonnummer. Hat sich ein Tippfehler eingeschlichen, dann tippen Sie auf *Falsche Nummer?*. Ist die Nummer richtig, wählen Sie entweder *SMS erneut senden* oder *Anrufen lassen*.

Berechtigungen erteilen: Tippen Sie auf *Weiter* ❹, um die verschiedenen Berechtigungen zu erteilen. Den Zugriff auf die Kontakte sollten Sie mit *Zulassen* erlauben, sonst können Sie WhatsApp nicht nutzen. Den Zugriff auf Musik- und Audiodateien können Sie auch auf später verschieben und erst einmal *Nicht zulassen*. Wenn Sie Bilder über WhatsApp versenden möchten, müssen Sie auch den Zugriff auf Fotos erlauben. Hier können Sie die Rechte auf bestimmte Fotos beschränken. Dazu tippen Sie auf *Eingeschränkten Zugriff zulassen* ❺ und wählen im nächsten Schritt ein Foto aus, z. B. Ihr Profilbild und bestätigen mit auf *Erlauben*. So verwehren Sie WhatsApp den Zugriff auf Ihre Bilder, müssen dann aber für jedes Bild, das Sie versenden, einzeln den Zugriff gewähren. Mit der Option *Vollen Zugriff auswählen* 6 hat WhatsApp Zugriff auf Ihr gesamtes Fotomaterial. Sie wägen hier ab zwischen Pragmatismus und Datenschutz.

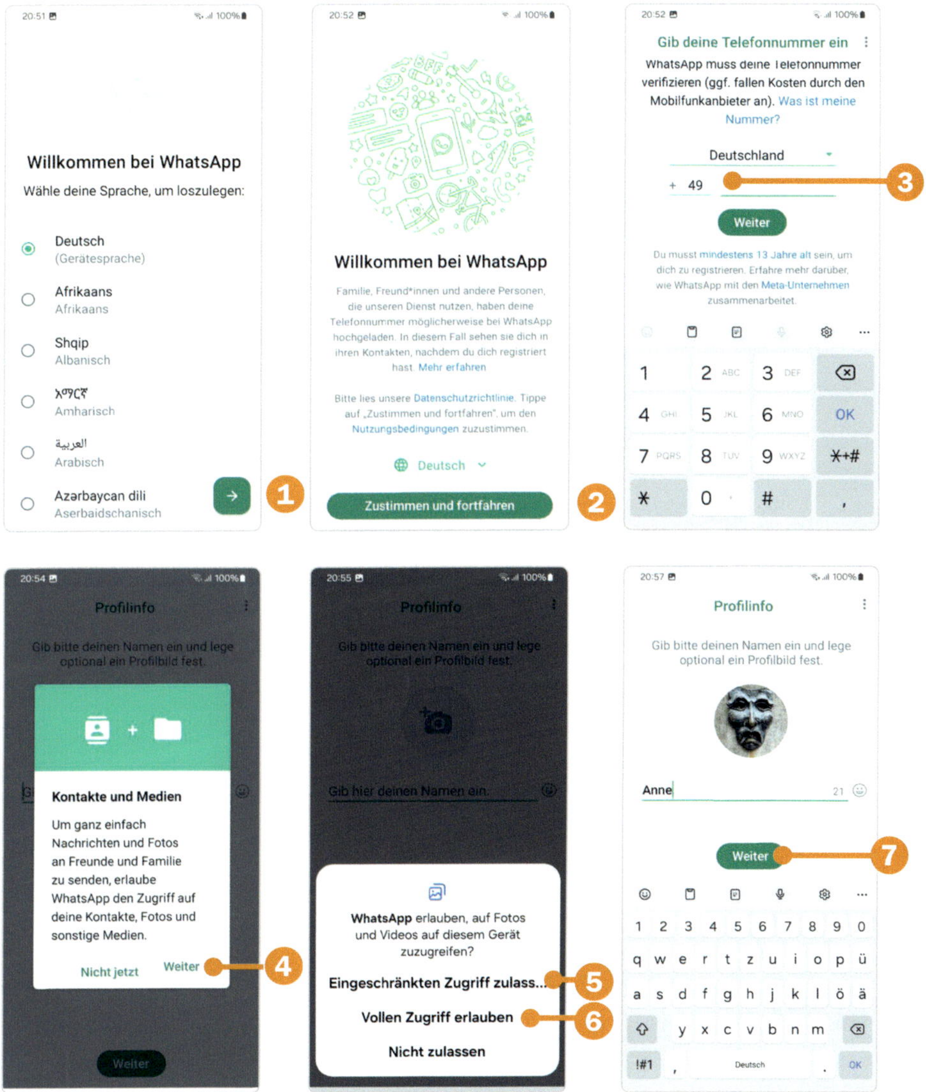

▶ Wenn Sie möchten, können Sie im Anschluss einen Passkey erstellen, ein verschlüsselter digitaler Schlüssel, mit dem Sie via Fingerabdruck,

Gesichtserkennung oder PIN Ihre Identität bestätigen müssen, falls Sie sich zukünftig mit einem neuen Gerät in WhatsApp einloggen.

- Falls Sie WhatsApp schon einmal auf einem anderen Smartphone verwendet und auf Google Drive eine Sicherung erstellt haben, tippen Sie auf *Berechtigung gewähren*, um Ihre Chats, Bilder, Videos etc. auf das neue Smartphone zu laden. Sollten Sie WhatsApp zum ersten Mal verwenden, wird die Einrichtung ohne die Back-up-Abfrage durchgeführt und dieser Schritt nicht angezeigt.
- Geben Sie dann für Ihr WhatsApp-Profil einen Namen ⑦ ein, der Ihren WhatsApp-Kontakten angezeigt wird, und laden Sie optional ein Profilbild hoch. Tippen Sie dann auf *Weiter*.
- **Back-up erstellen:** Bei einem Back-up werden Ihre WhatsApp-Chats mit Bildern und ggf. auch Videos auf Google-Drive gesichert. So kann nichts verloren gehen. Das ist durchaus sinnvoll. Wenn Sie ein Back-up erstellen möchten, wählen Sie aus, wie häufig gesichert werden soll, z. B. *wöchentlich* ⑧. Im Anschluss müssen Sie ein Google-Konto wählen. Das Konto, das Sie bei der Einrichtung des Smartphones hinterlegt haben, wird angezeigt. Tippen Sie dieses an ⑨. Zu guter Letzt müssen Sie WhatsApp den Zugriff auf Ihr Google-Konto erlauben; tippen Sie auf *Zulassen* ⑩. Wenn Sie möchten, dass auch Videos gesichert werden, tippen Sie auf den Regler bei *Inklusive Videos*. Schließen Sie mit *Fertig* ab.

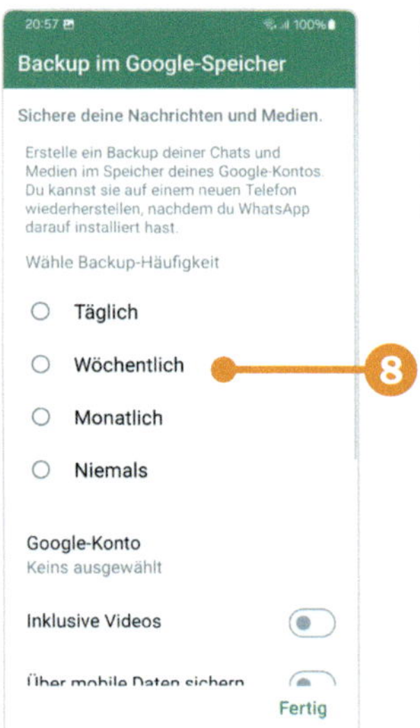

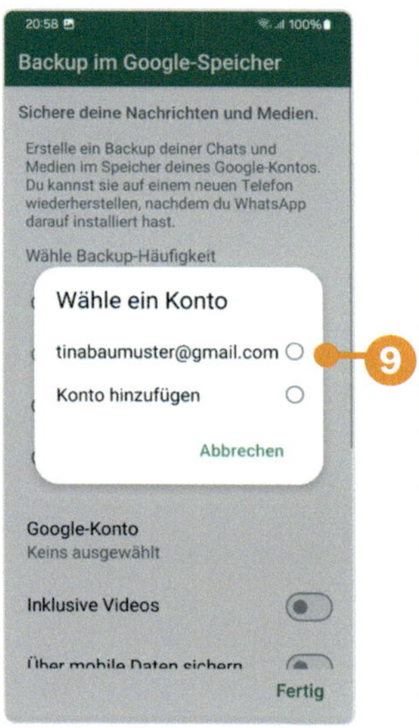

Eine Nachricht versenden

Um einen neuen Chat zu starten, öffnen Sie das Register *Chats* ❶ und tippen Sie auf *Nachricht senden* ❷. Es wird eine Liste aller Kontakte angezeigt, die Sie im Adressbuch Ihres Smartphones (App Kontakte) mit Handynummer gespeichert haben und die WhatsApp ❸ verwenden.

- Tippen Sie den Namen der Person an, der Sie eine Nachricht schicken möchten. Es öffnet sich ein neuer Chat.
- Geben Sie Ihren Text ein. Versenden Sie die Nachricht durch Antippen von ➤ ❹.
- Mit dem Pfeil links oben oder der Zurück-Taste verlassen Sie den Chat wieder und kehren zur Übersicht zurück.

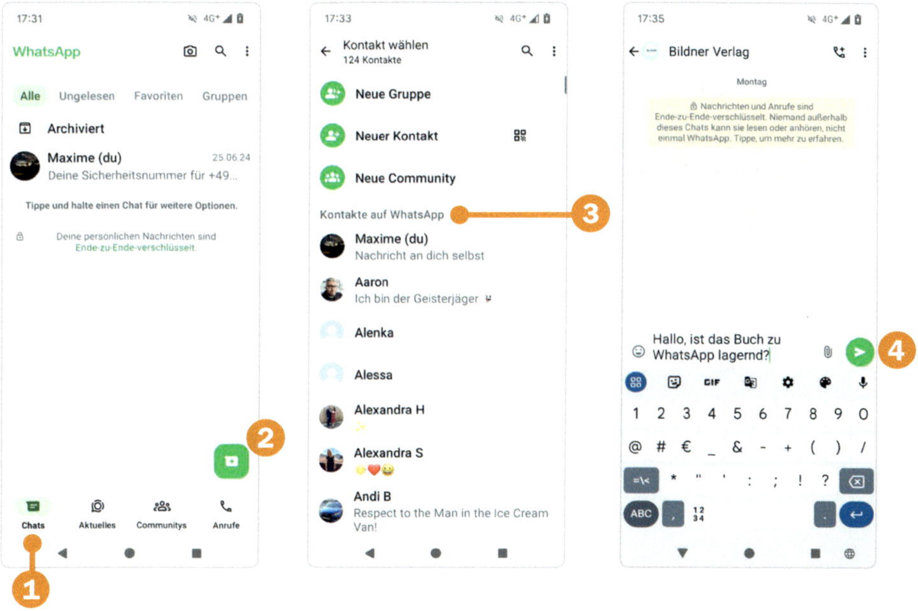

Wenn Sie dieser Person das nächste Mal eine Nachricht schreiben, können Sie einfach den Chat in der Übersicht auswählen.

> **Tipp:** Zum Einfügen von Emojis tippen Sie auf ☺ im Nachrichtenfeld. Ansonsten gilt auch hier, was Sie auf Seite 55 über Emojis bereits erfahren haben.

Fotos/Videos versenden

- Öffnen Sie den Chat mit dem Empfänger ❶ oder tippen Sie auf das Symbol für neue Nachricht, um einen anderen Empfänger auszuwählen.
- Tippen Sie im Texteingabefeld auf das Büroklammer-Symbol ❷ und anschließend auf *Galerie*.
- Wählen Sie den Ordner *Kamera* aus. Dort können Sie Fotos oder Videos durch Antippen auswählen. Falls Sie den Zugriff beschränkt haben, müssen Sie durch Anklicken von Verwalten den Zugriff auf das Bild erlauben. Fügen Sie, wenn gewünscht, eine Bildunterschrift hinzu ❸. Senden Sie die Datei durch Antippen von .

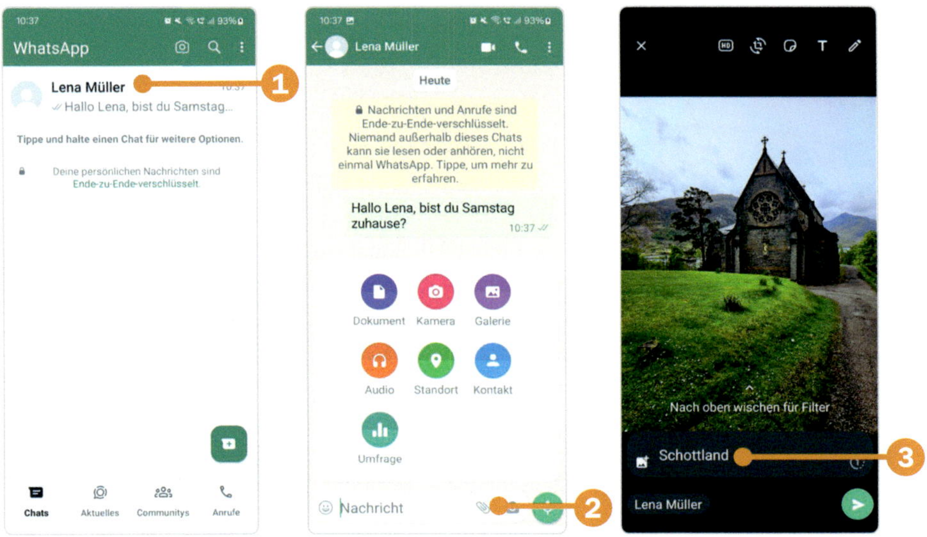

Sprach- und Videoanrufe

Jemanden via WhatsApp anrufen

- Öffnen Sie den Chat der Person, mit der Sie telefonieren wollen.
- Tippen Sie oben in der Leiste auf das Hörer-Symbol für einen Sprachanruf oder auf das Kamera-Symbol ❶ für einen Videoanruf.
- Bestätigen Sie anschließend mit Antippen von *Anruf*. Wenn nötig, erlauben Sie vor dem Videoanruf den Zugriff auf die Kamera und das Mikrofon mit *Bei Nutzung der App* ❷.

Einen WhatsApp-Anruf erhalten

- Wenn Sie via WhatsApp kontaktiert werden, wird ein Feld mit dem Anrufernamen eingeblendet. Sie können jetzt den Video- bzw. Sprachanruf *Ablehnen* oder mit *Video* ❸ bzw. *Annehmen* den Anruf entgegennehmen.

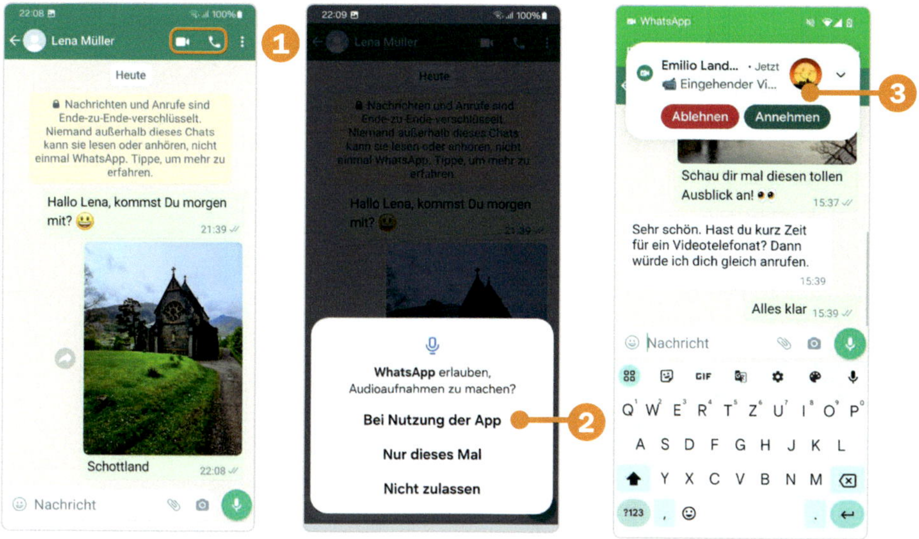

Warnhinweis Mikrofon und Kamera: Am rechten oberen Rand des Smartphones wird bei Nutzung der Kamera bzw. des Mikrofons ein dementsprechendes Symbol ein-geblendet und dann nach kurzer Zeit auf einen grünen Punkt reduziert. Das soll Sie darauf aufmerksam machen, dass diese Gerätekomponenten gerade verwendet werden. Wenn Sie einen WhatsApp-Videochat durchführen, ist das völlig in Ordnung, da Sie sowohl Kamera als auch Mikrofon benötigen. Sollte der grüne Hinweis bei einer App auftauchen, zu deren Funktionalität weder Kamera noch Mikrofon gehören, bzw. sollten Sie gerade keine App verwenden, kann das ein Hinweis auf Malware (mehr dazu im Glossar) sein.

7 Fotos und Videos

Mit dem Smartphone haben Sie jetzt auch immer eine Kamera dabei. Diese macht nicht nur hübsche Schnappschüsse sondern kann auch dazu dienen, Informationen zu sichern, z. B. können Sie an der Bushaltestelle die neuen Abfahrtszeiten abfotografieren.
Nachfolgend wird die Google Kamera für Pixel vorgestellt. Jeder Hersteller liefert seine Geräte mit einer eigenen Kamera-App aus, in der prinzipielle Funktionsweise ähneln sich jedoch die meisten Anwendungen.

7.1 Fotos und Videos aufnehmen

Bedienoberfläche

Beim Öffnen der App Kamera erscheint am rechten oberen Rand des Smartphones ein grün hinterlegtes Kamerasymbol, welches auf die Nutzung der Kamera hinweist. Wie Sie auf Seite XXX schon erfahren haben, handelt es sich um einen Hinweis, der vor unberechtigtem Zugriff schützen soll. Bei Auswahl des Modus *Video* werden das Mikrofon- und Videosymbol angezeigt.

Fotos knipsen

- Öffnen Sie die Kamera-App. Vergewissern Sie sich, dass der Aufnahmemodus *Foto* ❶ ausgewählt ist.
- **Zoom:** Wählen Sie zwischen Ultraweitwinkel *,6x* ❷, Weitwinkel *1x* und ggf. je nach Smartphone-Modell der Telekamera *2x*. Tippen Sie etwas länger auf das Zoom-Menü, wird ein stufenloser Zoomregler eingeblendet ❸. Für gelungene Fotos empfehlen mit maximal zweifacher Vergrößerung zu aufzunehmen. Fotos mit Digitalzoom haben zwar die gleiche Auflösung, da Bildpunkte rechnerisch ergänzt werden, jedoch sind diese qualitativ trotzdem schlechter und wirken körnig.
- **Scharfstellen:** Falls nötig, tippen Sie auf dem Bildschirm den Teil des Fotos ❹ an, auf den scharf gestellt werden soll. Die Belichtung wird dadurch an den angetippten Bereich angepasst. Gleichzeitig werden Schieberegler angezeigt, über die Sie die Helligkeit korrigieren können. Um den Fokuspunkt zu fixieren ❺, halten Sie diesen kurz gedrückt.
- **Auslösen:** Wenn Sie zufrieden sind, drücken Sie den Auslöser am Bildschirm unten ❻.

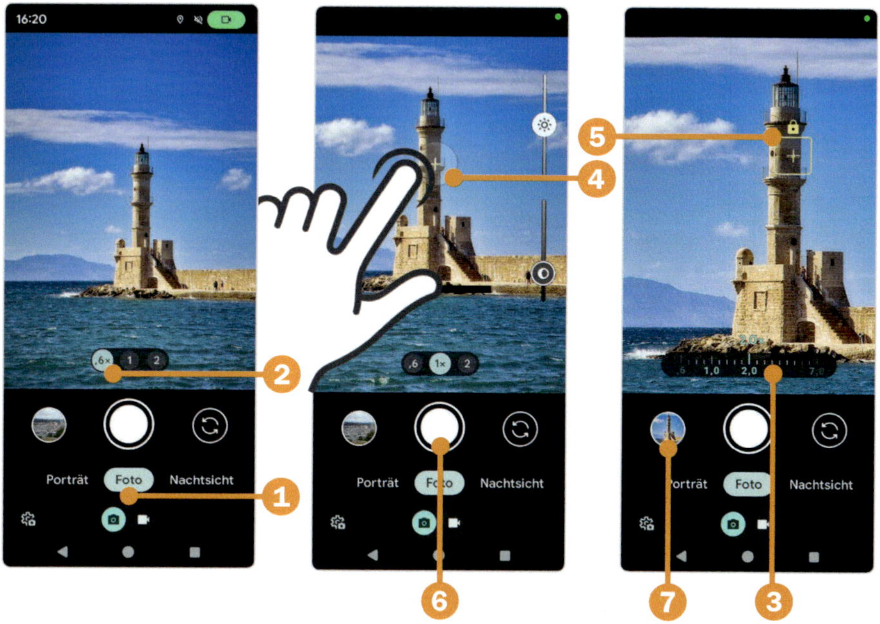

Nach der Aufnahme wird das Foto als Miniaturbild ❼ in der rechten unteren Ecke eingeblendet. So sehen Sie, dass die Aufnahme funktioniert hat. Sie können dann gleich ein neues Bild knipsen.

Kameras und Megapixel

Mit der Hauptkamera (Weitwinkel) nehmen Sie Bilder mit der größtmöglichen Anzahl an Megapixel auf; das Ultra-Weitwinkel-Objektiv, das beispielsweise bei Landschaftsaufnahmen gute Dienste leistet, stellt sehr viel weniger Megapixel zur Verfügung. Auch die Tele- oder Makroobjektive nehmen in der Regel mit einer geringeren Anzahl an Megapixeln auf. Allerdings sind die Megapixel nicht das allein entscheidende Qualitätsmerkmal. Ein 2 MP-Foto kann durchaus in Postkartengröße mit guter Qualität gedruckt werden, für ein A3-Poster reichen die Pixel allerdings nicht aus

Was sind Megapixel (MP)?

Das Digitalfoto setzt sich aus vielen Bildpunkten, auch Pixel genannt, zusammen. Je mehr Pixel vorhanden sind, umso detailreicher ist das Foto; man spricht hier auch von einer guten Auflösung. Diese errechnet sich aus Breite x Höhe eines Bildes in Pixel. Ein Foto mit z.B. 6000 Pixel in der Breite und 8000 Pixel in der Höhe, hat insgesamt 42.000.000 Pixel bzw. 42 MP.

Schnellstart der App Kamera

Schnell, schnell, der Augenblick ist gleich vorbei! Mit diesen zwei Kniffen aktivieren Sie fix die Kamera-App:

- Drücken Sie die Funktionstaste zweimal schnell hintereinander.

  Die Funktion können Sie unter *Einstellungen* ▶ *System* ▶ *Gesten und Bewegungen* ▶ *Kamera schnell öffnen* ein- bzw. ausschalten.

- Tippen Sie auf dem Sperrbildschirm unten rechts etwas länger auf das Kamera-Symbol.

  Aktivieren, deaktivieren oder ändern lässt sich diese Funktion unter *Einstellungen* ▶ *Display* ▶ *Sperrbildschirm* ▶ *Verknüpfungen*.

Sie nutzen dann die Kamera-App, ohne das Smartphone entsperrt zu haben. Deshalb müssen Sie das nach der Aufnahme erledigen. Auch stehen in der App, wenn Sie diese so aufrufen, nicht alle Funktionen zur Verfügung.

Geotagging

Sobald Sie die Kamera-App das erste Mal öffnen, werden Sie gefragt, ob Sie der Kamera den Gerätestandort preisgeben möchten, um Ihren Fotos Standortinformationen hinzuzufügen. Das funktioniert sehr genau mit Ort, Straße und Hausnummer (sofern vorhanden). Wenn Sie das Foto teilen, werden diese Infos unter Umständen jedoch in Form von GPS-Koordinaten weitergegeben.

Natürlich ist es praktisch, dass man jederzeit beim Foto nachschauen kann, wo es geknipst wurde. Wenn Sie das Geotagging verwenden möchten, tippen Sie auf *Bei Nutzung der App* ❶. Sie können wählen, ob der Standort möglichst genau ❷ oder nur ungefähr (im Radius von mehreren Hundert Metern wird einfach eine andere Straße der Stadt angezeigt) erfasst werden soll. Wenn Sie keine Standortinformationen speichern möchten, wählen Sie *Nicht zulassen*. Unter *Weitere Einstellungen* in den Einstellungen ❸ der Kamera-App lässt sich die standardmäßig festgelegte Speicherung des Standorts auch nachträglich jederzeit ändern.

Zum Anzeigen der Standortinformationen ❹ wischen Sie in der Einzelbildansicht in der App *Fotos* vertikal von unten nach oben über den Bildschirm. In der *Gallery*-App (siehe Seite 136) zeigen Sie den Standort über *Info* ▶ *Standort ansehen* ebenfalls direkt in Google Maps an.

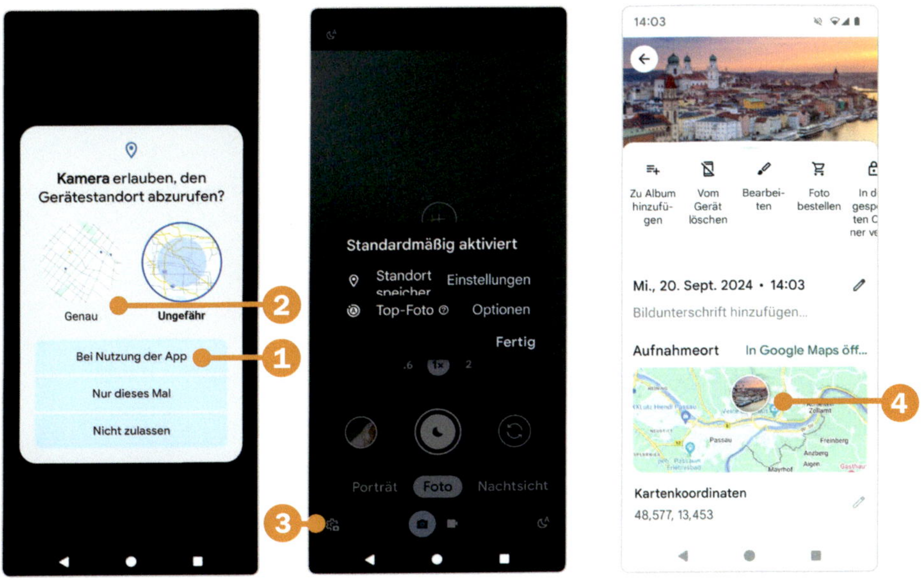

Selfie aufnehmen

Um ein Bild von sich selbst zu machen, müssen Sie die Kamera wechseln. So sehen Sie sich auf dem Bildschirm und werden dabei geknipst. Die Frontkamera steuern Sie durch Antippen von an. Um Ihr Gesicht erscheint kurz ein rechteckiger Rahmen. Dadurch zeigt die Kamera an, dass sie bereit ist. Da es etwas umständlich ist, so den Auslöser zu drücken, steht speziell für Selfies eine weitere Auslösetechnik zur Verfügung: Halten Sie einfach Ihre Handfläche in die Kamera. Dadurch erscheint ein Timer und ein paar Sekunden später wird das Foto geknipst.

Wenn ein Gruppenselfie erstellt wird oder Sie noch etwas mehr Umgebung abbilden möchten, tippen Sie vor dem Auslösen auf .

Kameraeinstellungen

- Tippen Sie auf das Zahnradsymbol unten links, um weiteren Optionen anzuzeigen.

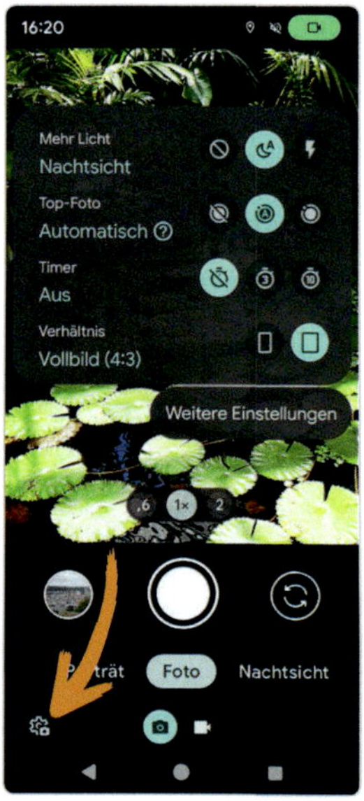

Mehr Licht: Hier können Sie das *Blitzlicht* als auch den *Nachtsicht*-Modus aktivieren.

Top-Foto: Ist die Funktion aktiv, nimmt die Kamera beim Auslösen eine kurze Bildreihe auf und schlägt das beste Einzelfoto automatisch vor.

Timer: Der Auslöser lässt sich entweder auf *3* oder *10 Sekunden* konfigurieren. Gestartet wird dieser indem Sie die Handinnenfläche in Richtung der Kamera halten.

Verhältnis: Die Kamera-App stellt die Seitenverhältnisse *Vollbild* oder *Breitbild* zur Verfügung. Standardmäßig ist das Format 4:3 ausgewählt.

3:4 oder 9:16: Das Bild links wurde im Format 4:3 geknipst, das Foto rechts im Format 16:9. Sie sehen, dass im Format 4:3 der größere Bildausschnitt aufgenommen werden kann. Das ist durchaus ein Vorteil dieses Formats. 16:9 ist das Seitenverhältnis von Monitoren und Fernsehern. Wenn Sie also

Ihre Bilder am Fernseher oder Laptop vorführen möchten, dann sind Aufnahmen im Querformat und einem Seitenverhältnis von 16:9 am schönsten anzusehen, da sie den gesamten Bildschirm einnehmen.

Wir empfehlen für den täglichen Gebrauch das Format 3:4. Falls gewünscht, können Sie das Bild immer noch nachträglich zuschneiden. Für besondere Fotos wechseln Sie einfach das Seitenverhältnis. Vergessen Sie nicht, danach wieder das Ursprungsformat auszuwählen.

Blitz einschalten

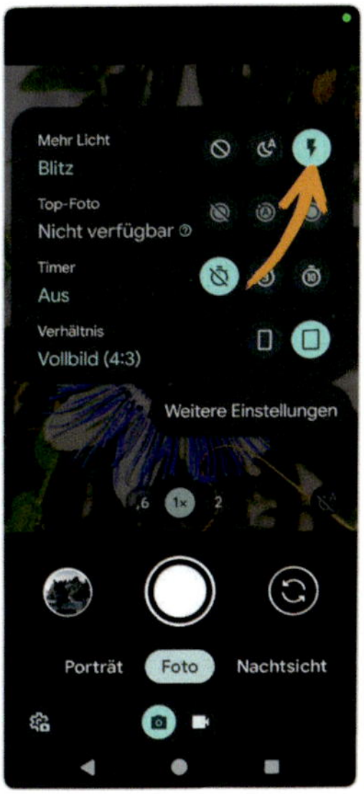

Selbstverständlich verfügt Ihr Smartphone auch über einen Blitz. Tippen Sie zunächst auf Zahnradsymbol und wählen Sie anschließend *Blitz* durch Antippen aus. Dass der Blitz aktiv ist, sehen Sie anhand des Blitzsymbols in der Ecke unten links.

Fotos schnell teilen

Vielleicht ist es Ihnen nach der Aufnahme eines Fotos bereits aufgefallen: Sobald Sie den Auslöser gedrückt haben und das Foto gespeichert wurde, erscheint oberhalb des Vorschaubilds für einen kurzen Moment ein App-Symbol. Um direkt nach der Aufnahme ein Foto mit Freunden zu teilen, tippen Sie dieses an. Es stehen Ihnen dann bis zu drei passende Apps zur Verfügung, mit denen Sie das Foto mit nur wenigen Klicks teilen oder versenden können.

Video aufnehmen

Zur Aufnahme eines Videos wechseln Sie in den Modus *Video* ❶ und tippen dann auf den Auslöser ❷. Im unteren Bereich wird die Aufnahmezeit eingeblendet. Beenden Sie das Video durch Antippen von ❸. Sie können mit ❹ ein Video auch pausieren und mit ❺ wieder fortsetzen. Mit ❻ können Sie sogar ein Foto während der Videoaufnahme machen.

Weitere Aufnahmemodi

Es gibt noch weitere Aufnahmemodi, die Ihnen tolle Fotos bescheren. Wir zeigen kurz, wo Sie die Aufnahmemodi finden und welchen Zweck sie erfüllen.

- Der Modus *Portrait* ❶ bietet Ihnen die Möglichkeit, die Option Gesichtsretusche (*Dezent* oder *Stark*) einzusetzen. Dieser kaschiert beispielsweise Hautunreinheiten.
- Die *Nachtsicht* ❷ ermöglicht Ihnen, auch bei wenig Licht noch scharfe Fotos zu machen. Mit der Einstellung *Astrofotografie* ❸ gelingen besonders gute Aufnahmen des Sternenhimmels. Bewegen Sie dabei das Handy so wenig wie möglich.
- Mit der *Panorama*-Funktion nehmen Sie 180 Grad Ihrer Umgebung als Foto auf. Hierzu bewegen Sie den Bildschirmausschnitt langsam in Richtung eines der Pfeile. Es werden während der Bewegung mehrere Aufnahmen erzeugt, die dann zu einem großen Panoramabild kombiniert werden.

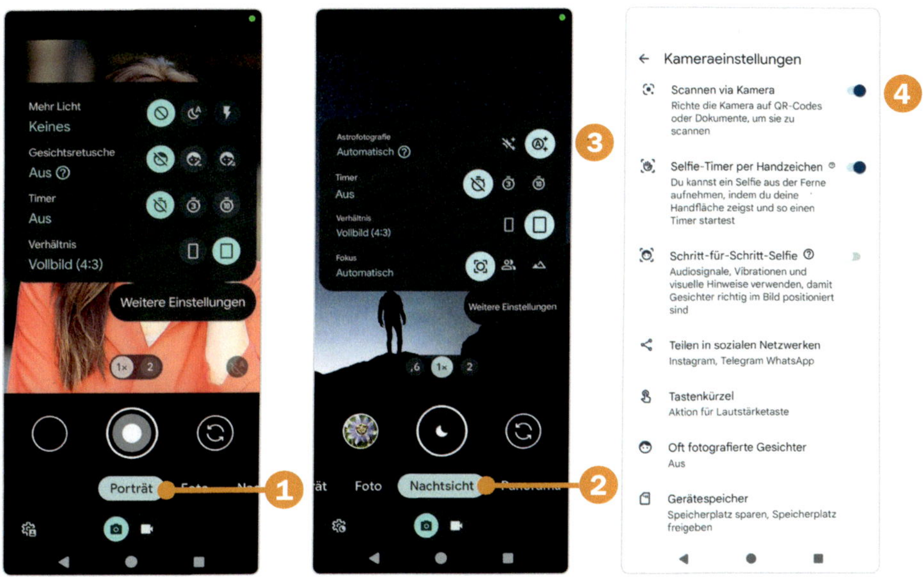

Tipp: In den Kameraeinstellungen ⚙ finden Sie zahlreiche Einstellungsmöglichkeiten Ihrer Kamera. Wir empfehlen Ihnen sowohl *Scannen via Kamera* ❹ als auch die *Tipps zur Bildkomposition* zu aktivieren.

Wozu QR-Codes?

Mittels QR-Codes werden Ihnen Informationen zur Verfügung gestellt. Dabei kann es sich um eine Adresse oder Telefonnummer handeln, die sich hinter dem Code verbirgt. Oft dienen Codes der Weiterleitung zu einer Internetseite, beispielsweise als Teil eines Gewinnspiels oder zur Anzeige von Bildern und Videos zu einem Informationsflyer, Seminar oder Buch.

Den QR-Code können Sie mit der Kamera Ihres Smartphones scannen. Öffnen Sie die App *Kamera*. Ist die Option Google-Lense-Vorschläge aktiv, werden QR-Codes automatisch gescannt und es wird direkt in der Kamera-App angezeigt, auf was der Code verweist. Wenn Sie die Seite anzeigen möchten, tippen Sie auf die eingeblendete URL. Unter Umständen wird abgefragt, mit welchem Browser Sie die Seite anzeigen möchten.

Tipp: Noch schneller geht es über den *QR-Code-Scanner* ❶ in den Schnelleinstellungen. Tippen Sie auf die Kachel und nehmen Sie den QR-Code ins Visier ❷. Wenn das geschehen ist, wird darunter angezeigt, auf was der Code verweist, in diesem Beispiel auf den YouTube-Kanal BILDNER TV. Wenn Sie die Seite anzeigen möchten, tippen Sie auf *Öffnen* ❸.

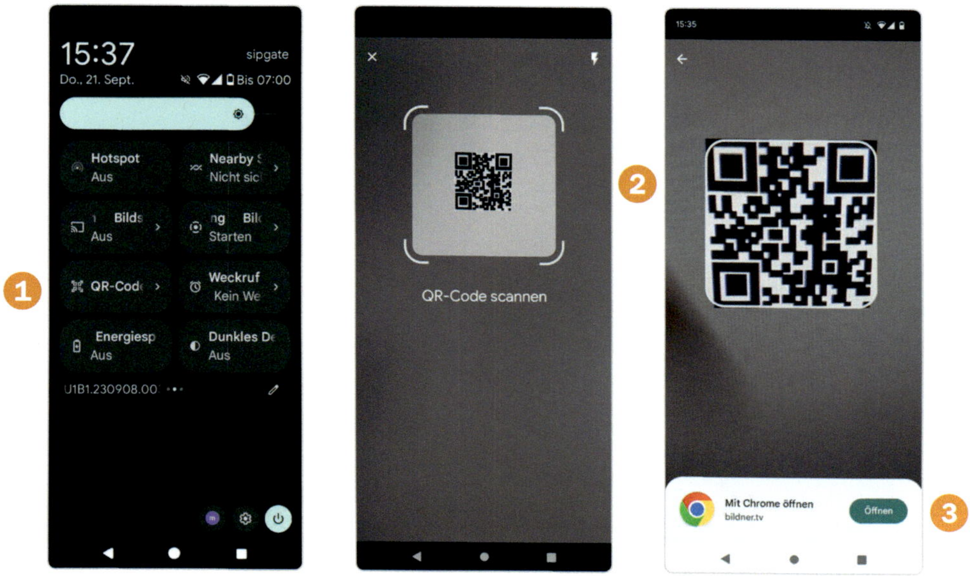

7.2 Bildverwaltung

Auf Ihrem Gerät ist die App *Fotos* vorinstalliert. Sie dient nicht nur der Verwaltung Ihrer Bilder, sondern ist gleichzeitig an die Google-Cloud angebunden. Die Cloud-Sicherung einzuschalten sollte jedoch ein gut überlegter Schritt sein, da die 15GB kostenloser Speicher schnell aufgebraucht sind und die Bedienung mitunter sehr komplex ist. Wir raten, die Cloud-Funktion der App lieber nicht zu nutzen. Ob diese ausgeschaltet ist, erkennen Sie an der durchgestrichenen Wolke im Profil oben rechts in der App *Fotos*.

Für die Bildverwaltung empfehlen wir statt der *Fotos*-App die Nutzung der *Gallery*-App. Diese kostenlose Anwendung finden Sie im *Play Store*.

Bedienoberfläche Gallery

1

Rubriken, Favoriten, Papierkorb

Fotos: Sowohl alle Bilder und Videos, die mit Ihrem Smartphone geknipst wurden, als auch jene Bilder und Videos, die Sie heruntergeladen oder empfangen haben sortiert nach Datum.

Ordner: Anzeige von Bilddateien auf Ihrem Gerät in Ordner, z. B. Kamera, Downloads oder Screenshots. Tippen Sie auf *Zuletzt verwendet* um die Sortierung zu ändern.

2

Die Kategorie *Fotos* enthält alle Bilder und Videos. Videos erkennen Sie in der Übersicht an der eingeblendeten Videolänge ❶. Oberhalb der nach Datum sortierten Bilder finden Sie automatisch angelegte *Rubriken*. Tippen Sie auf die Rubrik *Videos*, so werden Ihnen alle Videos auf Ihrem Gerät ordnerübergreifend angezeigt. Wischen Sie einfach vertikal über den Bildschirm, um durch Ihren Bildbestand zu blättern.

Sie wechseln zwischen den beiden Kategorien *Fotos* und *Ordner* durch Antippen des Namens. In der Kategorie *Ordner* wird Ihnen oben die beiden Reiter *Favoriten* und *Papierkorb* ❷ angezeigt.

Einfaches Bearbeiten von Bilder in der Gallery

In der App *Gallery* können Sie Bilder nicht nur anzeigen, sondern auch Drehen, Zuschneiden und mit Filtern verbessern. So geht's:

- Wählen Sie ein Bild durch Antippen aus.
- Tippen Sie auf *Bearbeiten* ❶ und anschließend auf *Zuschneiden*.
- Ziehen Sie an den weißen Anfassern ❷ in den Ecken des Bildes bis der gewünschte Bildausschnitt ausgewählt ist.
- Im unteren Bereich steht Ihnen eine Palette an Filter-Optionen zur Verfügung. Wischen Sie horizontal durch die Auswahl und tippen Sie das Vorschaubild an, um den Filter ❸ anzuwenden.
- Mit *Drehen* wird das Bild jeweils um 90° rotiert.
- Sind Sie mit dem Ergebnis zufrieden, tippen Sie auf *Kopie speichern* ❹.

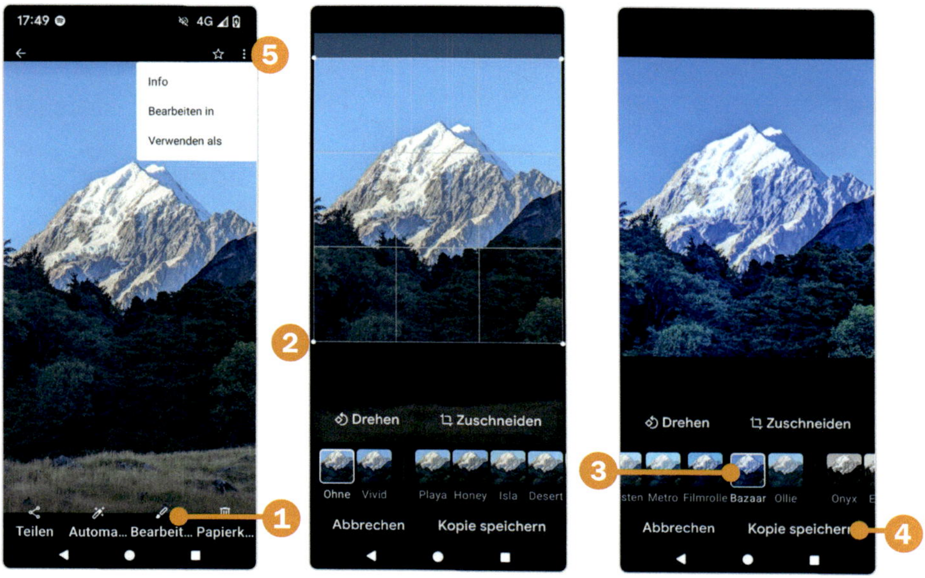

Mit *Automatisch* wird eine schnelle Verbesserung des Kontrasts und der Helligkeit vorgenommen. Gefällt Ihnen ein Bild besonders gut, favorisieren Sie es mit dem ☆-Symbol, so finden Sie es später besonders schnell im Reiter *Favoriten*.

Möchten Sie tiefer gehende Bearbeitungen des Bildes vornehmen, tippen Sie auf das Drei-Punkte-Menü ❺ oben rechts und anschließend auf *Bearbeiten in* ▶ *Fotos*.

Bildbearbeitung in Google Fotos

Die App *Fotos* bietet weitgehende Bildbearbeitungsfunktion. Hier können Sie beispielsweise wie von Zauberhand störende Objekte verschwinden oder farblich mit dem Hintergrund verschmelzen lassen. Außerdem steht Ihnen eine weitaus größere Auswahl an Filter zur Verfügung.

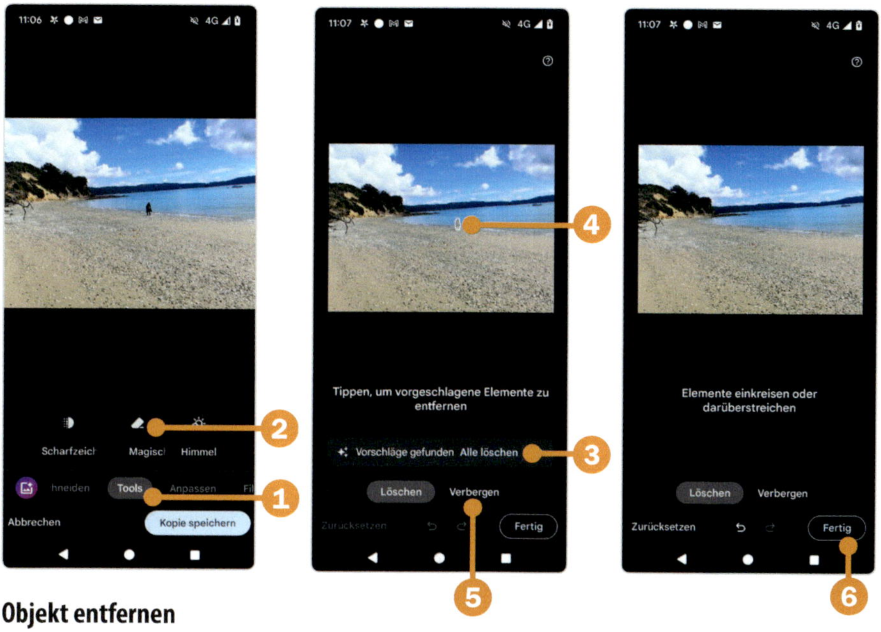

Objekt entfernen

- Wählen Sie ein Foto aus und tippen Sie auf *Bearbeiten*.

In der Kategorie *Tools* ❶ wechseln Sie zu *Magischer Radierer* ❷. Hier wird Ihnen direkt ein Vorschlag unterbreitet, welche Objekte entfernt werden sollten. Sind Sie mit der Auswahl zufrieden, tippen Sie auf *Alle löschen* ❸. Falls nicht, so markieren Sie mit dem Finger das zu entfernende Objekt ❹. Sobald Sie den Finger vom Bildschirm nehmen, wird der markierte Bereich aus dem Bild gelöscht und das Ergebnis angezeigt. Mit springen Sie einen Bearbeitungsschritt zurück. Mit der Option *Verbergen* ❺ wird das markierte Objekt nicht aus dem Bild gelöscht, sondern nur farblich dem restlichen Bereich angepasst.

Zum Abschließen der Bearbeitung tippen Sie auf *Fertig* ❻ und anschließend auf *Kopie speichern*. Die Originalaufnahme bleibt vorhanden, Änderungen werden als neues Bild abgespeichert. Um alle Schritte zu verwerfen und mit der Bearbeitung neu zu beginnen, wählen Sie *Zurücksetzen*.

Videos abspielen

- Tippen Sie ein Video in der Übersicht an, wird es sofort mit Ton abgespielt.
- Durch Antippen von ⏸ können Sie das Video pausieren und weiter abspielen.
- Auch für Videos finden Sie wie beim Bild die Optionen *Zu Favoriten hinzufügen* ☆, *Teilen* , *Bearbeiten* und *Papierkorb* sowie über das Drei-Punkte-Menü die *Info* mit Details zu Speicherort, Aufnahmezeitpunkt, Dateigröße und ggf. Standortdaten.

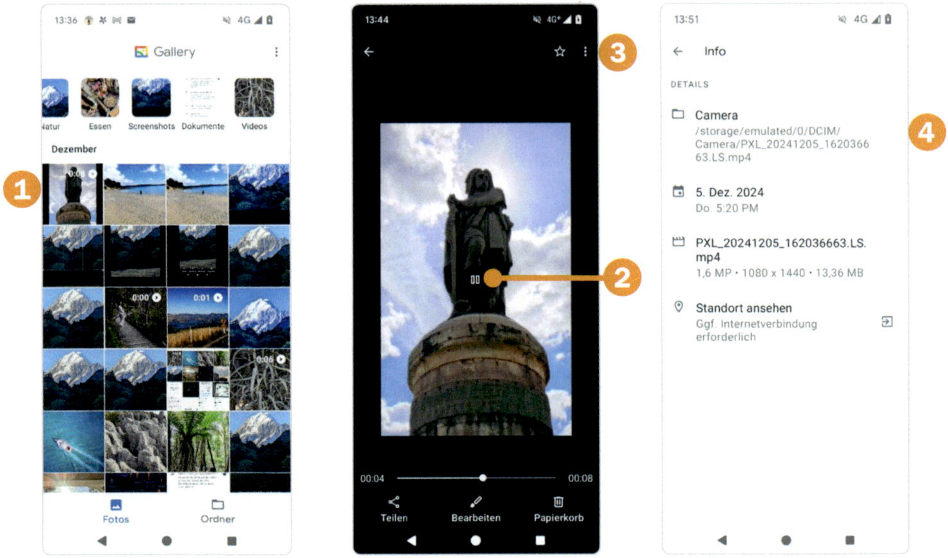

Bilder und Videos löschen

Meist belegen Fotos und Videos den größten Teil des Speicherplatzes. Löschen Sie deshalb regelmäßig misslungene oder doppelte Aufnahmen, die Sie nicht mehr benötigen.

☛ Wählen Sie ein Bild oder ein Video durch Antippen aus. Dieses wird in der Einzelansicht angezeigt. Tippen Sie unten auf und bestätigen Sie das Verschieben des Fotos in den Papierkorb. Durch längeres Gedrückthalten in der Übersicht, können auch mehrere Bilder auf einmal markieren 5, um diese zu löschen.

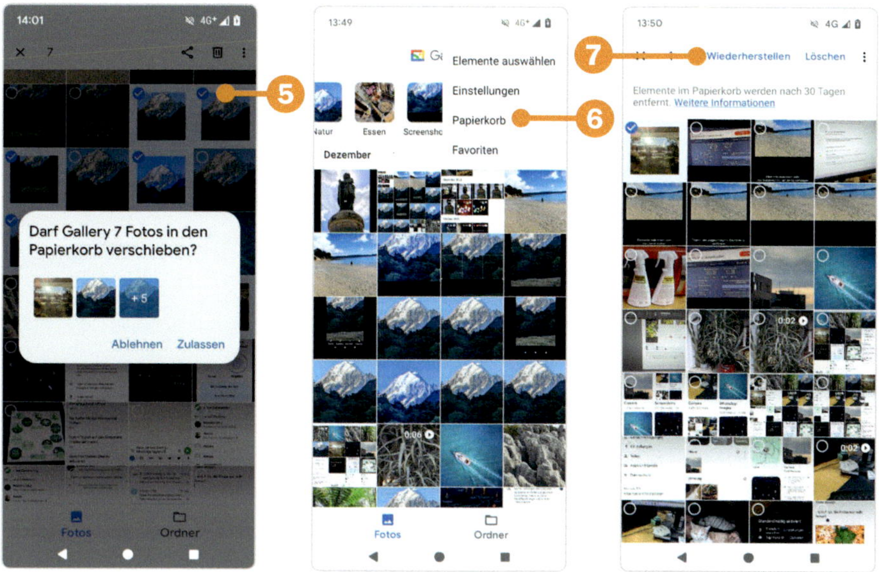

Wiederherstellen und Papierkorb leeren

- Wenn Sie ein Foto aus Versehen gelöscht haben, tippen Sie in der *Gallery* oben rechts auf das Drei-Punkte-Menü und wählen Sie den *Papierkorb* ❻ aus. Hier finden Sie Ihre gelöschten Bilder, ganz gleich ob diese in oder in den Papierkorb verschoben wurden. Tippen Sie die gewünschten Bilder etwas länger an, um sie auszuwählen oder wählen Sie direkt ein einziges Foto durch kurzes Antippen aus. Klicken Sie dann oben mittig auf *Wiederherstellen* ❼.
- Auf die selbe Weise können Sie auch ein oder mehrere Elemente endgültig *Löschen*. Zum Leeren des gesamten Papierkorbs tippen Sie rechts oben auf ⋮ und wählen anschließend *Leeren* aus. Bestätigen Sie mit *Löschen*. Beachten Sie jedoch, dass der Papierkorb nach 30 Tagen automatisch geleert wird.

8 Merken und erinnern

Das Smartphone als ständiger Begleiter ist das ideale Medium zum Speichern kurzer Notizen oder Einkaufslisten. Daneben vervollständigen die App Kalender mit der Speicherung von Terminen und die App Uhr die Möglichkeiten.

8.1 Termine im Griff mit der Kalender-App

Tragen Sie Ihre Termine in die App ein und Sie werden keinen mehr verpassen.

- Öffnen Sie die *Kalender*-App.
- Tippen Sie beim ersten Start der App auf > und bestätigen Sie mit *Ok*. Das aktuelle Datum wird in der *Terminübersicht* an erster Stelle angezeigt. Durch horizontales Wischen können Sie durch die verschiedenen Monate blättern. Zur Anzeige des aktuellen Datums kehren Sie wieder über das kleine Kalenderblattsymbol rechts oben 1 zurück.
- Durch Antippen eines Tags mit einem Eintrag 2 wird der Termin oder Feiertag gesondert in der Tagesansicht angezeigt. Tippen Sie links oben auf das *x* 3, um wieder zur *Terminübersicht* zurück zu gelangen.
- Neben der *Terminübersicht* finden Sie im Menü ≡ die Möglichkeit, die Kalenderansicht auf *Tag*, *3 Tage*, *Woche* oder *Monat* 4 umzustellen.

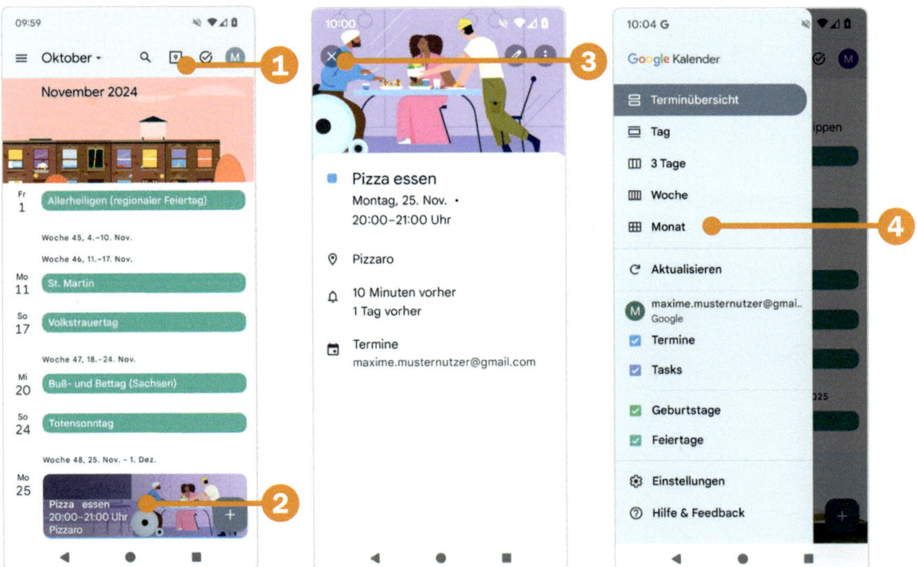

Termin eintragen

- Öffnen Sie die Ansicht *Monat* und wählen Sie auf dem Kalenderblatt den Tag ❶ des Termins. Dadurch springen Sie direkt zum gewünschten Datum und ersparen sich die händische Eingabe.
- Tippen Sie auf + und anschließend geben Sie bei *Titel hinzufügen* eine passende Bezeichnung für den Termin ❷ ein.
- Findet der Termin zu einem bestimmten Zeitpunkt statt, so tippen Sie auf die Zeitangabe und wählen Sie durch vertikales Ziehen die entsprechende Uhrzeit ❸ aus. Geben Sie keine Uhrzeit an, so wird der Termin automatisch als *Ganztägig* festgelegt.
- Standardmäßig werden Sie 30 Minuten vor Beginn des Termins erinnert. Manchmal ist eine frühere Erinnerung wichtig. Tippen Sie dann auf *Benachrichtigung hinzufügen* ❹ und wählen Sie eine andere Erinnerungszeit. Mit *x* entfernen Sie die Auswahl *30 Min. vorher*. Manchmal ist es aber auch praktisch, zwei Erinnerung zu erhalten. Unter *Benutzerdefiniert* ❺ legen Sie selbst einen Zeitraum fest.
- Ebenso können Sie einen *Ort hinzufügen* ❻, eine ausführliche *Beschreibung* oder Anhänge hinterlegen. Bestätigen Sie mit *Speichern*.

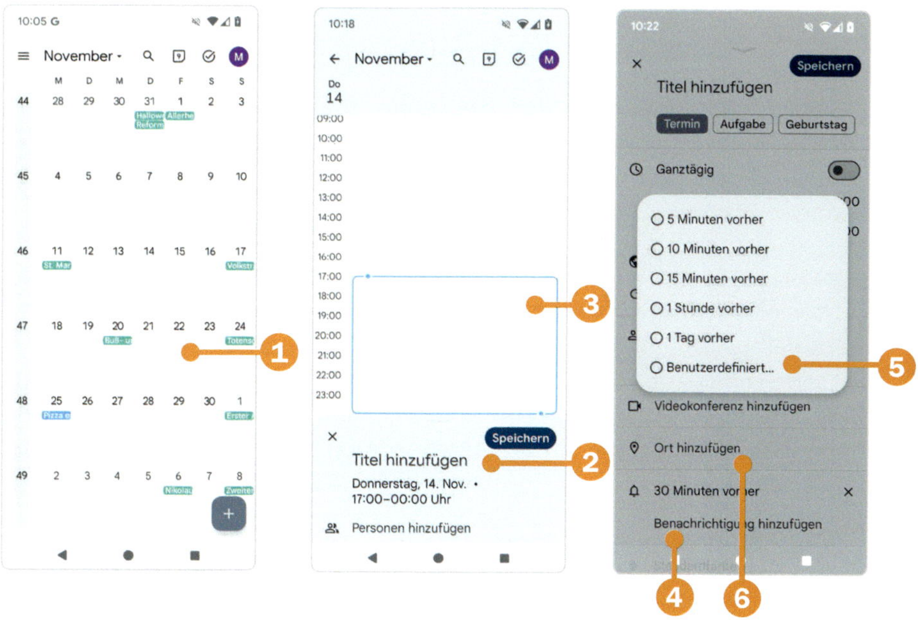

Terminerinnerung: Die Erinnerung an Ihren Termin erscheint am oberen Bildschirmrand 7 . Die Benachrichtigung ist natürlich auch in der Statusleiste hinterlegt. Ist das Smartphone gerade gesperrt, erscheint die Erinnerung auf dem Sperrbildschirm.

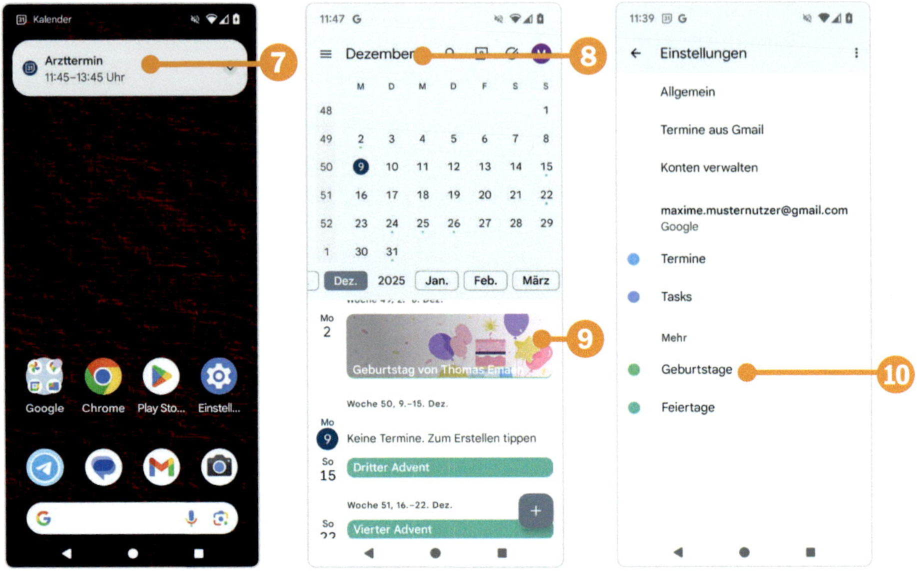

Datumsnavigator: Tippen Sie oben links neben dem Menüsymbol auf den Monat 8. Dann wird unten ein Navigator angezeigt, mit dem Sie durch horizontales Wischen zwischen den einzelnen Monaten nach vorne oder hinten springen können.

Geburtstage und Feiertage: Geburtstage tragen Sie in den Kalender nicht als Termin ein, da diese ja jedes Jahr stattfinden und Sie so viel zu tun hätten. Geburtstage hinterlegen Sie in der App Kontakte bei der jeweiligen Person. Diese werden dann via Google-Konto mit dem Kalender synchronisiert und dort angezeigt 9. Sollten keine Geburtstage im Kalender angezeigt werden, überprüfen Sie die Einstellungen. Tippen Sie im Kalender auf ☰, gehen Sie zu den *Einstellungen* und tippen Sie unter *Mehr* auf *Geburtstage* 10. Schalten Sie nun bei *Kontakte* den Regler durch Antippen auf *ein* .

Termine bearbeiten oder löschen

Natürlich können Sie Termine bearbeiten, z. B. um einen Ort hinzuzufügen.

- Tippen Sie einmal auf den Termin und anschließend auf das Stiftsymbol ❶. Dann befinden Sie sich wieder in der Bearbeitungsansicht.
- Tippen Sie auf *Ort hinzufügen* ❷ und geben Sie anschließend die Adresse ein, wo der Termin stattfindet.
- Bestätigen Sie mit *Speichern* ❸.
- Im Termin sehen Sie nun die Adresse ❹ des Ortes. Durch Antippen der Anschrift ⚲ öffnet sich Google Maps und navigiert Sie zur im Termin hinterlegten Adresse.

Manchmal fällt ein Termin ins Wasser – löschen Sie ihn einfach!

- Zeigen Sie den Termin an und tippen Sie oben rechts auf *Menü* ❺. Wählen Sie *Löschen* und bestätigen Sie nochmals mit *Löschen* ❻.

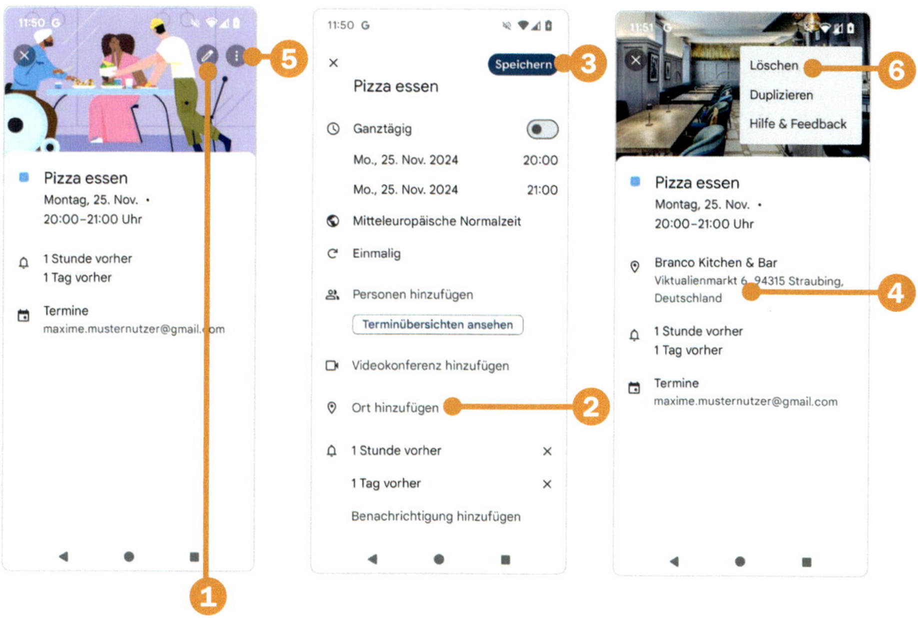

8.2 Die App Uhr

Vom Smartphone geweckt werden

- Öffnen Sie die App *Uhr*. Nach dem Öffnen wird der Wecker ❶ angezeigt. Weitere Funktionen finden Sie in den Bereichen Uhr, Timer und Stoppuhr.

Wecker stellen

In der App ist bereits mehrere Weckzeiten voreingestellt. Mit diesen Vorgaben klingelt der Wecker täglich um 6 Uhr, Montag bis Freitag um 7 Uhr und Samstag und Sonntag um 8 Uhr, sobald die jeweilige Weckzeit aktiviert ist.

- **Wecker ein- und ausschalten:** Sie aktivieren einen Wecker, indem Sie den Regler nach rechts auf die Position *Ein* ❷ ziehen. Sie sehen dann neben dem Regler, nach wie vielen Stunden der Wecker klingelt. Durch Ziehen nach links schalten Sie den Wecker aus ❸. Entscheiden Sie, ob der Wecker nur einmalig oder ob die ganze Weckwiederholung ausgeschaltet werden soll.
- **Wecker bearbeiten:** Tippen Sie den voreingestellten Wecker an, um ihn zu bearbeiten ❹.
- **Weckzeit vereinbaren:** Verschieben Sie die Rädchen der Uhr ❺, indem Sie mit dem Finger an den Zeigern drehen.

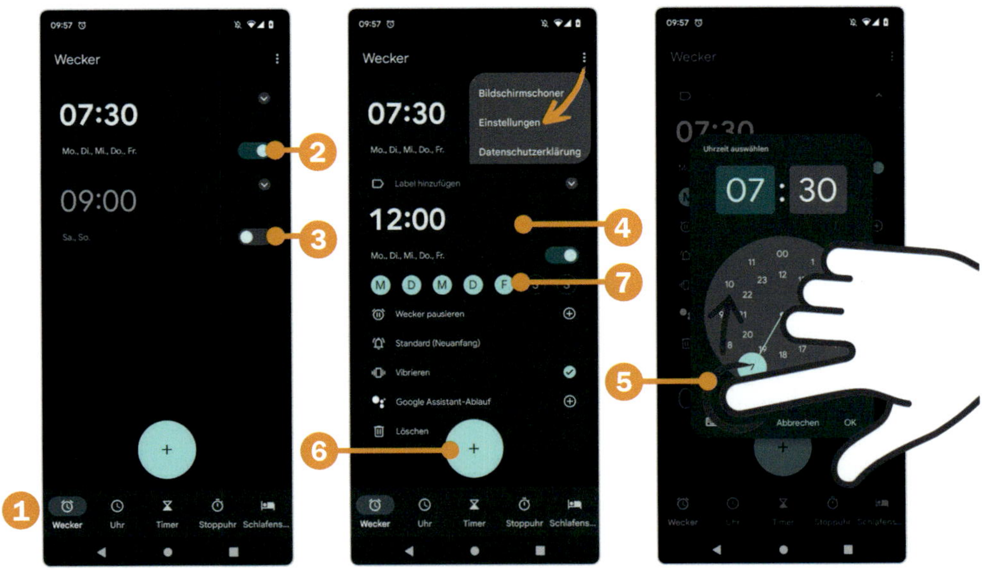

- **Neuen Weckeintrag erstellen:** Tippen Sie auf das + Symbol 6.
- **Tage auswählen:** Sie können nicht nur die Weckzeit festlegen, sondern auch die Tage, an denen der Wecker ertönen soll. Tippen Sie dazu auf und wählen Sie anschließend die Wochentage 7.
- **Kein Klingeln an freien Tagen:** Unter *Wecker pausieren* wählen Sie einen Zeitraum 8, in dem der Wecker Sie nicht stören wird. Grau bedeutet, die Tage sind ausgewählt.

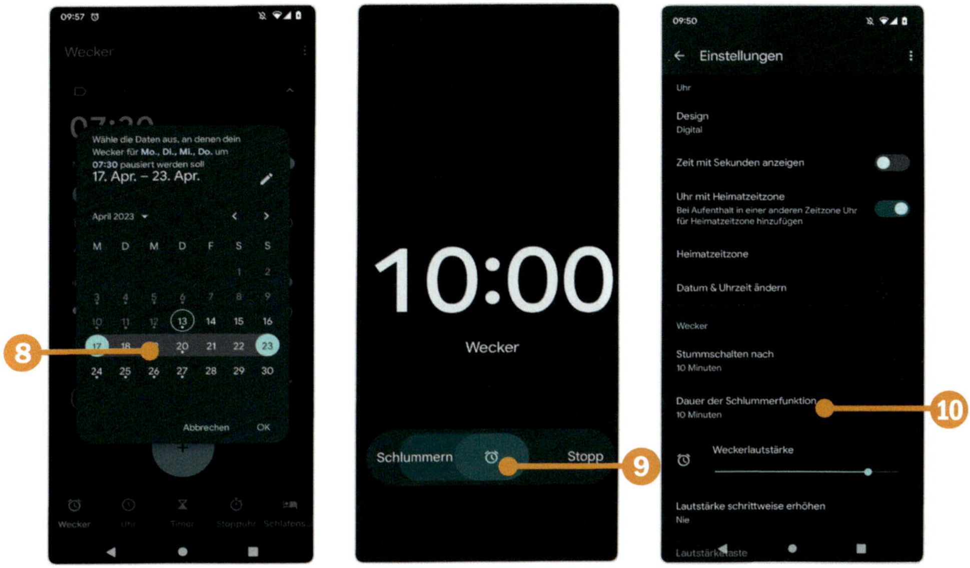

Schlummern oder aufstehen?

Wenn der Wecker klingelt, wischen Sie auf dem Bildschirm von links nach rechts 9, dann ist Ruhe! Oder Sie wählen *Schlummern für 10 min* und der Wecker klingelt nach zehn Minuten erneut.

Die *Dauer der Schlummerfunktion* 10 (Standard sind 10min), also wann der Wecker erneut klingeln soll, können Sie in der Weckerübersicht über die ⋮ *Einstellungen* ändern.

> Sie erkennen am linken Uhrensymbol in der Statusleiste, dass ein Wecker an Ihrem Smartphone eingeschaltet ist. Befindet sich rechts davon ein zweites, kleineres Weckersymbol, bedeutet dies, dass der Wecker in weniger als 60 Minuten läuten wird.
>
> 
>

Weckton einstellen

Jeder hat andere Vorlieben, vor allem wenn man geweckt wird. Manche mögen einen sanften Ton, andere lieber etwas mehr Krach. Sie können also nach Belieben einen Weckton einstellen.

- Tippen Sie auf und anschließend auf Standard.
- Wählen Sie entweder einen der vorinstallierten *Gerätetöne* 1 oder fügen Sie selbst einen Klingelton hinzu 2. Für eigene Weckertöne benötigen Sie entweder eine heruntergeladene Musik-Datei 3 auf Ihrem Smartphone oder Sie können ein Musikstück bei YouTube Music oder Spotify auswählen, falls Sie eine der Apps installiert und dort einen Account haben.

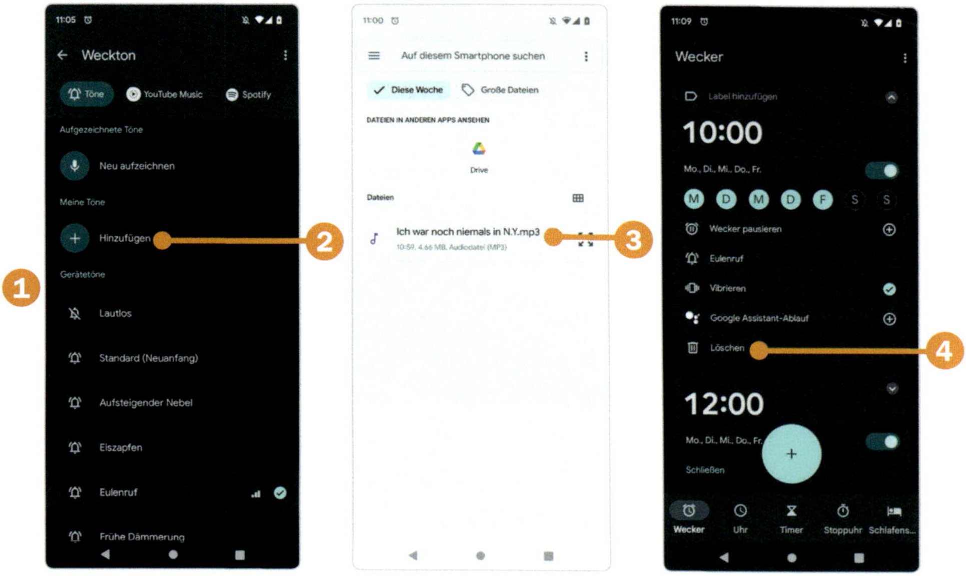

Wecker löschen

Um einen Wecker zu löschen, tippen Sie diesen in der Übersicht etwas länger mit dem Finger an. Dadurch erscheint unten *Löschen* 4.

Mehrere Uhrzeiten anzeigen und vergleichen

Vielleicht haben Sie Familie oder Freunde in einem anderen Land, wo es eine andere Zeitzone gibt. Da will man schließlich wissen, wie spät es dort ist. Deswegen bietet es sich an, in der Uhr-App ein weiteres Land mit dessen aktueller Uhrzeit hinzuzufügen.

- Tippen Sie auf den Bereich Uhr 🕒 5 und anschließend auf das +-Symbol im unteren Bereich.
- Geben Sie in der Suchleiste das Land (bzw. Stadt) ein 6, für das die Uhrzeit angezeigt werden soll. Tippen Sie auf der Tastatur auf die Lupe oder wählen Sie aus den Vorschlägen aus.
- In der Übersicht erscheint nun die Uhrzeit und die Information zum Zeitunterschied.

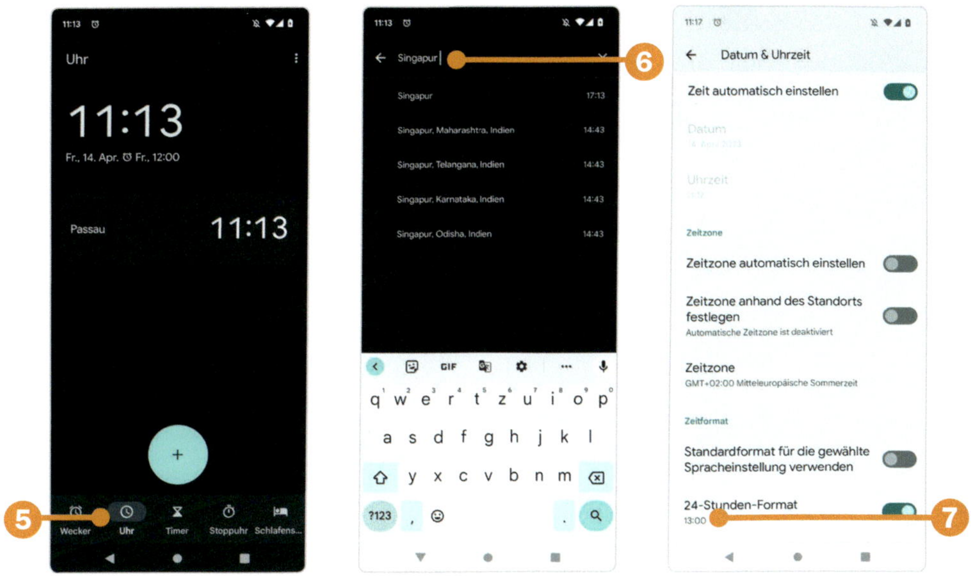

- In den *Einstellungen* unter *Datum & Uhrzeit* können Sie neben den Zeitzonen-Optionen 7 auch das Stundenformat anpassen.

Das Smartphone als Eieruhr

Das Vier-Minuten-Ei rechtzeitig aus dem Topf holen oder die Backzeit für den Kuchen einstellen - auch das bietet die App Uhr.

- Wählen Sie den Bereich Timer ⌛ ❶.
- Legen Sie die Zeit fest, nach deren Ablauf das Smartphone klingeln soll, und tippen Sie dann auf ▶ ❷.
- Während der Timer nach unten zählt, können Sie jederzeit pausieren ❸, abbrechen ❹ oder auch noch +1:00 *Min. hinzufügen*.
- Nach Ablauf ertönt ein Signal. Um dieses auszuschalten, tippen Sie auf *Stopp* ❺.

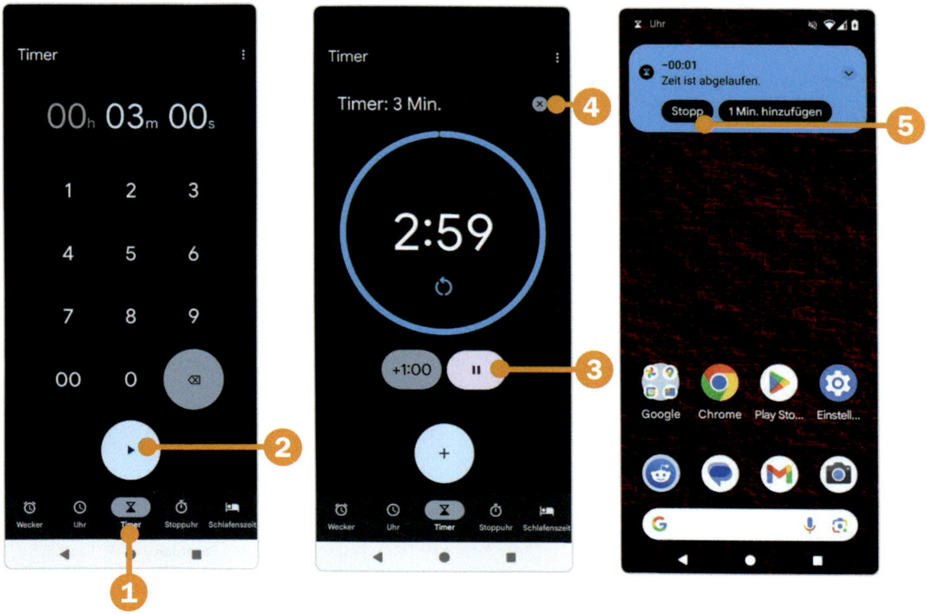

8.3 Einkaufslisten und andere Notizen

Es gibt eine Vielzahl toller Apps, mit denen Sie Notizen erstellen, aufwendig bearbeiten, teilen und sowohl am Smartphone als auch am Laptop betrachten können. Wer hier mehr machen möchte, dem sei Microsoft OneNote empfohlen. Für den Einstieg und das Anlegen von einfachen Listen reicht die App *Google Notizen*. Sollte diese nicht vorinstalliert sein, können Sie sie im Play Store herunterladen.

Notiz erstellen

- Öffnen Sie *Google Notizen* und tippen Sie auf *Jetzt starten*. Um eine neue Notiz zu erstellen, tippen Sie auf das + -Symbol unten rechts. Wählen ❶ Sie anschließend die Art der Notiz aus, z.B. *Text*.
- Tippen Sie in den Notizenbereich, um die Tastatur anzuzeigen. Geben Sie Text ein oder tippen Sie auf das Mikrofon, um Text zu diktieren. Mit + ❷ fügen Sie ein *Bild*, eine *Sprachaufnahme* oder *Kästschen* hinzu. Zu einer neuen Notiz können Sie durch Antippen von *Titel* ❸ noch eine Überschrift hinzufügen. Bestätigen Sie den Titel mit *Ok* auf der Tastatur.
- Tippen Sie auf *Zurück* ← . Die Notiz wird damit standardmäßig automatisch gespeichert. Die Einträge sind nach dem Änderungsdatum sortiert.
- Über ☰ ❹ wechseln Sie von der Kachelansicht zur Listenansicht.

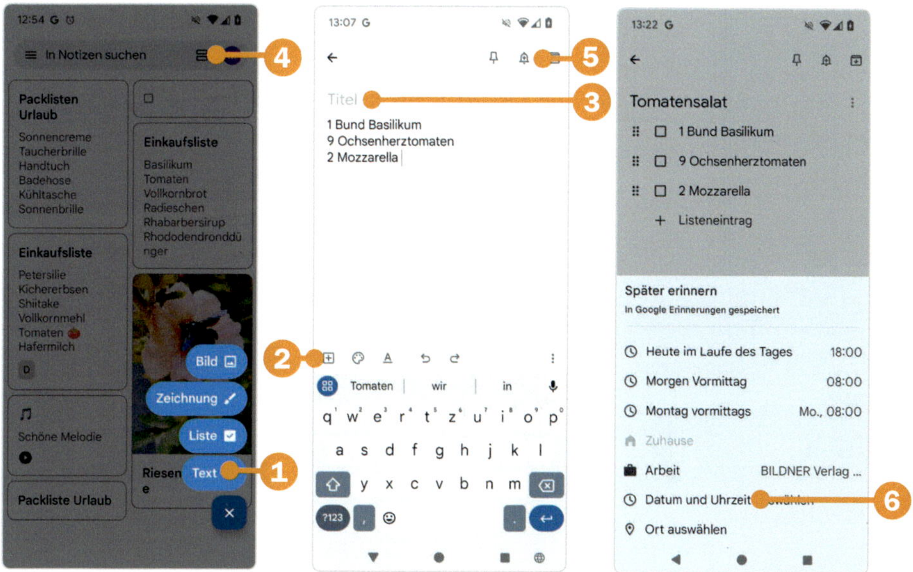

Notiz betrachten, bearbeiten und löschen

Inhalt einer Notiz betrachten: Tippen Sie die Notiz in der Übersicht an. Der Inhalt der Notiz wird angezeigt.

Notiz bearbeiten: Möchten Sie etwas ergänzen, tippen Sie auf den Inhalt.

- Um später an eine Notiz erinnert zu werden, tippen Sie oben rechts auf die Glocke ❺ und wählen Sie ein Datum und eine Uhrzeit ❻ aus.

- Mithilfe der Farbpalette ⑦ links unten können Sie Ihre Notizen im Handumdrehen aufhübschen. Wählen Sie passende Farben und einen Hintergrund ⑧ aus.
- Mit A passen Sie die Größe an und formatieren den Text.
- Mit der Zurück-Taste kehren Sie wieder zur Übersicht zurück.

Notiz löschen: Alte Notizen schieben Sie in der Übersicht mit dem Finger nach links oder rechts direkt in den Papierkorb. Sie können zu löschende Notizen auch erst öffnen und im Drei-Punkte-Menü *Löschen* ⑨ auswählen. In diesem Menü finden Sie übrigens auch die Optionen *Kopie Erstellen*, *Senden*, *Mitarbeiter hinzufügen* und *Mit Label markieren*.

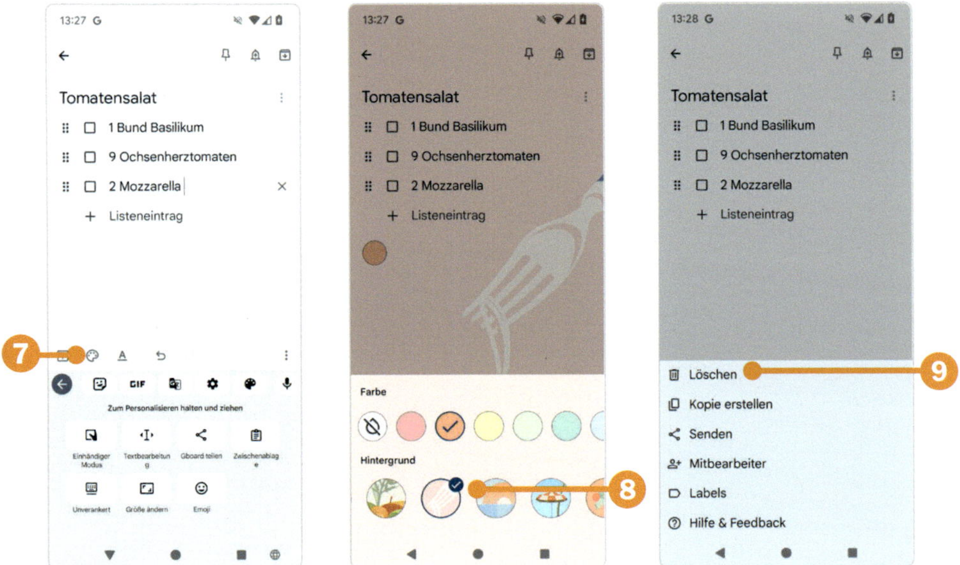

Screenshot erstellen

Ein Screenshot ist ein Foto Ihres Bildschirms. Diese Funktion ist praktisch, wenn Sie eine Frage zu einer App haben oder eine Meldung nicht verstehen. Dann machen Sie einfach einen Screenshot, den Sie an jemanden im Familien- oder Bekanntenkreis senden, der vielleicht eine Antwort weiß.

Das weiteres nützliche Einsatzgebiet ist, wenn Sie Informationen behalten wollen, die Sie beispielsweise im Netz gefunden haben, etwa ein Rezept. Machen Sie einfach einen Screenshot. Natürlich stellt auch der Browser eine Merkfunktion zur Verfügung, aber der Screenshot ist so einfach und schnell!

- Um einen Screenshot von Ihrem Bildschirminhalt (z. B. auf der folgenden Seite ein Rezept auf einer Webseite) zu erstellen, tippen Sie gleichzeitig und kurz auf die Lautstärke-leiser-Taste und die Funktionstaste.
- Sie sehen, dass es funktioniert hat, wenn auf dem Bildschirm die Bearbeitungsleiste ❶ erscheint. Mit dem Stift schneiden Sie den Screenshot zu, mit *Mehr aufnehmen* ❷ machen Sie einen Scrollshot, d. h. es wird auch der Bildschirminhalt weiter unten mit aufgenommen.
- Ist der erste Screenshot gemacht, taucht sowohl in der App *Fotos* ▶ *Sammlungen* als auch in der *Gallery* ein Ordner mit dem Namen *Screenshots* ❸ auf.

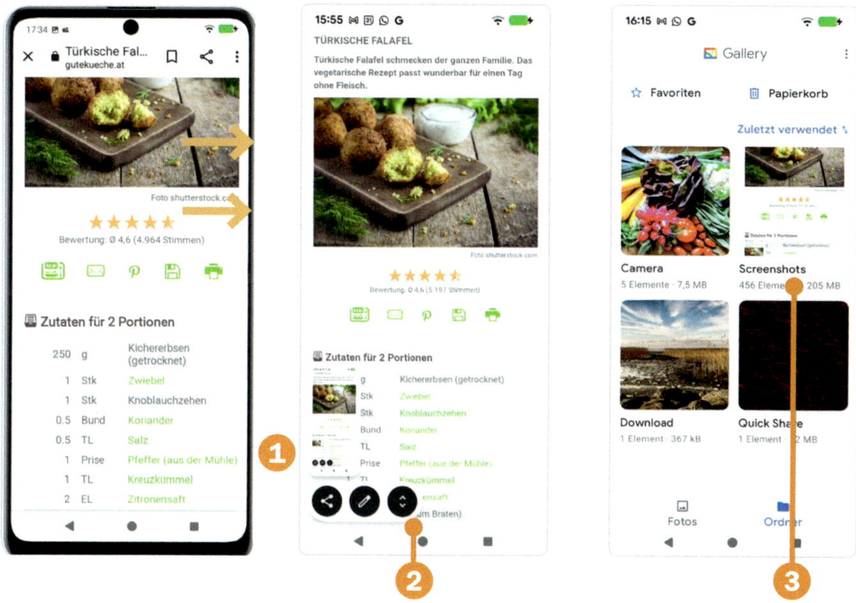

Screenshot versenden: Über das Senden-/Teilen-Symbol kann der Screenshot direkt an Freunde und Bekannte verschickt werden.

9 Gesucht & Gefunden

Das Internet hält eine Vielzahl an nützlichen Informationen, lustigen Videos, Einkaufsmöglichkeiten u. v. m. bereit. Lassen Sie uns gemeinsam in die Tiefen des Surfens eintauchen! Dieses Kapitel beschäftigt sich mit den Möglichkeiten der App *Google*. Die App ist auf dem Smartphone vorinstalliert. Viele Suchen enden bei YouTube, einem Portal mit Videos zu Musik, Spielen, Informationen zu und Ausschnitten von Filmen, Sport und Anleitungen zu allen möglichen Themen. Auch diesem wollen wir uns kurz widmen.

9.1 Im Netz surfen

Google-App verwenden

Für eine Recherche im Internet verwenden Sie beispielsweise die App *Google*. Diese bietet neben der Suche noch weitere Informationsbereiche.

- Tippen Sie auf die App *Google* im Ordner *Google*.

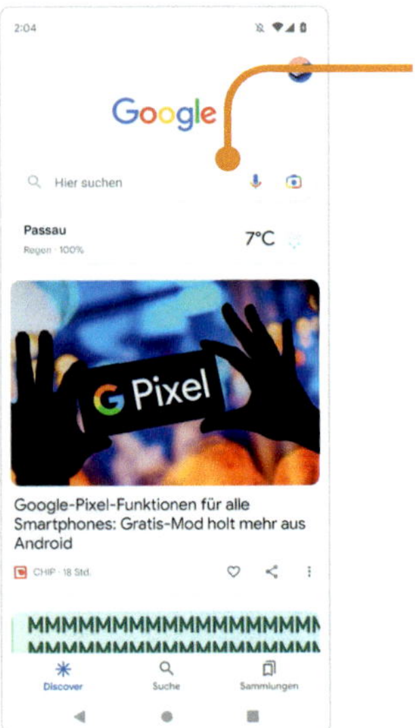

Suchanfragen

Nachrichten

Rubriken

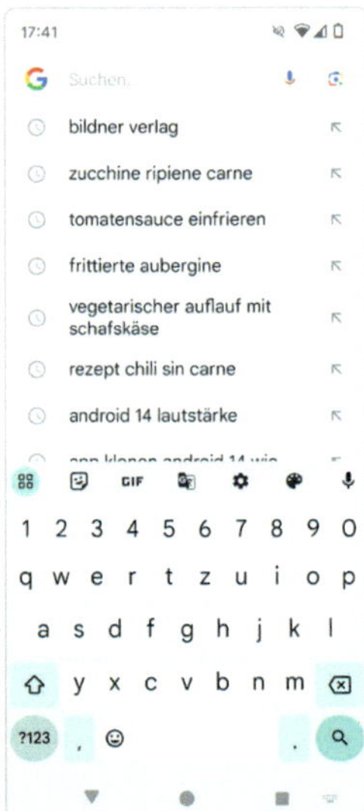

In der Rubrik **Discover** finden Sie die Suchleiste zur Eingabe Ihres Suchbegriffs und darunter eine Zusammenstellung aktueller Nachrichten.

Die Rubrik **Suche** bietet ebenfalls eine Suchleiste und zeigt den Verlauf - eine Liste Ihrer vergangenen Suchanfragen.

In der Rubrik **Sammlungen** finden Sie gespeicherte Webseiten.

- Für eine Suche muss der Bereich *Discover* oder *Suche* ausgewählt sein. Geben Sie in der Suchleiste einen Begriff ein, z. B. Wanderwege Bayrischer Wald ❶. Schon nach Eingabe der ersten Buchstaben erscheinen Suchvorschläge ❷ zu Ihrem Begriff. Wählen Sie einen aus. Oder schreiben Sie das Wort/die Wörter aus und tippen anschließend auf das Lupen-Symbol 🔍.
- Sie erhalten nun eine Trefferliste mit einer Vielzahl an Webseiten zu Ihrer Suche. Wählen Sie eine Webseite durch Antippen der blauen Seitenbezeichnung ❸ aus. Sie werden nun zu dieser Webseite weitergeleitet. Bevor Sie den Artikel lesen können, müssen Sie beim ersten Besuch der Seite die Cookies akzeptieren oder ablehnen ❹.

> Cookies sind Textinformationen, die an den Betreiber der besuchten Webseite gesendet werden. Sie enthalten unter anderem die Identifizierung des Surfers und das für das Speichern bestimmter Dienste notwendig, z. B. Anmeldedaten, Warenkörbe etc. Grundsätzlich sind Cookies nicht gefährlich, wenngleich sie das Surfverhalten des Internetnutzers analysieren und daraufhin beispielsweise passende Werbungen generieren können. Auf die Menge der eingeblendeten Werbung hat das Ablehnen der Cookies keinen Einfluss.

- Wollen Sie wieder zur Auflistung Ihrer Suchergebnisse, tippen Sie auf die Zurück-Taste ‹. Durch vertikales Wischen über die Trefferliste bzw. über den Webseiteninhalt zeigen Sie weitere Informationen an.

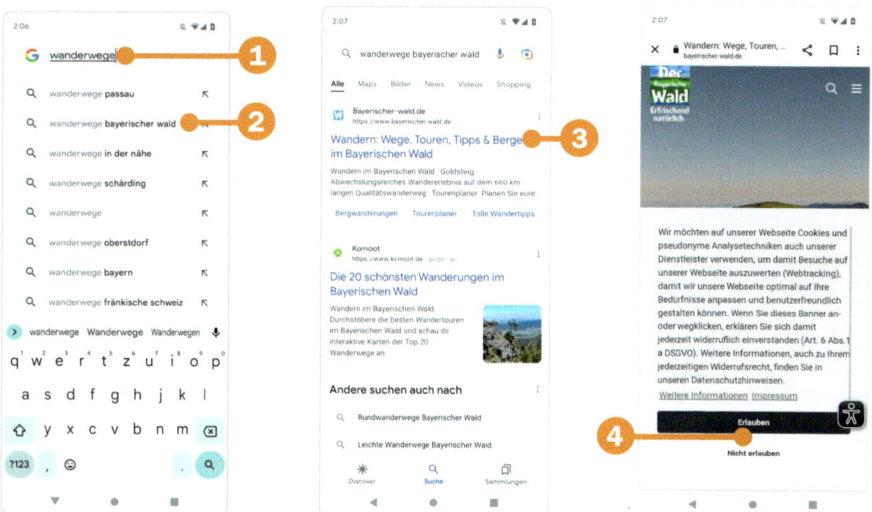

Tipp: *Chrome* von Google ist ein weitverbreiteter Browser. Ein Browser bietet gegenüber der Google App den Vorteil, dass Sie in die Suchleiste eine Internetadresse eintippen und diese direkt aufrufen können. Öffnen Sie *Chrome* und geben Sie in der oberen Suchleiste eine Internetadresse oder einen Suchbegriff ein und tippen auf das Pfeilsymbol auf der Tastatur.

Google-Widget Suche

Schneller starten Sie eine Suche über das Google-Widget auf dem Startbildschirm. In die Suchleiste können Sie Ihren Suchbegriff eintippen und dann mit der Lupe auf der Tastatur bestätigen. Wer möchte, kann die Anfrage auch diktieren. Tippen Sie dazu auf das **Mikrofon-Symbol** in der Suchleiste und stellen Sie zügig Ihre Frage. Es muss sich dabei nicht um einen vollständigen Satz handeln.

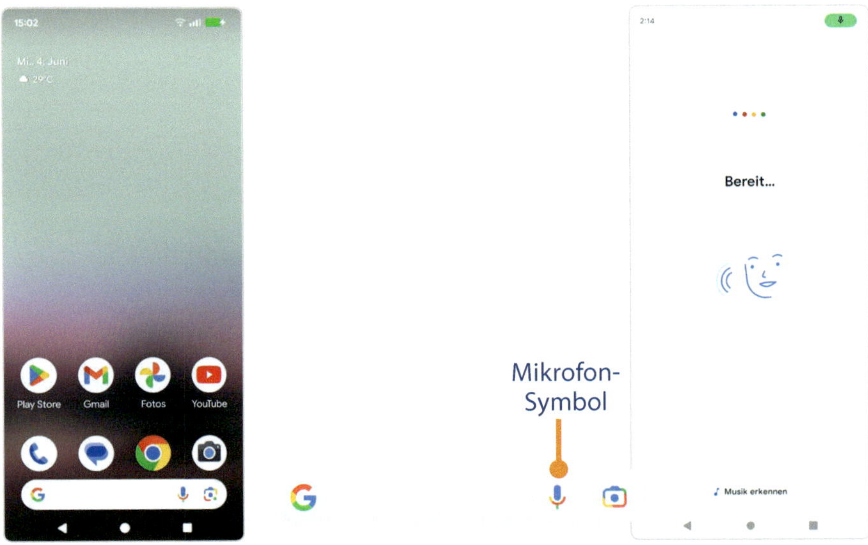

Google Lens: Nach allem was Sie sehen, können Sie suchen

Nach allem was Sie sehen, können Sie auch suchen! Mit *Google Lens* nehmen Sie ein Objekt mit Ihrer Kamera auf und starten eine Internetrecherche. Damit beantworten Sie ganz leicht Fragen wie: Was für eine Pflanze, Sehenswürdigkeit oder Hunderasse ist das?

- Tippen Sie in der Google-Suchleiste auf das Kamera-Symbol .

- Bei der ersten Verwendung müssen Sie einige Zugriffsrechte erteilen: Gewähren Sie Zugriff auf die Fotogalerie und entscheiden Sie dann, ob Sie Google den *Vollen Zugriff erlauben* oder Sie bestimmte *Fotos und Videos auswählen*, auf die Google der Zugriff gewährt wird.
- Tippen Sie dann im oberen Bereich auf *Mit der Kamera suchen* und auf *Kamera öffnen* ❶. Anschließend erlauben Sie Google entweder generell *Bei Nutzung der App* oder vorerst *Nur dieses Mal* Bilder und Videos aufzunehmen.
- Achten Sie darauf, dass der Bereich Suche ❷ ausgewählt ist, nehmen Sie das Objekt ins Visier und drücken Sie den Auslöser ❸.
- Nun werden Ihnen im unteren Bereich die Informationen ❹ zu dem aufgenommenen Bild angezeigt. Scrollen Sie nach unten, wenn Sie weitere Webseiten sehen wollen.

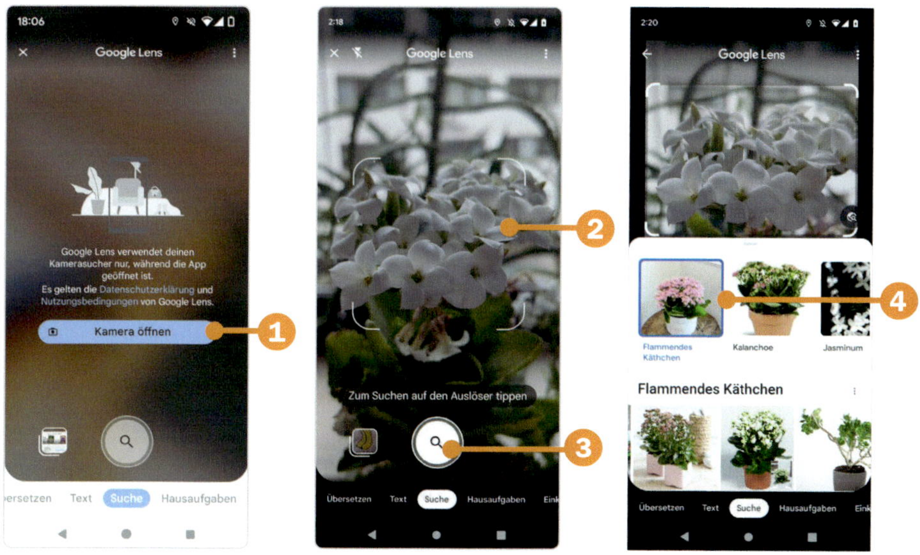

Circle to Search

Circle to Search ist eine neue Funktion von Google, mit der man etwas auf dem Smartphone-Bildschirm einkreisen kann und dann automatisch eine Suche im Internet dazu startet. Der Vorteil ist, dass Sie die App, die Sie gerade verwenden, nicht verlassen müssen. Sie betrachten beispielsweise ein Video auf YouTube und finden das T-Shirt der Moderatorin gut. Mit Circle to Search kreisen Sie das Oberteil ein und finden heraus, wo es gekauft werden kann. Oder Sie sehen ein von einem Freund fotografiertes Tier auf Mastodon. Einmal eingekreist wissen Sie schnell, worum es sich handelt. Sie können auch Text markieren und dazu eine Internetrecherche starten. So geht's:

- Halten Sie die Home-Taste ❶ gedrückt, bis die Google-Suche erscheint. Damit ist der Bildschirm eingefroren.
- Sie können nun in aller Ruhe mit dem Finger das Objekt umkreisen ❷, über das Sie mehr erfahren möchten. Bei kleineren Objekten oder Texten ist es einfacher, darüber zu kritzeln. Auch das funktioniert.
- Im unteren Bereich erhalten Sie nun eine KI-Antwort ❸, wischen Sie weiter nach unten, werden Suchergebnisse angezeigt. Wenn Sie wieder zur App zurückkehren möchten, tippen Sie auf das x-Symbol ❹.

Circle to Search aktivieren bzw. deaktivieren Sie unter *Einstellungen* ▸ *System* ▸ *Navigationsmodus* ▸ *Circle to Search*.

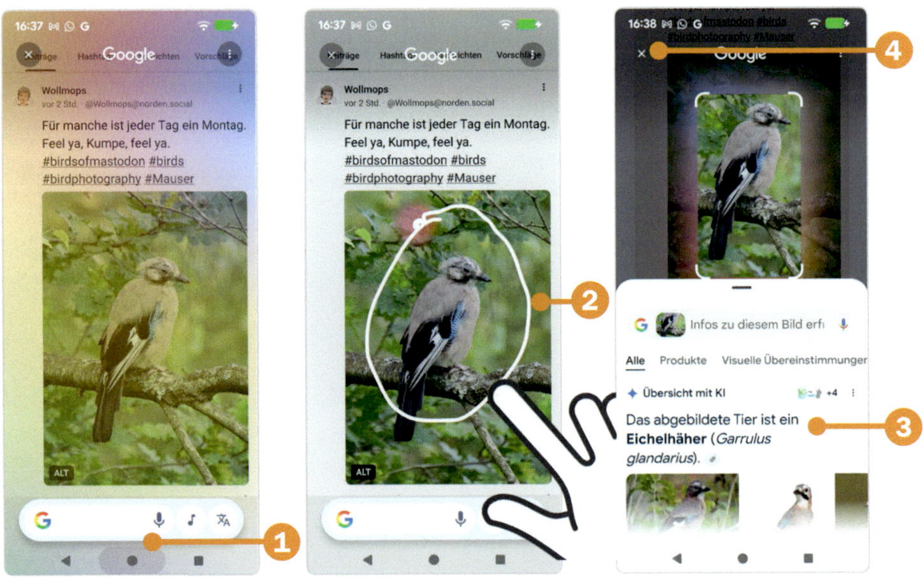

9.2 YouTube - das Videoportal

YouTube enthält alle Arten von Videos - sowohl informative als auch unterhaltende. Hier finden Sie Musikvideos, Tutorials (Anleitungen) zu allen möglichen Themen, Ausschnitte aus TV-Sendungen und vieles mehr. Die YouTube-Inhalte werden nicht auf ihre Richtigkeit überprüft und so kann jeder auch seine ganz persönlichen Ansichten der Welt mitteilen. Der Zuschauer muss selbst entscheiden, was er glauben möchte.

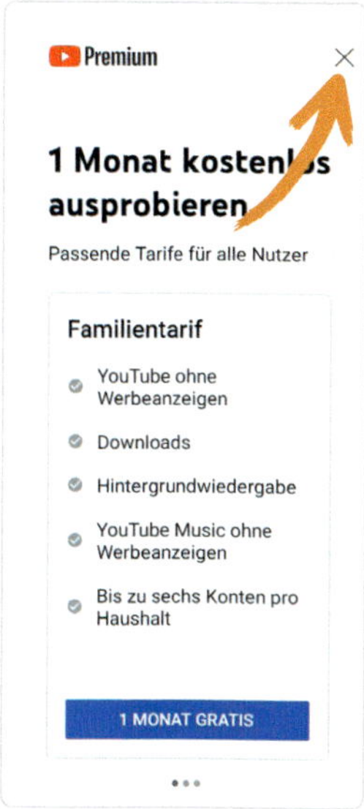

YouTube und auch die Personen (YouTuber, Influencer), die dort Videos hochladen, finanzieren sich durch Werbeeinblendungen. Aus diesem Grund sehen Sie am Anfang eines Videos und zum Teil auch als Videounterbrechung, Werbefilme. Das ist der Preis für das sonst kostenlose Angebot.

YouTube Premium: Während der Nutzung von YouTube wird Ihnen hin und wieder YouTube Premium angeboten. Dieses Angebot kostet nach Ablauf des Testzeitraums 11,99 € im Monat. Dafür wird neben weiterer Vorteile keine Werbung mehr eingeblendet. Tippen Sie auf das *x* oder auf *Schließen*, um auf dieses Angebot zu verzichten.

YouTube-Video abspielen

Die App ist auf Ihrem Gerät vorinstalliert. YouTube gehört zum Google-Konzern. Aus diesem Grund finden Sie die App im Google-Ordner.

- Öffnen Sie den Google-Ordner durch Antippen und wählen dann die App *YouTube*.
- Parallel zum unteren Bildschirmrand finden Sie die YouTube-Bearbeitungsleiste mit den Rubriken *Startseite* und *Shorts* ❶. In der Rubrik *Shorts* wechseln Sie durch vertikales Wischen zwischen Kurzvideos (max. 60 sec). Auf der Startseite stöbern Sie ebenfalls durch vertikales Wischen durch die Videoliste. Am oberen Rand können Sie durch Auswahl eines Filters ❷ (*Musik*, *Sketch Comedy*, *Heimwerken*, *Basteln*, etc.) nur Videos zu diesem Thema anzeigen. Durch die Auswahlleiste wischen Sie horizontal. Einen Filter wählen Sie durch antippen aus. Um den Filter wieder zu entfernen, tippen Sie auf *Alle*.

- Wenn Ihnen ein Video zusagt, tippen Sie darauf. Das Video wird sofort gestartet. Vor vielen Videos wird zunächst Werbung eingeblendet. Diese können Sie in der Regel nach fünf Sekunden einfach mit einem Tipp auf *Werbung überspringen* ❸ beenden.
- Falls das ausgewählte Video keinen Ton hat, kontrollieren Sie die Lautstärke durch Drücken der Lautstärketaste rechts am Handy. Dadurch wird an der Seite die Lautstärkeleiste eingeblendet. Allerdings ist auch nicht jedes YouTube-Video mit Ton hinterlegt.
- Wenn Sie das Video pausieren wollen, tippen Sie auf das Videobild und anschließend auf ⏸ ❹. Wieder starten können Sie das Video mit ▶.

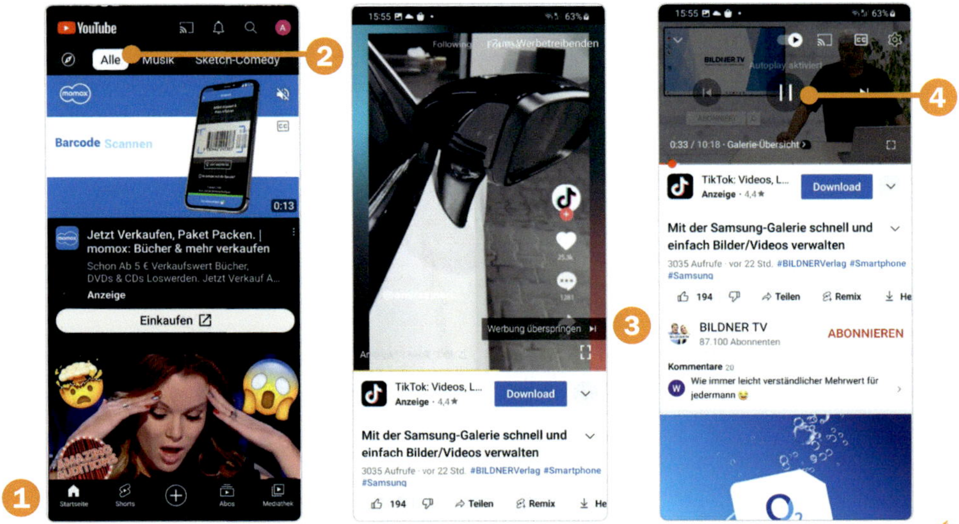

Wenn Sie weiterstöbern wollen, betätigen Sie die Zurück-Taste ‹. Das Video wird nicht beendet, sondern im unteren Bereich eingeblendet. Jetzt können Sie ein neues Video auswählen. Um das aktuelle Video zu schließen, tippen Sie auf *x*.

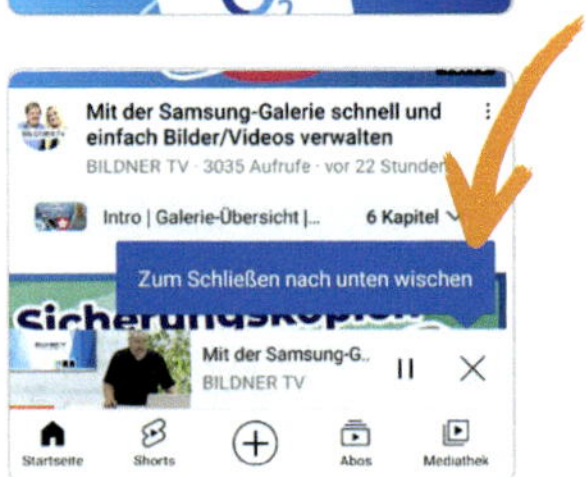

Wenn Sie die YouTube-App schließen, wird auch das Video beendet. Sie können also beispielsweise keine Musik hören und zeitgleich in anderen Apps aktiv sein. Das ist offiziell nur mit dem kostenpflichtigen Premium-Konto möglich.

Video suchen

- Verwenden Sie die Suchleiste, indem Sie rechts oben auf die Lupe tippen. Geben Sie Ihren Suchbegriff ein und wählen Sie entweder aus den Vorschlägen aus oder tippen Sie auf Ihrer Tastatur auf die Lupe rechts unten.

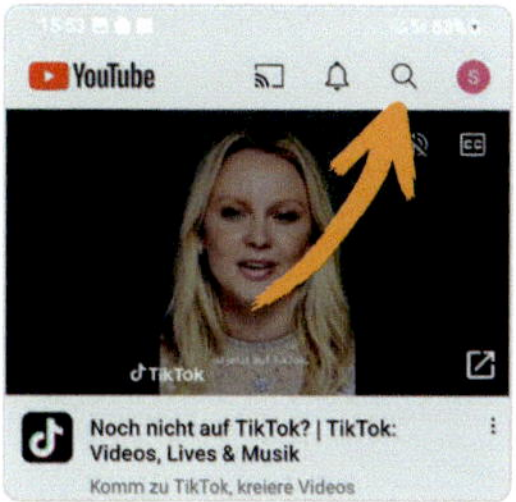

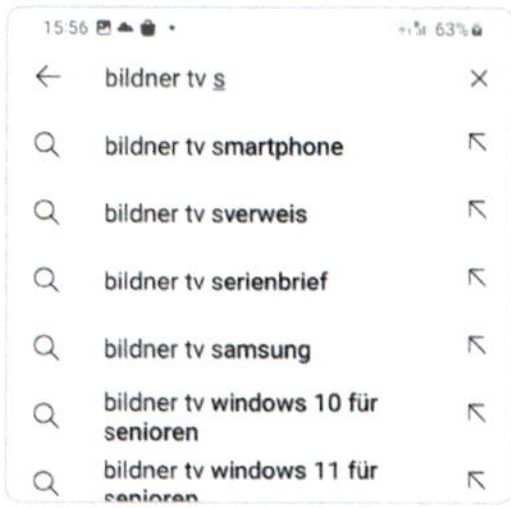

Videos im Querformat

Damit das Video den gesamten Bildschirm ausfüllt, drehen Sie das Smartphone einfach ins Querformat. Das Video wechselt dadurch automatisch in den Vollbildmodus. Wenn Sie das Handy wieder im Hochformat halten, rutscht das Video automatisch ins obere Drittel des Displays zurück.

Beim ersten Drehen werden Sie darauf hingewiesen, dass die Navigationsleiste abgeblendet wird. Streichen Sie einmal von der Seite nach innen ❶, um die Navigationsleiste anzuzeigen, und tippen Sie dann auf *OK* ❷. Dies passiert nur beim ersten Mal, um Sie auf diesen Umstand hinzuweisen. Wenn die Navigationsleiste nicht angezeigt wird, streichen Sie mit dem Finger vom Rand des Bildschirms nach innen und zwar von der Seite, an der sich die Multifunktionsbuchse für den Anschluss des Ladegeräts befindet.

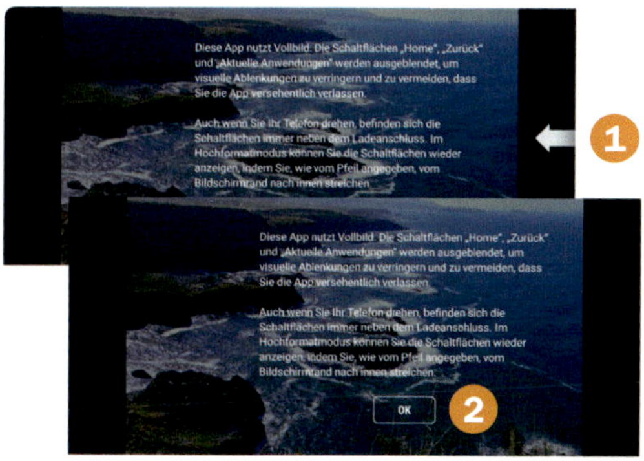

Der Bildschirm dreht nicht

Sollte sich der Bildschirm nicht automatisch drehen, gehen Sie so vor: Öffnen Sie die Schnelleinstellungen, indem Sie vom oberen Bildschirmrand nach unten wischen. Suchen Sie die Option *Portrait* und tippen Sie darauf. Dadurch wird *Bildschirm drehen* aktiviert. Über diesen Weg können Sie jederzeit das Drehen des Bildschirms auch wieder verhindern.

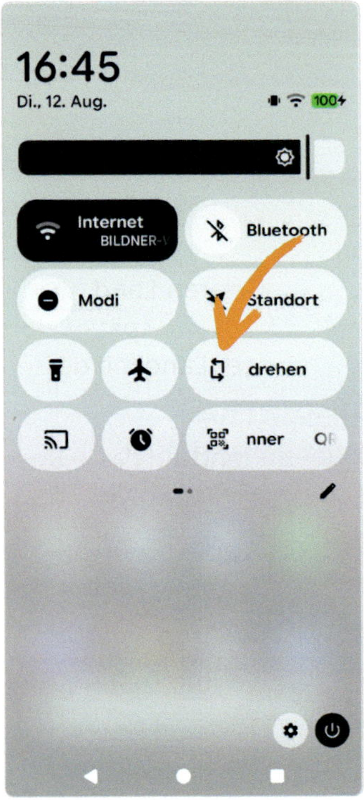

Bildschirm dreht nicht

Bildschirm dreht

10 Verbindungen herstellen

Das Smartphone lässt sich für verschiedene Zwecke mit unterschiedlichen Geräten verbinden: Über Bluetooth koppeln Sie Geräte, wie die Freisprechanlage im Auto, einen Bluetoothkopfhörer oder Musiklautsprecher. Um im Internet mit dem Smartphone zu surfen, ohne Ihr Datenvolumen zu belasten, benötigen Sie eine Verbindung zum WLAN-Router und mittels USB-Kabel können Bilder vom Handy auf den PC übertragen werden.

10.1 Smartphone mit einem WLAN verbinden

Bei der Ersteinrichtung haben Sie schon eine Verbindung zu Ihrem WLAN Zuhause hergestellt. Sie können sich aber auch bei Freunden, im Hotel, oder unterwegs in öffentlichen Hotspots, mit dem vorhandenen WLAN verbinden.

- Tippen Sie auf *Einstellungen* ⚙ und wählen Sie *Netzwerk & Internet* ▶ *Internet* ❶ und dann *WLAN* aus. Ist der Regler aus *Aus* ❷, müssen Sie die WLAN-Funktion erst noch einschaltet. Es erscheint eine Liste aller verfügbaren Netzwerke in der Umgebung.
- Tippen Sie das gewünschte WLAN ❸ an. Für den Zugang zu Netzwerken, die mit einem Schloss gekennzeichnet sind, benötigen Sie ein Kennwort. Geben Sie dieses ein und tippen Sie dann auf *Verbinden* ❹. Sobald Sie mit dem Netzwerk verbunden sind, können Sie in den Einstellungen prüfen, ob die Option *Automatische Verbindung* ❺ aktiviert ist. Dadurch wird das Smartphone automatisch wieder mit dem WLAN verbunden, wenn Sie erneut in der Nähe sind.
- WLAN-Netze ohne Schloss-Symbol sind öffentlich. Diese gibt es z. B. in der Bahn, an Flughäfen oder in Einkaufszentren. Hier benötigen Sie kein Kennwort. Sie müssen allerdings meist deren Nutzungsbedingungen akzeptieren. Dazu öffnet sich nach Verbindungsaufbau eine Webseite in Ihrem Browser. Erst dann können Sie das WLAN nutzen.

Achtung! In Hotels oder Ferienwohnungen muss das angebotene WLAN, im Ausland meistens als Wi-Fi bezeichnet, nicht immer kostenlos zur Verfügung stehen. Erkundigen Sie sich am besten im Vorfeld, ob ein kostenloses Netzwerk zur Verfügung gestellt wird.

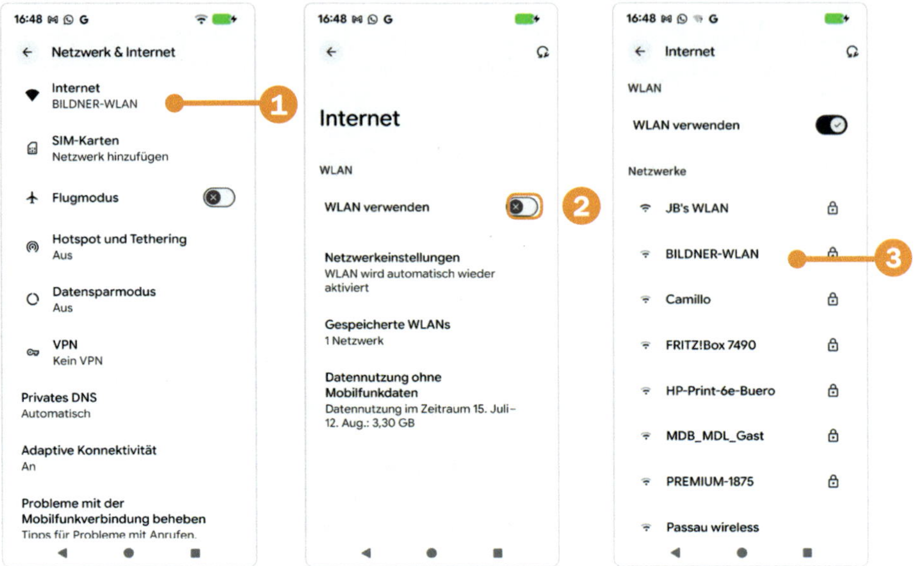

Öffnen Sie *Netzwerkeinstellungen*, um zu den Optionen *WLAN automatisch aktivieren* und *Über öffentliche Netzwerke informieren* ⑥ zu gelangen. Erstere schaltet automatisch Ihr WLAN ein, sobald Sie an einen Ort kommen, an dem Sie in der Vergangenheit bereits mit einem WLAN verbunden waren. Voraussetzung hierfür ist selbstverständlich ein aktiver Standort. Ist die zweite Option aktiviert, erhalten Sie eine Benachrichtigung, sobald ein kostenloses öffentliches WLAN zur Verfügung steht.

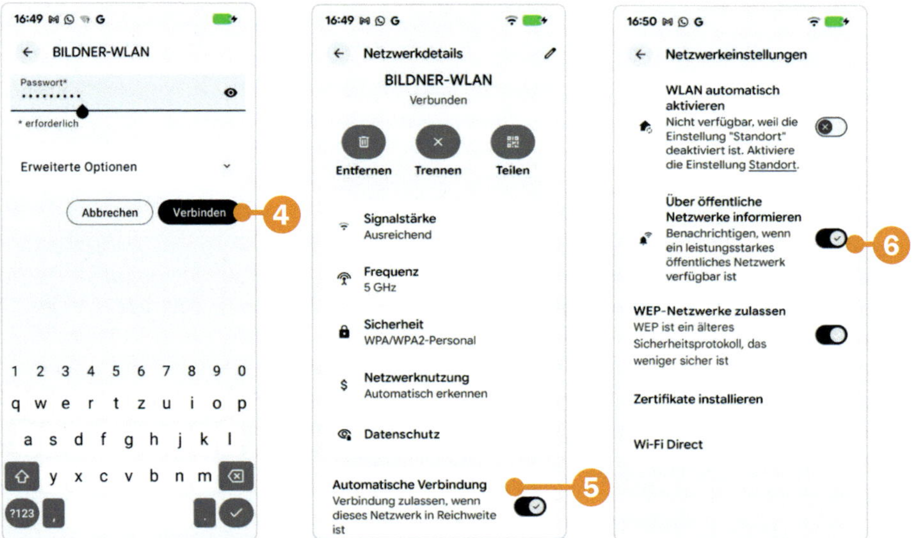

10.2 Smartphone mit dem PC verbinden

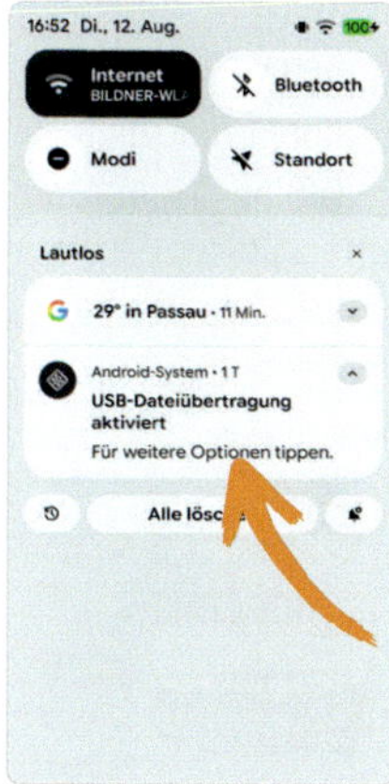

Das Smartphone lässt sich ganz einfach mit dem PC verbinden. Dazu brauchen Sie nur ein USB-Kabel, das Sie in der Regel in der Verpackung Ihres Smartphones finden. Gründe für eine Verbindung zum PC könnten sein:

- **Speicher aufräumen:** Wenn der Smartphonespeicher voll ist, sollte man vor allem Fotos und Videos vom Smartphone löschen. Zuvor sollte man diese jedoch auf den PC übertragen.
- **Sicherungskopien erstellen:** Fotos, Videos oder andere Dateien können zur Sicherheit auf den PC kopiert werden, vor allem wenn man keinen Cloud-Speicher verwenden möchte. So sind die wichtigsten Daten vorhanden, sollten Sie das Handy verlieren oder sollte es plötzlich nicht mehr funktionieren.
- **Musik kopieren:** Wer nicht auf Musik-Streaming-Dienste, z. B. YouTube oder Spotify, zurückgreifen möchte, kann sich Musikstücke vom PC auf das Smartphone kopieren, um sie dann ohne Werbeunterbrechungen oder zusätzliche Kosten anzuhören.
- **Webcam:** Möchte man am PC ein Videotelefonat führen, hat aber keine verbaute Kamera, so kann man einfach das Handy als Webcam nutzen.

Bilder auf den PC übertragen

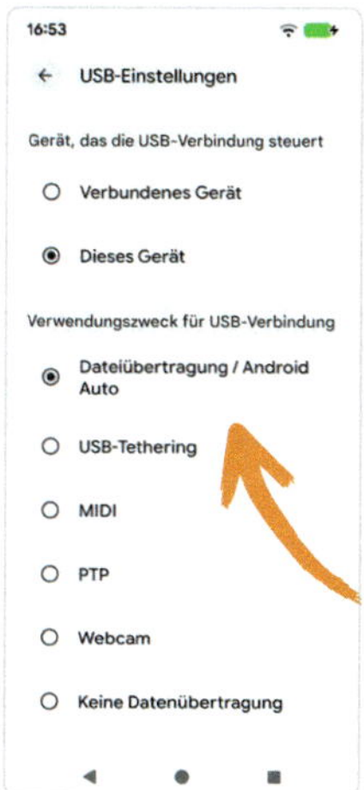

1. Verbinden Sie das Smartphone mit dem mitgelieferten Kabel über den USB-Port mit Ihrem PC oder Laptop und tippen Sie am Smartphone auf die Meldung *Gerät wird über USB aufgeladen* für weitere Optionen.
2. Erlauben Sie *Dateiübertragung*. Hierfür müssen Sie nochmals Ihr Gerät entsperren.
3. Öffnen Sie nun am Windows-PC den Datei-Explorer und klicken Sie links im Navigationsbereich unter *Dieser PC* ▶ *Geräte und Laufwerke* auf Ihr dort erscheinendes Smartphone. Nun wird der Interne Speicher des Handys angezeigt. Klicken Sie diesen doppelt an, um dessen Inhalt anzuzeigen.

- **Kopieren von Handy-Fotos auf den PC:** Klicken Sie den Ordner *DCIM* ❶ doppelt an und dann den Ordner *Camera*. Hier werden alle Fotos angezeigt, die Sie mit dem Smartphone geknipst haben. Bilder, die Sie über WhatsApp erhalten haben, sind nicht in diesem Ordner.
- **Kopieren von Musikdateien auf das Smartphone:** Wenn Sie Musik auf Ihrem PC oder Laptop gespeichert haben, die Sie gerne auch auf dem Handy hören möchten, dann kopieren Sie die Daten in den Ordner *Music* ❷.

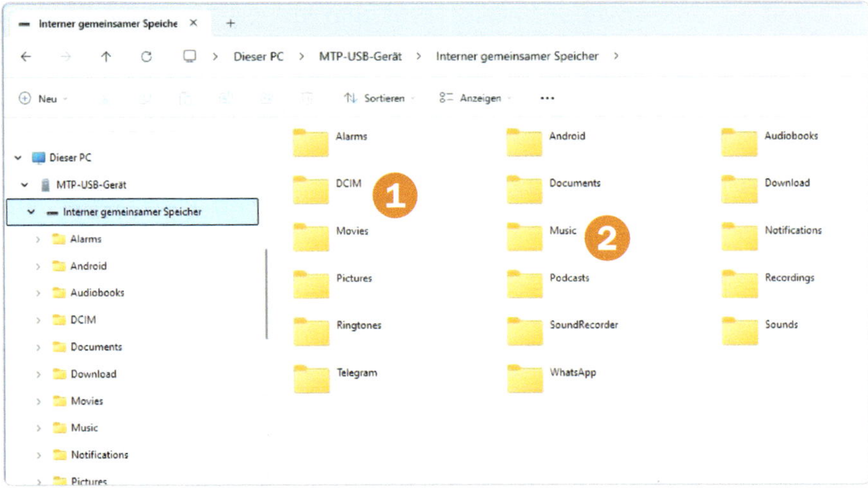

10.3 Zubehör über Bluetooth koppeln

Bluetooth ist eine Methode zur Datenübertragung via Funk zwischen zwei Geräten, die nicht weiter als zehn Meter voneinander entfernt sind. Damit können Sie verschiedene Geräte kabellos miteinander verbinden, beispielsweise Ihr Smartphone mit Bluetoothkopfhörern oder einem -lautsprecher, um Musik vom Handy zu übertragen.

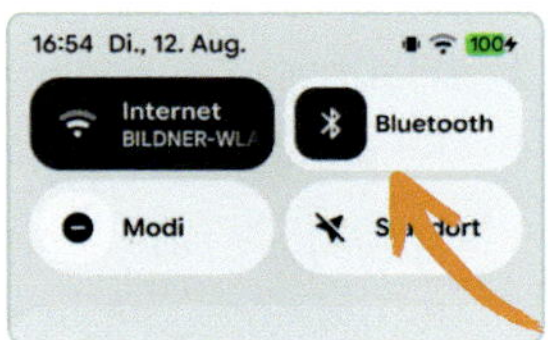

So verbinden Sie ein Gerät via Bluetooth

- ▶ Schalten Sie Bluetooth in den Schnelleinstellungen ein und tippen Sie auf die Kachel.
- ▶ Wählen Sie anschließend *Neues Gerät koppeln* ❶. Es wird nun nach Geräten gescannt, die sich in der Nähe befinden und eine Liste mit *Verfügbaren Geräten* angezeigt.

- Das Gerät, welches Sie verbinden möchten, muss sich im Kopplungsmodus befinden, d. h. beispielsweise, dass der Lautsprecher eingeschaltet ist und der Kopplungsbutton gedrückt wurde, das Ladeetui der Kopfhörer geöffnet ist oder ein LED blinkt.
- Tippen Sie auf das gewünschte Gerät ❷, um dieses mit Ihrem Smartphone zu koppeln. Bestätigen Sie mit *Verbinden* oder *Koppeln* ❸. Manche Bluetooth-Geräte fragen nach Zugriff auf Ihre Kontakte, um beispielsweise Anrufbenachrichtigungen durchzuführen zu können.

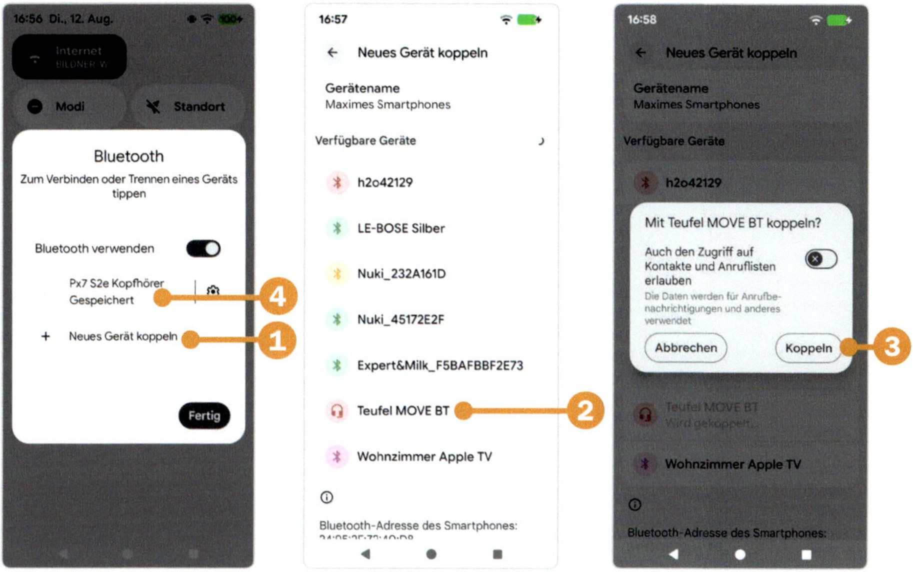

Grundsätzlich bleiben alle Geräte, die in Verwendung sind, gekoppelt. Sie schalten das Gerät nur ab oder legen die Ohrhörer in das Etui zurück. Bereits gekoppelte Geräte werden als *Gespeichert* ❹ angezeigt. Beim nächsten Gebrauch eines gekoppelten Geräts, muss nur Bluetooth aktiviert und das Gerät eingeschaltet sein, dann wird es im Regelfall automatisch verbunden.

Unter *Einstellungen* ▶ *Verbundene Geräte* ▶ *Verbindungseinstellungen* ❺ (siehe Abbildung nächste Seite) ▶ *Bluetooth* finden Sie die Funktion *Morgen automatisch aktivieren* ❻, welche Bluetooth automatisch am nächsten Tag einschaltet. Diese Option wird auch in den Schnelleinstellungen eingeblendet, sofern Bluetooth ausgeschaltet ist. Sie ist vor allem dann sinnvoll, wenn Sie regelmäßig zur etwa gleichen Uhrzeit mit Ihren Geräten eine Bluetooth-Verbindung aufbauen, erhöht aber auch zusätzlich die Wahrscheinlichkeit Ihr Gerät wiederzufinden, falls Sie dieses verlieren. Hierbei ist die auf Seite 72 beschrieben Aktivierung der Funktion *Geräte finden, die offline sind* erforderlich.

Gerät entkoppeln

Die Verbindung entkoppeln Sie beispielsweise, wenn das Gerät entsorgt oder verschenkt wird. Durch die Entkopplung wird es aus der Liste der *Verfügbaren Geräte* entfernt. Dazu tippen Sie auf das Zahnrad ⚙ 7 neben dem Gerätenamen und wählen *Entfernen* 8 und bestätigen nochmals mit *Gerät entkoppeln*.

Mit *Verbindung trennen* 9 unterbrechen Sie die Bluetoothverbindung zum Gerät. Dieses bleit aber verfügbar und kann jederzeit wieder verbunden werden.

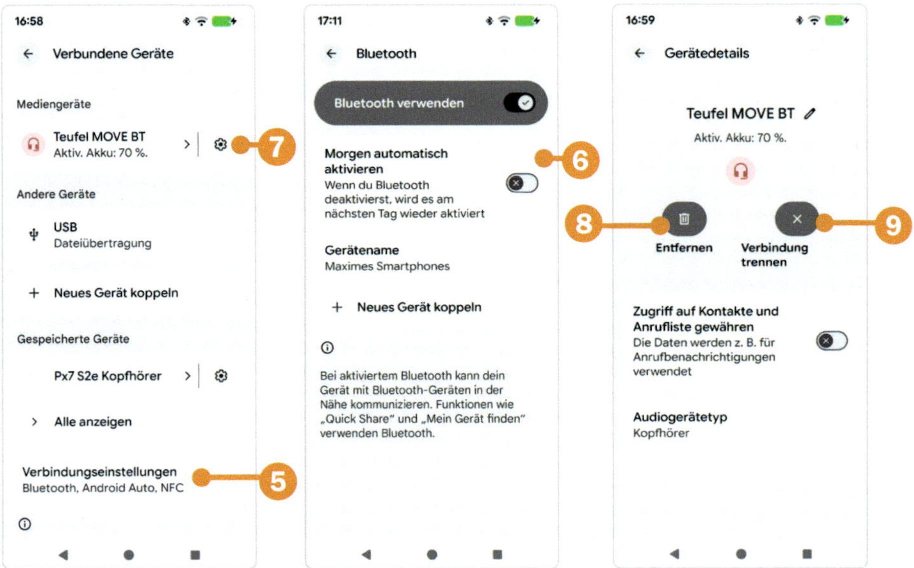

11 Unterwegs und im Urlaub

11.1 Navigation mit Google Maps

Google Maps ist auf Ihrem Handy vorinstalliert, kostenlos und absolut ausreichend, wenn Sie bei der Navigation zu Fuß oder im Auto Unterstützung benötigen. Die App berechnet die beste Route zu Ihrem Wunschziel und achtet dabei sogar auf die aktuelle Verkehrslage. Damit das funktioniert, müssen Sie Google erlauben Ihren Standort zu ermitteln.

☛ Öffnen Sie *Maps* im Ordner *Google* auf Ihrer Startseite.

- Kontrollieren Sie in den Schnelleinstellungen, ob die **Standortermittlung** auf Ihrem Smartphone aktiviert ist: Wischen Sie mit dem Finger vom oberen Bildschirmrand nach unten und überprüfen Sie, ob der Zugriff auf den *Standort* ❶ aktiviert ist. Falls nicht, tippen Sie das Symbol an.
- **Maps erlauben, den Gerätestandort abzurufen:** Jetzt müssen Sie noch sicherstellen, dass Maps die Berechtigung hat, auf Standortinformationen zuzugreifen (siehe Seite 136). Beim Antippen von ❷ sollte Ihr aktueller Standort auf der Karte angezeigt werden.

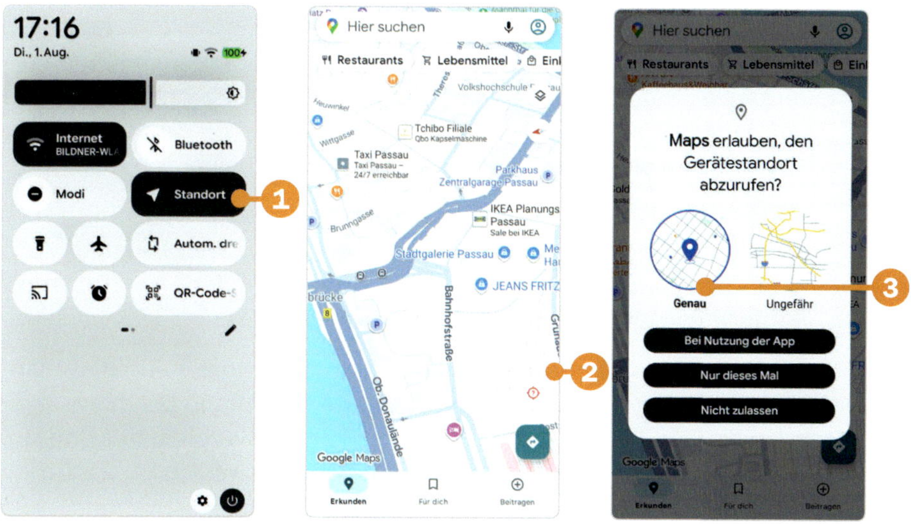

- Wird dieses Symbol ⊙ ❷ (Abbildung vorige Seite) angezeigt, erhalten Sie beim Antippen eine Zugriffsabfrage, da Google Maps nicht die erforderliche Berechtigung hat. Wählen Sie dann die Option *Genau* ❸ und *Bei Nutzung der App*. Außerdem möchte Google, dass Sie die **Google Standortdienste** nutzen. Bestätigen Sie mit *Ok*, andernfalls können Sie Maps nicht verwenden.

Eine Route festlegen

▶ **Ziel auswählen:** Geben Sie in der Suchleiste ❶ (siehe nächste Seite) die Zieladresse ein. Beginnen Sie mit der Straße, dann die Hausnummer gefolgt vom Ort. Tippen Sie auf die Lupe auf der Tastatur, um den gesuchten Ort auf der Karte anzuzeigen. Meist müssen Sie gar nicht alles eingeben, da Sie in der Trefferliste schon passende Vorschläge erhalten. Tippen Sie diesen dann an.

Bei langen Straßen ist es sinnvoll, die Hausnummer einzugeben. Wenn Sie einen Vorschlag verwenden möchten, tippen Sie bei diesem auf *Hausnummer hinzufügen* ❷. Der Vorschlag wird ins Suchfeld übernommen und Sie können dann sofort die Hausnummer eintippen. Danach verwenden Sie wieder das Lupen-Symbol auf der Tastatur.

▶ **Route bestimmen:** Tippen Sie links unten auf *Route* ❸. Google Maps zeigt Ihnen die schnellste Route unter Berücksichtigung der Verkehrslage in blauer Farbe an. Der Kartenausschnitt beinhaltet mehrere Routen (alternative Routen sind grau dargestellt). Wählen Sie eine andere Route aus, indem Sie auf diese tippen. Unten sehen Sie für die ausgewählte Route die zu fahrenden (Kilo-)Meter und die aktuelle Fahrzeit ❹.

▶ **Wie bin ich unterwegs?** Zur Bestimmung der besten Route ist natürlich auch wichtig, ob Sie mit dem Auto, dem Fahrrad oder gar zu Fuß unterwegs sind. Zur Auswahl des Verkehrsmittels tippen Sie das passende Symbol ❺ an; das kann selbstverständlich die Streckenführung beeinflussen.

▶ **Startpunkt manuell festlegen:** Durch die Standortfreigabe ermittelt Maps Ihre aktuelle Position und zeigt die Route beginnend bei Ihrem aktuellen Standort an. Falls das nicht so ist, könnte Google unter Umständen die Berechtigung für den Standort fehlen. Natürlich kann auch ein anderer Startpunkt gewählt werden. Tippen Sie auf *Mein Standort* ❻ und geben Sie einen anderen Ort ein.

- **Navigation beginnen und beenden:** Mit der Schaltfläche *Starten* ❼ beginnen Sie die Navigation. Neben der Anzeige am Bildschirm ertönt dann auch eine Stimme, die die Abzweigungen rechtzeitig und mehrfach nennt. Eventuell müssen Sie die Lautstärke am Smartphone anpassen. Zum Abbrechen der Navigation tippen Sie unten links auf *x*.

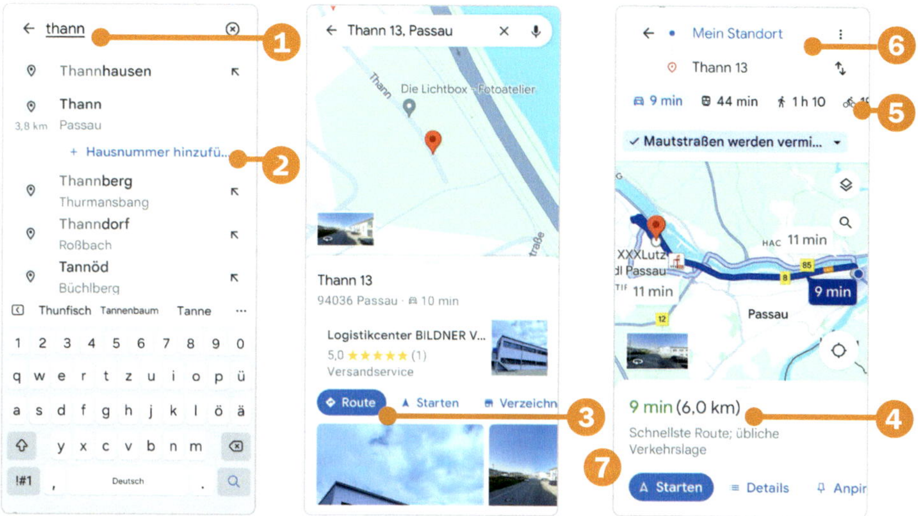

Offlinewegbeschreibungen

Bei Verbindungsproblemen und vor allem im Urlaub sind Offlinekarten toll. Damit laden Sie die Wegbeschreibung einfach auf Ihr Smartphone und sind damit unabhängig.

- **Kartenausschnitt herunterladen:** Geben Sie einen Ort ein, für den und dessen Umgebung Sie eine Offlinekarte benötigen. Tippen Sie unten auf den Bereich mit dem Ortsnamen ❶ Anschließend tippen Sie unten rechts auf *Mehr* ❷ und wählen hier *Offlinekarte herunterladen*. Ist die Schrift besonders groß eingestellt, müssen Sie ggf. erst etwas von unten nach oben und dann nach links zur Seite wischen, um *Mehr* enzublenden.

  Sie können jetzt mit dem Finger den Kartenausschnitt verschieben, um andere Orte einzubeziehen. Außerdem können Sie den angezeigten Bereich etwas kleiner zoomen (Daumen und Zeigefinger auf der Karte aufeinander zu bewegen), um weitere Gebiete in den Download aufzunehmen. Dieser wird dadurch größer. Wie viele Megabyte (MB) heruntergeladen werden, sehen Sie unten. Bestätigen Sie den Download nochmals mit *Herunterladen* ❸.

- Die Offlinekarte wird automatisch verwendet, wenn Sie über keine Internetverbindung verfügen. In diesem Fall erhalten Sie keine Informationen zur Verkehrslage und auch keine zu Fahrrad- oder Fußwegen.

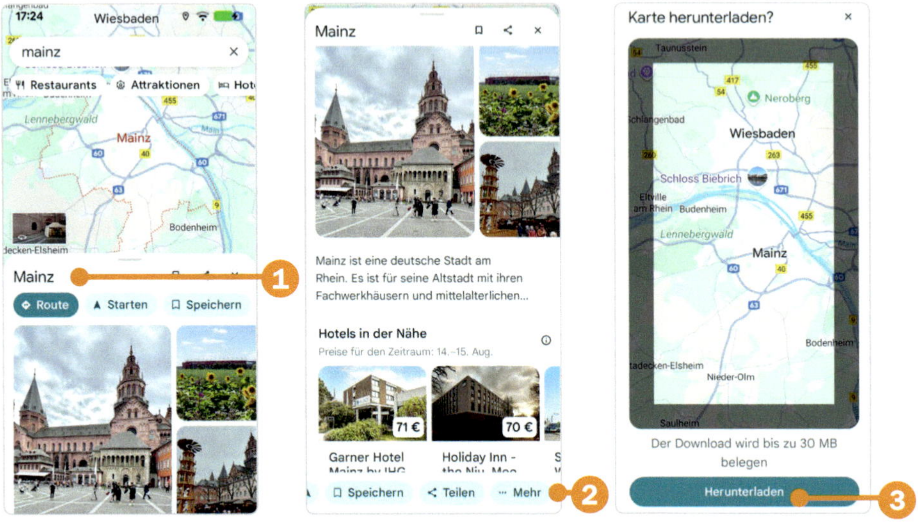

- **Offlinekarte verwalten:** Sie finden die Offlinekarten, wenn Sie in Maps rechts oben auf Ihr Profilsymbol ❹ tippen.
- Wählen Sie im Menü *Offlinekarten* ❺ aus.
- Um eine heruntergeladene Karte zu aktualisieren, zu löschen, umzubenennen oder anzuschauen, tippen Sie auf das Drei-Punkte-Symbol ❻ hinter der heruntergeladenen Karte und wählen den entsprechenden Befehl aus. Heruntergeladene Karten sind 365 Tage lang offline verfügbar. Wenn sie aktualisiert werden, beginnt die Frist von neuem zu laufen. Karten die Sie verwenden, werden automatisch bei bestehendem WLAN aktualisiert.
- Durch Antippen von *Lokal* laden Sie eine Karte Ihres aktuellen Standorts herunter.

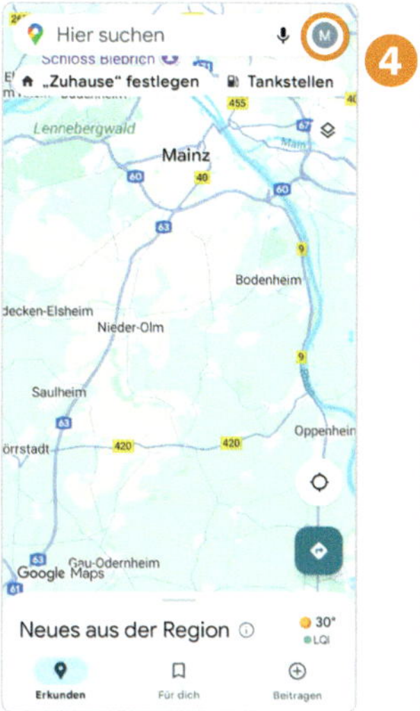

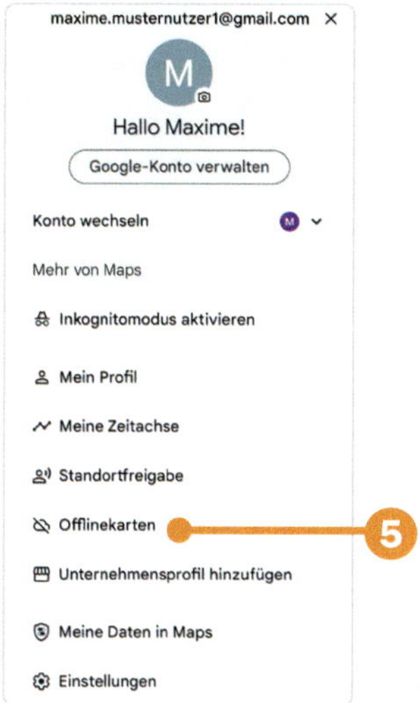

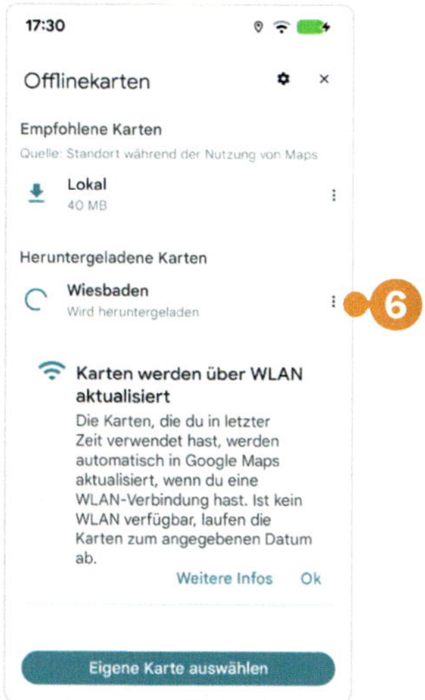

11.2 Mit der Bahn verreisen

Für eine Reiseauskunft muss man nicht immer zum Bahnhof. Sie können die Informationen schnell im Internet nachschlagen. Wer öfter mit der Bahn verreist, kann auch die App der Deutschen Bahn herunterladen.

- Geben Sie, wie auf Seite 154 beschrieben, den Suchbegriff *Bahn* in die Google-Suchleiste ein und öffnen Sie die Webseite.
- Auf der Startseite sehen Sie sofort die Reiseeingabefelder (Abfahrts- und Ankunftsort, Datum und Uhrzeit). Geben Sie in die Felder die entsprechenden Details ein ❶ (siehe nächste Seite). Start- und Zielbahnhof, Datum und Uhrzeit, Anzahl der Reisenden, Erwachsene oder Kinder, Bahncard-Auswahl, etc. Wählen Sie das Passende aus.
- Bestätigen Sie Ihre Eingaben mit *Suchen* ❷.
- Es wird eine Liste mit verschiedenen Abfahrten angezeigt. Tippen Sie auf *Früher* ❸ oder *Später*, um sich Informationen von vorherigen bzw. kommenden Abfahrten anzeigen zu lassen.
- Wenn Sie auf *Details einblenden* ❹ tippen, werden Ihnen weitere Informationen angezeigt. Über *Zwischenhalte einblenden* sehen Sie, wo und wann der Zug auf der Strecke hält.

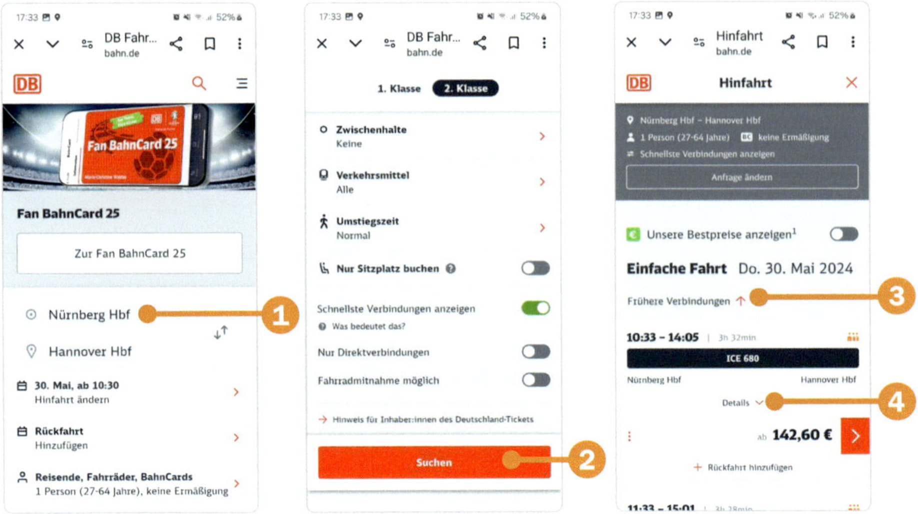

11.3 Sprachbarrieren überwinden

Oft hilft man sich mit Händen und Füßen, wenn man die Landessprache nicht beherrscht. Die Übersetzer-App kann hier eine Menge zur einfacheren Verständigung beitragen.

- Öffnen Sie die *Alle Apps* und tippen Sie *Übersetzer* in die Suche. Die Google-App ist bei den meisten Smartphones standardmäßig installiert. Falls nicht, müssen Sie diese aus dem Play Store ❶ herunterladen.
- Beim ersten Öffnen müssen Sie einige Berechtigungen zulassen. Tippen Sie auf *Fortsetzen* und auf *Zulassen* bzw. *Bei Nutzung der App*.
- Wählen Sie *Unterhaltung* ❷ und anschließend die passenden Sprachen durch Antippen ❸ aus. Hier können Sie auch, falls nötig, ein Sprachpaket herunterladen ❹.
- Um eine Unterhaltung zu beginnen, tippen Sie auf die Mikrofontaste ❺ und stellen Ihre Frage. Die Übersetzung erscheint unterhalb.
- Tippen Sie auf die Lautsprecher-Taste ❻, um die Übersetzung vom Gerät in der entsprechenden Landessprache vorlesen zu lassen.
- Die andere Person muss nicht auf die Mikrofontaste drücken. Die Übersetzung läuft bis Sie sie durch Tippen auf den Stern ❼ beenden.

Ansicht ändern: Damit die andere Person auch mitlesen kann, können Sie durch Antippen der Schaltfläche *Zum geteilten Bildschirm wechseln* den Fremdsprachentext um 180° drehen.Über das Zahnrad-Symbol ändern Sie die Testgröße und schalten *Automatische Wiedergabe* 8 ein, wodurch Übersetzungen automatisch laut vorgelesen werden.

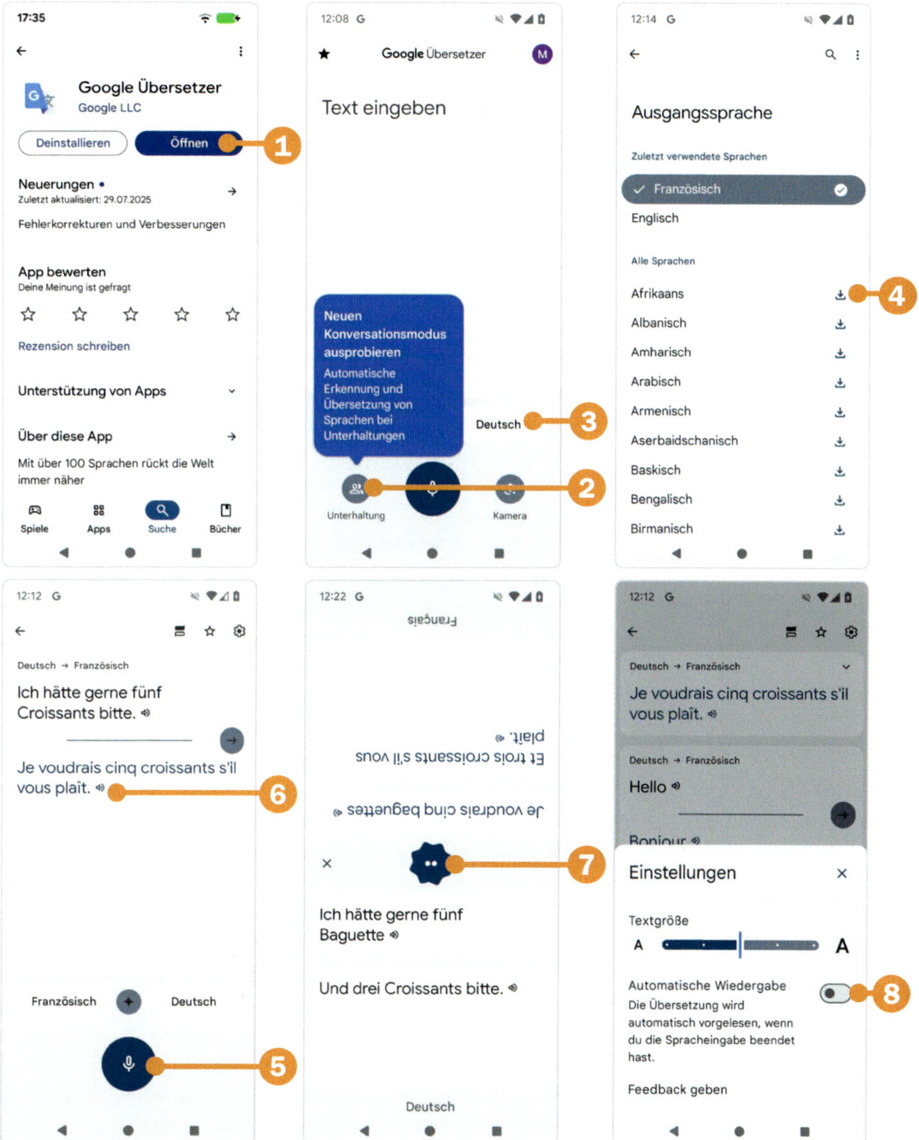

11.4 Das sollten Sie im Ausland beachten

Das Smartphone ist natürlich auch im Urlaub ein wertvoller Begleiter. Allerdings kann es, wenn Sie Ihr Smartphone im Ausland (im Besonderen außerhalb der EU) so verwenden wie Zuhause, schnell teuer werden. Hier gibt es einiges zu beachten.

Überlegen Sie sich vor Reiseantritt, über Google Maps eine Offlinekarte der Region herunterzuladen. Stöbern Sie im Play Store, ob es für das Urlaubsziel Apps zu Sehenswürdigkeiten, Wanderwegen oder Busnetzen gibt. Vielleicht benötigen Sie auch einen Währungsumrechner. Apps, die Sie für den Urlaub herunterladen, sollten nach Möglichkeit auch offline, also ohne Verbindung zum Internet, verwendbar sein. Das ist natürlich nicht immer möglich.

Was ist mit Roaming oder Daten-Roaming gemeint?

Wenn Sie ins Ausland reisen, verbindet sich Ihr Smartphone mit dem ausländischen Mobilfunknetz. Da Sie auf der Grundlage Ihres Vertrags in der Regel nur für die Nutzung des Mobilfunknetzes Ihres Anbieters bezahlen, fallen für die Verwendung des fremden Netzes zusätzliche Gebühren an, z. B. für Anrufe, die Sie erhalten oder tätigen, für das Surfen im Internet mit dem Smartphone oder für das Versenden von Nachrichten in WhatsApp.

Eine Möglichkeit, wie Sie diesen sogenannten Roaming-Gebühren im Ausland entgehen können, ist, das Smartphone nur zu nutzen, wenn dieses mit einem WLAN (z. B. das WLAN des Hotels) verbunden ist. Durch die EU-Roaming-Verordnung von 2017 soll mit diesen Zusatzkosten zumindest im EU-Ausland Schluss sein. Die Idee ist, dass Sie im EU-Ausland telefonieren, surfen oder Nachrichten verschicken und dabei nur den Tarif bezahlen, den Sie im Heimatland bezahlen würden. Welche Regelung genau für Ihren Vertrag gelten, müssen Sie vor Reiseantritt mit Ihrem Anbieter oder durch Durchsicht Ihres Vertrags klären. Verlassen Sie sich nicht pauschal darauf, dass keine Roaming-Gebühren entstehen.

Die Mailbox - also der Anrufbeantworter Ihres Smartphones - sollte vor Reiseantritt ebenfalls deaktiviert werden. Auch das kann zusätzliche Kosten verursachen. Erkundigen Sie sich auch hier bei Ihrem Mobilfunkanbieter.

Eine Kreuzfahrt, die ist lustig Aber Achtung! Auf Schiffen oder in Flugzeugen gilt die EU-Roaming-Verordnung nicht. Hier können hohe Roaming-Gebühren anfallen. Auch das WLAN auf einem Kreuzfahrtschiff oder im Flugzeug kostet in der Regel extra.

Daten-Roaming aktivieren bzw. deaktivieren

Überprüfen Sie vor Antritt einer Auslandsreise ins Nicht-EU-Ausland, ob das Daten-Roaming ausgeschaltet ist. Bei ausgeschaltetem Daten-Roaming können Sie nicht im Internet surfen und erhalten auch keine WhatsApp-Nachrichten.

Im EU-Ausland können Sie das Daten-Roaming in der Regel aktivieren. Sie erhalten von Ihrem Anbieter eine entsprechende SMS, die Sie über die geltenden Regelungen informiert. Besonders aufmerksam sollten Sie bei Reisen nach Großbritannien sein. Nach dem Brexit gehört es nicht mehr zur EU, wird aber netterweise von manchen Anbietern noch so behandelt; von anderen allerdings nicht und es entstehen Zusatzkosten.

- Öffnen Sie die *Einstellungen* und tippen Sie auf *Netzwerk & Internet* ▸ *SIM-Karten* ❶.
- Tippen Sie dann auf den Pfeil neben Ihrer Telefonnummer ❷.
- Hier finden Sie nun den Eintrag *Roaming* ❸.
- Wenn Sie das Daten-Roaming einschalten möchten, tippen Sie auf den Regler und bestätigen Sie mit *OK*.

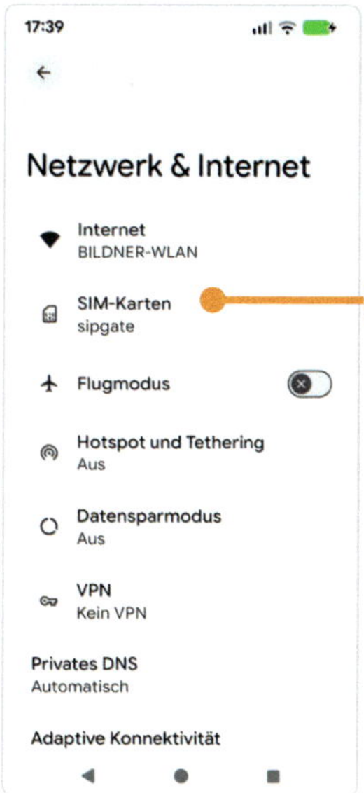

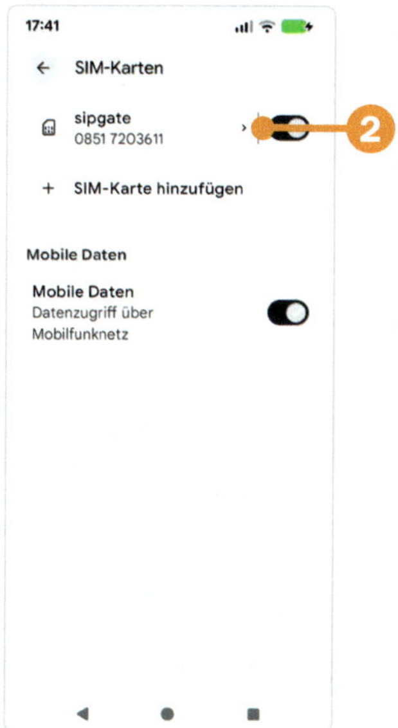

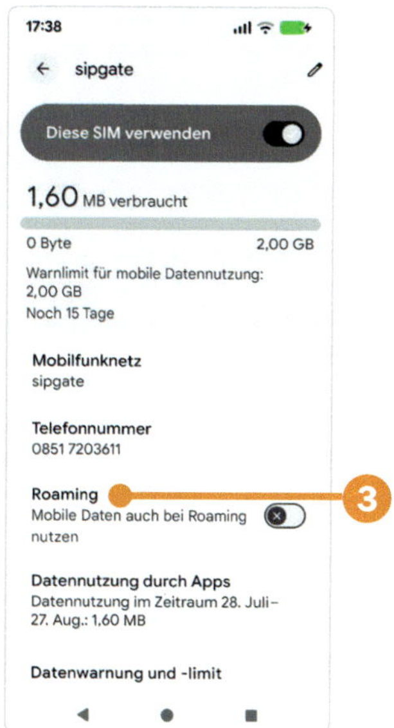

Offlinemodus

Im Flugmodus werden mobile Daten, Bluetooth sowie Quick Share als auch Ihr Hotspot ausgeschaltet, falls diese aktiv waren. Sie sind telefonisch nicht erreichbar und erhalten auch keine SMS oder WhatsApp-Nachrichten, sofern Sie nicht mit einem WLAN und somit dem Internet verbunden sind.

- Öffnen Sie die Schnelleinstellungen und tippen Sie auf Flugmodus ❶. Das Feld wird dunkel und ist somit aktiv ❷.

Sie sehen auch, dass der Flugmodus aktiv ist, am Flugzeugsymbol in der Statusleiste. Auf demselben Weg schalten Sie den Modus auch wieder aus.

> **Tipp!** Sie können nach Einschalten des Offlinemodus die Option *Bluetooth* ❸ durch Antippen wieder aktivieren, falls Sie mit einem Bluetoothkopfhörer Musik über das Smartphone hören möchten. Falls Sie das machen, bleibt Bluetooth beim nächsten Mal, wenn Sie den Offline-Modus aktivieren, automatisch eingeschaltet. Falls Sie das nicht wünschen, müssten Sie es dann abschalten. Auch die WLAN-Verbindung kann im Flugmodus aktiviert werden.

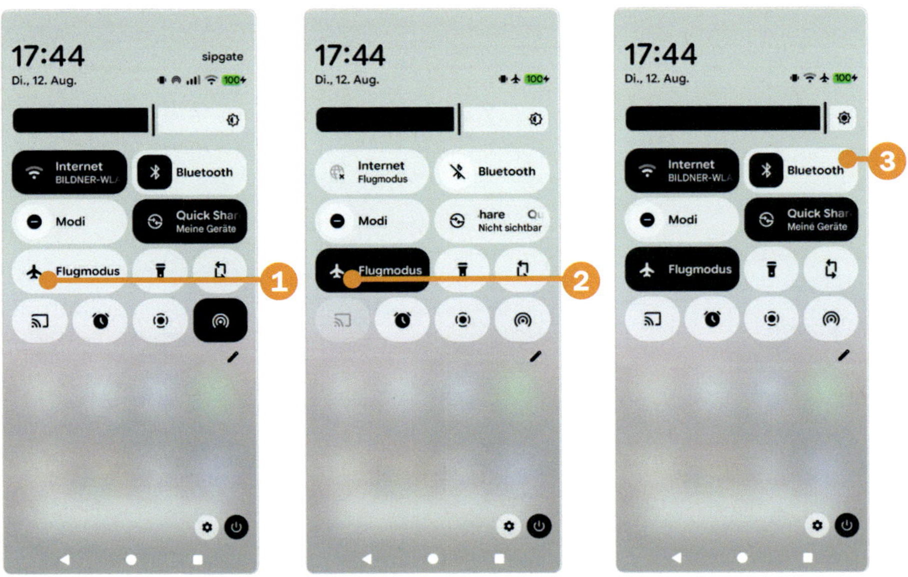

12 Back-up und Daten übertragen

Vor dem Umzug auf ein neues Handy muss überlegt werden, wie man zuverlässig alle Daten von einem auf das andere Smartphone übertragen kann. Den einen Weg gibt es nicht, da zu viele Faktoren in den Übertragungsprozess hineinspielen, z. B. Handymodell, installierte Apps, welche Daten werden synchronisiert usw. Sie sollten jedoch einige Sicherungen einbauen:

Vorbereitung

- Jetzt ist ein guter Zeitpunkt, Ihr altes Smartphone aufzuräumen.
- Kopieren Sie nicht mehr ständig benötigte Daten, wie z. B. alte Fotos, via Datenkabel auf Ihren PC, wie im vorherigen Kapitel beschrieben.
- Falls nicht vorhanden, erstellen Sie eine Liste aller verwendeten Konten mit E-Mail-Adresse und Kennwort: allen voran natürlich das Google-Konto, aber auch alle Cloud-Speicher, die Sie in Gebrauch haben, das Amazon-Konto etc.
- Erstellen Sie Back-ups wo möglich. Die Inhalte von WhatsApp können beispielsweise auf Google-Drive gesichert werden und so ganz leicht auf das neue Smartphone übertragen werden. Ihre Kontaktdaten werden wahrscheinlich mit dem Gmail-Konto synchronisiert usw.
- Erstellen Sie Screenshots von Ihren Start- und App-Bildschirmen und übertragen Sie diese ebenfalls auf Ihren PC. So haben Sie eine Vorlage, falls etwas schief geht.

Back-up

Ein Back-up, also die Sicherung Ihrer Daten auf einem externen Speicher, ist immer sinnvoll, nicht nur beim Wechsel des Smartphones. So haben Sie Zugriff auf Ihren Daten, auch wenn Sie Ihr Smartphone verlieren oder dieses kaputt geht. Am einfachsten ist die Nutzung eines Cloud-Speichers für die Sicherung, wie z. B. Google Drive. Dieser Online-Speicherplatz mit einer Größe von 15 GB wird Ihnen kostenlos zur Verfügung gestellt. Eine kostenpflichtige Erweiterung ist möglich. Für die Sicherung in Google Drive ist in den *Einstellungen* ⚙ ▶ *Google* ▶ *Sicherung verwalten* ❶ bereits das Google-Konto hinterlegt. Die Sicherung auf Google Drive haben Sie vielleicht bei der Einrichtung des Handys schon erlaubt. Falls nicht ziehen Sie jetzt den Schalter bei *Google One-Back-up* ❷ nach rechts. Durch Antippen von *Jetzt sichern* ❸ stoßen Sie die Sicherung dann an.

Darüber hinaus können Sie auch Fotos und Videos in der Cloud sichern. Beachten Sie jedoch, dass nur 15GB kostenlos zur Verfügung stehen. Tippen Sie auf *Fotos und Videos* ❹, aktivieren dann *Back-up & Sync* und tippen dann auf *Sicherung aktivieren*. Danach entscheiden Sie ob die Fotos/Video in Originalqualität gesichert werden sollten. Tippen Sie dann auf *Bestätigen*.

Achten Sie darauf, dass der Schalter ❺ bei *Sicherung über mobile Daten* ausgeschaltet ist, da sonst schnell Ihr Datenvolumen aufgebraucht sein kann.

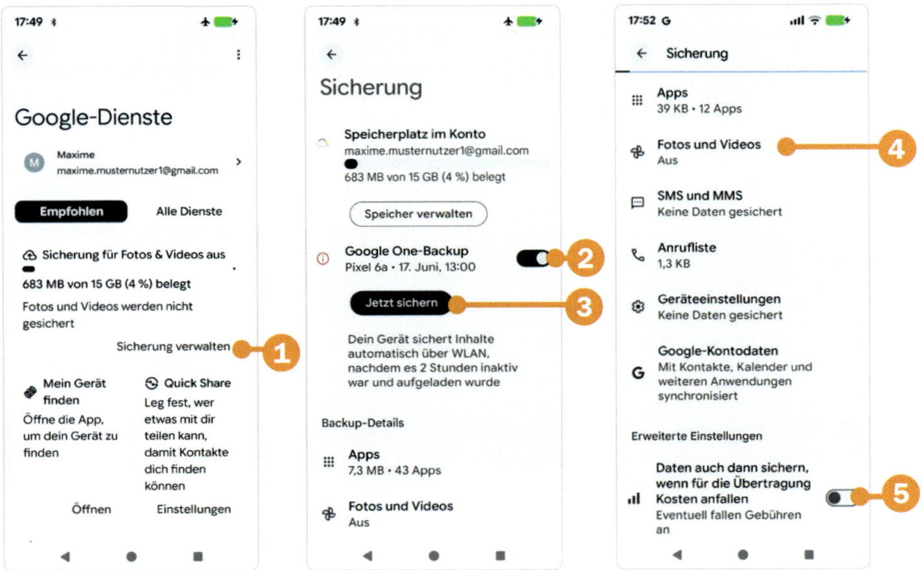

Smartphone zurücksetzen

Sie sollten Ihr Smartphone erst zurücksetzen, wenn Sie kontrolliert haben, dass Ihr neues Smartphone alle gewünschten Daten enthält. Das Zurücksetzen auf Werkseinstellungen bedeutet dass das Smartphone auf den Auslieferungszustand zurückgesetzt wird. Beim Einschalten des Smartphones muss dieses erneut eingerichtet werden.

Konto löschen: Löschen Sie zur Sicherheit zunächst die hinterlegten Konten. Dazu öffnen Sie die *Einstellungen* ▶ *Passwörter, Passkeys & Konten*, tippen auf das jeweilige Konto ❶ und anschließend auf *Konten entfernen*. Hier wählen Sie dann das Google-Konto durch Antippen aus und wählen dann *Konto entfernen* ❷. Analog verfahren Sie mit den weiteren Konten.

Das Konto wird selbstverständlich nur von diesem Gerät gelöscht. Für Ihr nächstes Smartphone können Sie dasselbe Google-Konto wiederverwenden. Wenn Sie Daten auf Google gesichert haben, müssen Sie sogar dasselbe Konto verwenden, sonst haben Sie keinen Zugriff auf die Sicherungen.

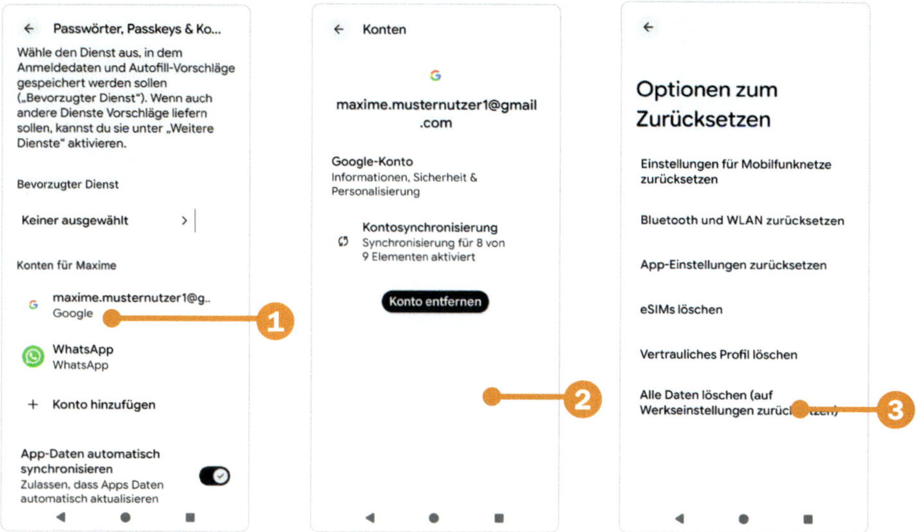

Auf Werkseinstellungen zurücksetzen: Öffnen Sie *Einstellungen* ▶ *System* ▶ *Zurücksetzen* ▶ *Optionen zum Zurücksetzen*. Sie erhalten eine Auflistung von möglichen Arten der Zurücksetzung. Tippen Sie auf *Alle Daten löschen* ❸ und bestätigen Sie im nächsten Schritt mit *Alle Daten löschen*. Wenn Sie einen PIN etc. als Geräteschutz vereinbart haben, muss dieses eingegeben werden.

Achtung! Kontrollieren Sie, ob alles kopiert wurde, bevor Sie das alte Handy zurücksetzen.

Glossar

Account: englische Bezeichnung für ein Nutzerkonto, z. B. ein E-Mail-Konto.

Android: Android ist ein Betriebssystem für mobile Geräte, wie Smartphones oder Tablets. Das Betriebssystem bietet die Plattform zur Speicherung der Apps und deren Bedienung, vergleichbar mit Windows für PCs. Ein konkurrierendes Betriebssystem ist iOS von Apple für iPhones; siehe auch Stock-Android.

App (Anwendung): Der Begriff App ist eine Abkürzung der englischen Bezeichnung Application, zu deutsch Anwendung oder Programm. Apps aus dem Google Play Store werden speziell für Endgeräte mit einem Android-Betriebssystem entwickelt und optimiert.

Back-up: Um dem Verlust Ihrer Daten (Fotos, Videos, Nachrichten, Musik etc.) vorzubeugen, kopieren Sie diese auf ein externes Speichermedium oder in die Cloud. Diese Kopien werden als Back-up oder Datensicherung bezeichnet. Bei einem Defekt des Smartphones oder falls dieses verloren geht, haben Sie zumindest noch Ihre Daten. Sie können Ihre Daten beispielsweise in die Google Cloud (siehe Google Drive) sichern oder Ihre Fotos auch auf den Computer kopieren.

Bildschirm-Time-out: Wenn Sie für kurze Zeit nichts am Smartphone machen, dann wird der Bildschirm ausgeschaltet und das Handy automatisch mit dem Sperrbildschirm geschützt. Diese Funktion nennt sich Bildschirm-Time-out.

Bluetooth: Bluetooth ist eine Methode zur Datenübertragung via Funk über eine Distanz von nicht mehr als zehn Metern. Damit können Sie verschiedene Geräte kabellos miteinander verbinden, beispielsweise Ihr Smartphone mit Bluetooth-Kopfhörern oder einem -Lautsprecher, um Musik vom Handy zu übertragen. Durch Bluetooth können Sie auch Ihr Smartphone mit der Freisprechanlage im Auto verbinden oder mit einem anderen Smartphone.

Browser: Als Browser (engl. to browse = durchsuchen) bezeichnet man Apps, mit denen Sie im Internet surfen, z. B. Chrome von Google oder Samsungs Internet Browser.

Chat: Als Chat (engl. to chat = plaudern) bezeichnet man eine Unterhaltung bzw. einen Austausch von kleinen Textnachrichten über das Internet. Synonym verwendet werden kann der Begriff Instant Messaging.

Chrome: Der Browser von Google, mit dem Sie Seiten im Internet anzeigen.

Circle-to-Search: Mit dieser Funktion kreisen Sie auf Ihrem Bildschirm einen beliebigen Inhalt ein, um schnell eine Suche mit Google Lens zu starten.

Cloud(-Speicher): In der Cloud speichern bedeutet, Daten nicht auf dem lokalen Speicher des eigenen Handys, sondern auf einem entfernten Server zu sichern und über das Internet auf diese zuzugreifen. Der Begriff „Cloud" (zu deutsch Wolke) rührt daher, dass für die Nutzer der genaue Speicherort nicht nachvollziehbar ist. Ein Cloud-Speicher (bekannt sind z. B. GoogleDrive oder OneDrive) dient der Speicherung von Sicherungskopien und dem Austausch von Daten.

Datenvolumen: Als Teil Ihres Vertrags für Ihr Smartphone wird Ihnen ein bestimmtes Datenvolumen für den laufenden Monat zur Verfügung gestellt, z. B. 5 GB (ein Gigabyte). Dieses Datenvolumen verbrauchen Sie, wenn Sie nicht mit einem WLAN-Netzwerk verbunden sind und im Internet surfen oder z. B. WhatsApp verwenden.

Display: Das Display ist der digitale Anzeigebereich, also der Bildschirm. Auf einem Touchdisplay können Eingaben mittels Antippen erfolgen.

Download: Download ist der englische Begriff für das Herunterladen von Daten aus dem Internet.

Drag & Drop: Hierbei handelt es sich um die Funktionsbezeichnung, bestimmte Daten, Apps oder Ordner durch Antippen/Anklicken über das Display zu ziehen, um diese zu Verschieben.

EDGE: Das kleine **E** in der Statusleiste des Smartphones steht für **E**nhanced **D**ata Rates for **G**SM **E**volution und bedeutet, dass Ihr Handy aktuell nur Empfang des Mobilfunknetzes der 2. Generation (GSM) hat. Anrufe und das Versenden von SMS sind noch möglich, die meisten Webseiten laden mit EDGE-Empfang jedoch nur sehr langsam oder gar nicht.

E-Mail: Das ist ein „elektronischer" Brief, der über das Internet versendet wird.

Emoji: Ein Emoji (jap. für Bildschriftzeichen) ersetzt insbesondere in Kurznachrichten und Chats längere Begriffe. Emojis können Gesichter bzw. Gesichtsausdrücke darstellen, aber auch Herzen, Gesten, Objekte usw.

Emoticon: Als Emoticons (engl. Kofferwort aus emotion = Gefühl und icon = Symbol) werden bestimmte Zeichenfolgen bzw. Symbolkombinationen bezeichnet, die ähnlich wie Emojis Gefühle ausdrücken. Berühmtestes Beispiel ist der aus Doppelpunkt, Minus und schließender Klammer bestehende Smiley. :-)

Facebook: Facebook ist ein sogenanntes „soziales Netzwerk", in dem man sich ein Mitgliederprofil erstellen und damit Texte, Fotos, Videos etc. hochladen kann. Außerdem ist es möglich, Inhalte zu bewerten, zu kommentieren und sie mit anderen Nutzern zu teilen.

FAQs: Unter **F**requently **A**sked **Q**uestions findet man auf Webseiten und Shops im Internet einen Bereich mit häufig gestellten Fragen und deren Antworten.

Flatrate: Eine Flatrate ist ein Pauschaltarif, mit dem man zu einem monatlichen Fixpreis z. B. unbegrenzt telefonieren oder Daten aus dem Internet herunterladen kann.

Flugmodus: Aktivieren Sie den Flugmodus Ihres Smartphones, werden alle Funkschnittstellen, wie die Telefonfunktion, Bluetooth, NFC oder WLAN, abgeschaltet.

Galaxy Store: Das ist das Samsung-Einkaufszentrum für Apps. Auch hier gibt es ein kostenloses Sortiment; ein Besuch lohnt sich, aber das umfangreichere Angebot finden Sie im Play Store.

Galerie: dient der Anzeige und Bearbeitung Ihrer Fotos und Videos. Die Galerie ist eine Samsung-App.

Gmail: App zum Empfangen und Versenden von E-Mails. Die Gmail-Adresse, die Sie bei der Einrichtung des Smartphones verwendet haben, ist hier bereits hinterlegt.

Google (App): Die Google-App ist kein Browser im engeren Sinne, obwohl Sie auch mit dieser Suchanfragen stellen und das Internet durchsuchen können. Darüber hinaus bietet sie noch weitere Funktionen, z. B. Zusammenstellung aktueller Nachrichten.

Google Assistant: Mit diesem Dienst steuern Sie Ihr Smartphone via Sprachbefehl. Sie können sich einen Witz erzählen lassen, nach dem Wetter fragen oder Ihr Smartphone beauftragen, eine Person anzurufen.

Google Drive: Cloud-Speicher von Google. 15 GB kostenloser Speicherplatz steht zur Verfügung.

Google Lens: eine App zur Bilderkennung, die künstliche neuronale Netzwerke zur Identifizierung von Objekten, Pflanzen, Texten etc. verwendet.

GPS: Global Positioning System (Globales Positionsbestimmungssystem) bedeutet, dass Ihr aktueller Standort via Satellit ermittelt wird.

Hotspot: Als Hotspot bezeichnet man einen öffentlichen Internetzugang, meist kostenloses WLAN, in das man sich einloggen kann.

Icon: ein grafisches Symbol, das auf dem Display die verschiedenen Apps, Dateien usw. darstellt.

Instagram: Instagram ist ein werbefinanzierter Onlinedienst zum Teilen von Fotos und Videos. Nutzer können ihre Fotos und Videos bearbeiten und mit Filtern versehen.

Konto: Ein Konto wird im Internet zur Nutzung verschiedener Angebote benötigt, z. B. E-Mail oder in Form eines Kundenkontos beim Einkaufen im Internet. Zu einem Konto gehören immer E-Mail-Adresse und ein Kennwort. Die E-Mail-Adresse ist weltweit einzigartig und erfüllt eine ähnliche Funktion wie die Kontonummer eines Bankkontos.

Link (Hyperlink): Als Link oder Hyperlink bezeichnet man einen Verweis auf eine Information, die sich an einem anderen Ort befindet. Ein Antippen eines Links genügt, um zu dieser Stelle zu gelangen. Auf diese Weise „surfen" Sie im Internet zwischen den unterschiedlichsten Seiten.

LTE: LTE steht für Long Term Evolution und bezeichnet die vierte Generation des Mobilfunks, weshalb man auch häufig nur von 4G spricht. Die LTE-Technik ermöglicht schnellere mobile Internetverbindungen mit mehreren 100 Mbit/s im Download und 50 MB/s im Upload.

Malware: Als Malware bezeichnet man eine Software, z. B. Viren, die entwickelt wurde, um in Systemen Schäden zu verursachen. Viren kann man sich unter anderem im Netz beim Surfen, beim Öffnen eines E-Mail-Anhangs etc. einfangen. Mit der nötigen Software kann man dem aber entgegenwirken.

Maps: Karten-App von Google, hier können Sie nach Adressen suchen und eine Navigation von Ort zu Ort durchführen.

Megabit: Einheit, mit der die Datenübertragungsgeschwindigkeit angegeben wird. Ab einer Downloadgeschwindigkeit von ungefähr 25 Megabits pro Sekunde (Mbit/s oder auch MBps) gilt eine Internetverbindung am Handy als sehr schnell. Mit LTE sind theoretisch bis zu max. 500 Mbit/s möglich. Übrigens: Acht Megabits ergeben ein Megabyte.

Megabyte: Einheit zur Messung von Datengrößen (kurz MB). 1024 Megabytes entsprechen 1 Gigabyte (1 GB), 1 MB entsprechen 1024 Kilobytes und 1 KB sind 1024 Bytes.

MicroSD-Karte: Eine microSD-Karte ist ein digitales Speichermedium, das aufgrund seiner geringen Größe häufig bei mobilen Endgeräten zum Einsatz kommt. Mit ihrer Hilfe lässt sich der Speicherplatz auf dem Handy vergrößern.

Online/Offline: Online bedeutet, dass Sie mit dem Internet verbunden sind. Offline hingegen ist das Gegenteil.

PDF: ein Dateiformat für Text und Bild, das sich dadurch auszeichnet, Inhalte originalgetreu wiederzugeben und das nicht versehentlich verändert werden kann.

Pixel (Megapixel): Als Pixel bezeichnet man die Bildpunkte, die zur Darstellung auf dem Bildschirm verwendet werden. Die Auflösung eines Bildschirms gibt die Anzahl der darstellbaren Pixel pro Zeile und Spalte an. Eine Millionen Pixel bilden zusammen ein Megapixel.

Play Store: Hier können Sie sowohl kostenlose als auch kostenpflichtige Apps, Spiele, Filme und Bücher herunterladen.

Podcast: Ein Podcast ist ähnlich einer Radioshow eine Serie von Medienbeiträgen, wie Interviews, Meldungen, Reportagen, Comedy-Beiträge usw., welche in bestimmten Abständen regelmäßig über Apps wie Spotify oder Google Podcast bezogen werden können.

QR-Code: QR steht für Quick Response (schnelle Antwort). Ein QR-Code liefert Informationen, wenn man ihn mit dem Smartphone einscannt, z. B. Webadressen, Telefonnummern etc.

RAM: bezeichnet den Arbeitsspeicher (engl. RAM = Random Access Memory) eines Gerätes. Dort werden alle aktuell ausgeführten Programme, Prozesse und verwendeten Daten zwischengespeichert. Die Größe des Arbeitsspeichers ist im Wesentlichen für die Leistungsfähigkeit eines Gerätes verantwortlich.

Roaming: Mobilfunknutzung im Ausland, umfasst Telefonie, SMS und mobiles Internet. Innerhalb der EU fallen für Roaming in der Regel keine zusätzlichen Gebühren mehr an.

Router: Router sind kleine Geräte, die in einem lokalen, d. h. räumlich begrenzten, Netzwerk die korrekte Übermittlung der Daten regeln und das Netzwerk mit dem Internet verbinden. Aus Sicherheitsgründen sollte jeder Router mit einem Kennwort gesichert werden.

Samsung Notes: App zum Speichern von Notizen, z. B. einer Einkaufsliste. Es gibt Notizen-Apps wie Sand am Meer. Wenn Ihnen diese nicht zusagt, installieren Sie einfach eine andere.

Screenshot: Wenn man einen Screenshot macht, wird der aktuelle Bildschirminhalt abfotografiert und automatisch abgespeichert.

Scrollen: Als Scrollen bezeichnet man das horizontale und/oder vertikale Verschieben des sichtbaren Bildschirmausschnitts. Sie streifen dazu mit dem Finger über den Bildschirm.

Signal (Messenger): Signal ist ein freier und sicherer Messenger-Dienst, der von Sicherheitsexperten und Datenschützern empfohlen wird. Die Kommunikation erfolgt verschlüsselt. Zusätzlich haben die Betreiber der App keinerlei Zugriff auf Nutzerdaten.

SIM-Karte: Eine SIM-Karte ist eine Chipkarte, die ins Handy eingelegt wird. Ohne SIM-Karte ist das Telefonieren und das Versenden von SMS nicht möglich.

SMS: **S**hort **M**essage **S**ervice ist ein Telekommunikationsdienst zur Übertragung von Textnachrichten, die meist Kurzmitteilungen oder SMS genannt werden.

Spam: Nervige oder gar gefährliche Nachrichten, die Werbung oder sogar Viren auf Ihr Gerät zu schleusen versuchen. Meist wird mit billigen Produkten, Gewinnen oder dergleichen versucht, den Empfänger zu locken.

Standort: Wenn Sie die Standortermittlung zulassen, dann wird die Position Ihres Smartphones via GPS ermittelt. Viele Apps (Wetter, Google-Suche, Google-Maps, Fahrpläne etc.) nutzen diese Standortinformationen, um Ihnen passgenaue Informationen anzubieten.

Stock-Android: Das pure Android oder auch Stock-Android bezeichnet ein unverändertes Android-Betriebssystem, wie es z. B. auf Google Pixel Smartphones ausgeliefert wird. Viele andere Hersteller, darunter auch Samsung, nehmen Veränderungen an Android vor und passen die Oberfläche des Betriebssystems an.

Update: Sowohl Ihre Apps als auch die Software Ihres Smartphones erhält von Zeit zu Zeit Aktualisierungen, um Sicherheitslücken zu schließen, Fehler zu beheben, bestehende Funktionen zu verbessern oder neue hinzuzufügen.

VoIP: Mit **V**oice **o**ver **I**nternet **P**rotocol wird zum Telefonieren nicht der traditionelle Mobilfunk genutzt, sondern die Internetverbindung.

WhatsApp: Mit WhatsApp schreiben Sie Nachrichten, versenden Fotos oder telefonieren mit der Familie mit Übertragung eines Videos. Diese App muss heruntergeladen und installiert werden.

Widget: Mit Widgets kann man die wichtigsten Informationen einer App schnell anzeigen, z. B. aktuelle Termine der App Kalender. Widgets können in verschiedenen Größen auf dem Startbildschirm angeordnet werden und zeigen Inhalte, ohne dass man sie öffnen muss.

Wi-Fi: steht für Wireless Fidelity und ist die Markenbezeichnung für einen drahtlosen Datenübertragungsstandard des Institute of Electrical and Electronics Engineers. Wi-Fi-gekennzeichnete Geräte sind fähig, WLAN zu empfangen. Daher werden die Begriffe WLAN und Wi-Fi meist synonym gebraucht, obwohl Wi-Fi nicht die einzige Art von WLAN ist.

WLAN: steht für Wireless Local Area Network, also ein kabelloses, lokales Netzwerk. Für Zuhause haben Sie wahrscheinlich einen Router (Internetzugang über die Telefonleitung) oder ein Kabelmodem (Internetzugang über eine TV-Kabelverbindung) erhalten und eingerichtet. Mit diesem Gerät verbinden Sie Ihr Smartphone, aber auch den Computer, Laptop oder das Tablet und erhalten dadurch eine Verbindung zum Internet. Außerhalb eines WLANs verbindet sich das Smartphone über das Mobilfunknetz mit dem Internet (mobile Datenverbindung).

YouTube: Portal mit Videos zu fast allen Themen, kann kostenlos verwendet werden.

Zwei-Wege-Authentifizierung: Das ist ein zusätzlicher Sicherheitsschutz. Ein Account wird nicht nur durch ein Passwort geschützt, sondern durch eine weitere Abfrage.

Index

A

Adressbuch ... 104
Akkustand ... 59
Alarm, Uhr ... 144
Alle-Apps-Taste ... 42
App ... 92
aktualisieren ... 101
Einstellungen ... 45
erster Start ... 44
Gmail ... 116, 117
Google ... 152
Google Maps ... 167
installieren ... 94
Kalender ... 140
Kamera ... 127
löschen ... 97
öffnen ... 44
öffnen aus Ordner ... 43
Samsung Notes ... 148
Standardapp festlegen ... 99
suchen ... 98
Telefon ... 47, 110
Uhr ... 144
YouTube ... 157
Auf Werkseinstellungen zurücksetzen 179

B

Back-up ... 177
Bahn ... 171
Benachrichtigungen ... 58
Benachrichtigungsleiste ... 42
Berechtigungen ... 91
Berechtigungsmanager ... 77
Bildschirm drehen ... 160
Bildschirmfoto ... 150
Bildschirmsperre ... 40
Bildschirmtastatur ... 51
Bildschirm-Timeout ... 78
Bildschirmwechsel ... 42
Bluetooth ... 164

C

Chat
Messenger ... 114
Chrome ... 47, 154
Circle to Search ... 156
Cloud-Speicher ... 38, 48
Cursor ... 52

D

Displaysperre ... 66
Dolmetscher ... 172
Drehen, Bildschirm ... 160

E

Einstellungen ... 45
E-Mail ... 117
Lesen ... 118
Löschen ... 119
Entsperren, Handy ... 40
Extradunkel ... 65

F

Find my Device ... 71
Find my Mobile ... 71
Fingerabdruck ... 68
Flugmodus ... 176
Foto
Geotagging ... 127, 129
knipsen ... 127
löschen ... 138
scharfstellen ... 127
Selfie ... 130
übertragen PC ... 163
zuschneiden ... 137
Frontkamera ... 30, 130
Funktionstaste ... 30

G

Galaxy AI
Dolmetscher ... 172
Gallery ... 135
Geburtstag ... 106
Gemini ... 49
Genauer Standort ... 75
Geotagging ... 127, 129
Geschenkkarte ... 94
Gmail ... 116, 117
Google ... 152
Google Discover ... 43
Google Drive ... 38
Google-Konto ... 32, 36, 39
Google Lens ... 154
Google Maps ... 167
Google, Startbildschirm ... 154
Google-Widget ... 154
Großbuchstaben ... 52
Grüner Punkt ... 125
Gutschein ... 94

H

Handynummer vergessen ... 113
Helligkeit ... 79
Hintergrundbild ... 85
Home-Taste ... 42

K

Kalender-App ... 140
Kamera ... 127
Kameraeinstellungen ... 126
Kennwort erstellen ... 36
Klingelton ... 81
Kontakte ... 104
abspeichern ... 104
Anrufen ... 110
Bearbeiten ... 106
Löschen ... 106
Künstliche Intelligenz ... 49

L

Lautstärke ... 82
Lautstärketaste ... 30
Leerzeichen ... 52

M

Magischer Radierer ... 137
Maps ... 167
Megapixel ... 128
Messages ... 115
MMS ... 116
Mobile Daten ... 59

N

Navigationsleiste 42
Navigationstasten 42
Neustart, Smartphone 63
Notfallkontakt hinterlegen 109
Notification Cooldown 65
Notizen 148

O

Offlinemodus 176
öffnen, aus Ordner 43
Ordner 43
Orten, Smartphone 70

P

PIN
Displaysperre 66
eingeben 63
SIM-Karte 63
Play Store 92

Q

QR-Code scannen 134
Querformat 160

R

RCS 114
Roaming 174
Route 168

S

Scharfstellen, Foto 127
Schlummern, Uhr 144
Schnelleinstellungen 58
Augenkomfort 80
Standort 60
WLAN 60
Schriftgröße 79
Screenshot 150
Selfie 130
Sicherheit & Datenschutz 73
SIM-Karte 31
SMS 114
Sonderzeichen 53
Sperrbildschirm 40
Spracheingabe 56
Sprachnachrichten 124
Sprach- und Videoanrufe 124
Standort 61
Standortermittlung 22
Standort, genau 75
Startbildschirm 86
Statusleiste 58
Storys 138

T

Taschenlampe 20
Tastatur ausblenden 51
Tastatur-Symbolleiste 51
Telefon 110
Telefonnummer vergessen 113
Termin
löschen 143
vereinbaren 141
Terminerinnerung 142
Texterkennung 53
Timer 148
Ton 82

U

Übersetzer ... 172
Uhr ... 144
Umschalt-Taste ... 52
Updates ... 100

V

Vertrauliches Profil ... 65
Video
aufnehmen ... 132
löschen ... 138
übertragen PC ... 163

W

Wecker stellen ... 144
Weckton ... 146
Werkseinstellungen ... 179
Wetter-Widget ... 42
WhatsApp ... 120
einrichten ... 120
Nachricht senden ... 123
Sprachnachrichten ... 124
Sprach- und Videoanrufe ... 124
Widget ... 89
Wetter ... 89
WLAN ... 15

Y

YouTube ... 157
YouTube Premium ... 157
YouTube-Video ... 157

Z

Zeilenschaltung ... 52
Zoom ... 127
Zubehör ... 16
Zurücksetzen ... 178
Zurück-Taste ... 42